REVIEW OF POLITICAL SCIENCE AND LAW EDUCATION

政法教育评论

第1辑

林　维／主编

法律出版社
LAW PRESS · CHINA
北京

图书在版编目（CIP）数据

政法教育评论. 第1辑 / 林维主编. -- 北京 : 法律出版社, 2024. -- ISBN 978-7-5197-9345-6

Ⅰ. D92-4

中国国家版本馆 CIP 数据核字第 20244E6A02 号

政法教育评论（第1辑）
ZHENGFA JIAOYU PINGLUN(DI-1 JI)

林　维 主　编
王怀勇 副主编

责任编辑 吴　昉　胡佳文
装帧设计 鲍龙卉

出版发行 法律出版社
编辑统筹 法律教育出版分社
责任校对 晁明慧
责任印制 刘晓伟
经　　销 新华书店

开本 710毫米×1000毫米　1/16
印张 14.75　　**字数** 234千
版本 2024年6月第1版
印次 2024年6月第1次印刷
印刷 唐山玺诚印务有限公司

地址：北京市丰台区莲花池西里7号(100073)
网址：www.lawpress.com.cn
投稿邮箱：info@lawpress.com.cn
举报盗版邮箱：jbwq@lawpress.com.cn

销售电话：010-83938349
客服电话：010-83938350
咨询电话：010-63939796

书号：ISBN 978-7-5197-9345-6
定价：49.00元

凡购买本社图书，如有印装错误，我社负责退换。电话：010-83938349

卷首语

百年大计,教育为本。教育是强国建设、民族复兴之基。对于法治建设而言,高素质法治人才队伍是全面依法治国的基础性支撑,高素质法治人才培养是事关社会主义法治国家建设成效的战略性举措。习近平总书记指出:“高校作为法治人才培养的第一阵地,要充分利用学科齐全、人才密集的优势,加强法治及其相关领域基础性问题的研究,对复杂现实进行深入分析、作出科学总结,提炼规律性认识,为完善中国特色社会主义法治体系、建设社会主义法治国家提供理论支撑。”中共中央办公厅、国务院办公厅印发《关于加强新时代法学教育和法学理论研究的意见》,对法学教育体系的完善发展作出了具体规划和部署。在这一背景下,法学教育亟须寻求新发展、谋求新突破,《政法教育评论》由此应运而生。

《政法教育评论》是由西南政法大学创办,聚焦法学教育教学议题的学术连续出版物。西南政法大学与我国政法教育相伴而生,是新中国最早建立的高等政法学府,办学 70 余年来,为国家培养了各级各类人才 30 余万人,是全国培养法治人才最多的高校。站在政法教育的全新历史起点,学校不仅致力于新兴法学学科的创新发展,亦注重专门法学教育研究平台的建设。《政法教育评论》的创办旨在加强法学教育教学研究与交流,深化法学教育教学改革创新,大力提升人才培养质量,以适应培养德法兼修高素质法治人才的时代需要。

“政法”是具有鲜明中国特色的标识性概念,蕴含着丰富的理论、制度和实践内涵。《政法教育评论》不仅关注传统法学教育层面的研究,还注重“法学 +”等学科交叉或交叉学科领域的探索和创新,积极回应新时代法学教育研究面临的新问题和新挑战,并努力为政法教育研究注入新理论、新知识和新方法。基于此,《政法教育评论》第一辑设置了“习近平法治思想‘三进’研究”“法治人才培养研究”“法学教育前沿研究”“课程思政与课程改革研究”栏目,未来也会针对政法教育领域出现的新问题、新思想及重大现实问题等展开专题研讨,打造特色栏目,努力为构建中国法学自主知识体系提供理论资源和智力支持。

《政法教育评论》作为新诞生的专门性法学教育研究出版物,我们希冀它能够成为广大法学教育工作者和相关领域从业者的思想交流平台,同时,我们也希望能得到各界同仁的培护、参与和指导,与我们共同开创新时代政法教育教学研究的新局面!

政法教育评论 第1辑

习近平法治思想"三进"研究

法治人才培养研究

法学教育前沿研究

课程思政与课程改革研究

Studies on" the Three Enters" of Xi Jinping Thought on the Rule of Law

Studies on the Training of Legal Professionals

New Frontiers of Legal Education

Studies on Curriculum-integrated Ideological and Political Education and Curriculum Reform

习近平法治思想“三进”研究

《政法教育评论》
第 1 辑,第 3 ~21 页

构建协同研究与协同教学机制　切实推动习近平法治思想进教材进课堂进头脑工作*

"习近平法治思想进教材进课堂进头脑工作研究"课题组**

摘　要　习近平法治思想是马克思主义法治理论中国化的最新成果。推动习近平法治思想进教材进课堂进头脑,是一项重要的教学活动。这需要在深入研究马克思主义法治理论教学历史经验的基础上,把握习近平法治思想研究与教学的现状。通过夯实基础理论研究、优化教学方案、实施课程联动、创新教学方式、推进非法学专业课课程思政等方式,构建推进习近平法治思想进教材进课堂进头脑工作的课程协同创新机制。此外,还需进一步完善相应保障机制和加强队伍建设,切实有效地实现习近平法治思想入脑入心,为国家培养德才兼备、德法兼修的高素质法治人才。

关键词　习近平法治思想　教学改革　教学实践　法治人才

2020 年 11 月召开的中央全面依法治国工作会议,确立了习近平法治思想在全面依法治国工作中的指导地位。"习近平法治思想从历史和现实相贯通、

---

* 本文为 2022 年度教育部哲学社会科学研究重大专项项目"习近平法治思想进教材进课堂进头脑工作研究"(项目编号:2022JZDZ004)阶段成果。

** 课题组首席专家:徐显明、付子堂、范九利,子课题负责人:胡兴建、杨天江、张书友、杨建军。

国际和国内相关联、理论和实际相结合上,创造性地回答了新时代为什么实行全面依法治国、怎样实行全面依法治国等一系列重大问题,是我们党在法治领域具有里程碑意义的原创性理论,实现了马克思主义法治理论中国化新的历史性飞跃。"[1]习近平法治思想提出之后,各高校(尤其是各政法院校)积极行动起来,以专题讲座的形式开设课程,向学生讲授习近平法治思想。

2021年5月19日,教育部办公厅发布《关于推进习近平法治思想纳入高校法治理论教学体系的通知》(教高厅函〔2021〕17号)。新修订并经教育部正式发布的《法学类专业教学质量国家标准(2021年版)》明确了习近平法治思想的指导地位,将"习近平法治思想概论"纳入法学专业核心必修课,构成了完整的"1+10+X"的法学专业核心课程体系。2021年9月,"马工程"教材《习近平法治思想概论》的出版统一了法学专业本科课程的教学依据,教材在体例上采取"绪论+三编分论"的结构,体现了从总论到分论、从理论到实践、从本体到方法的内在逻辑。自此,习近平法治思想进教材进课堂进头脑有了文本依据和基本遵循。

2022年10月,党的二十大胜利召开,为习近平法治思想教育指出了新的方向,也提出了全新的课题。党的二十大报告深刻阐释了新时代坚持和发展中国特色社会主义的一系列重大理论和实践问题,描绘了全面建设社会主义现代化国家、以中国式现代化全面推进中华民族伟大复兴的宏伟蓝图,为新时代新征程党和国家事业发展、实现第二个百年奋斗目标指明了前进方向、确立了行动指南。党的二十大报告单独设立"坚持全面依法治国,推进法治中国建设"部分,对法治建设问题进行专章论述、专门部署,这在历次党的全国代表大会报告中尚属首次,在我国社会主义法治建设史上具有十分重要的里程碑意义。报告紧紧围绕"在法治轨道上全面建设社会主义现代化国家"这个中心任务,对新时代十年奋力开创法治中国建设新局面取得的历史性成就作出高屋建瓴的深刻总结,对未来五年乃至更长时期中国法治建设作出前瞻性战略性整体部署,擘画了深入推进全面依法治国的宏伟蓝图,明确了法治中国建设的新目标和新任务。

在此背景下,如何将党的二十大精神与习近平法治思想在法学教育中实

---

〔1〕 王晨:《深入学习研究习近平法治思想原创性贡献 为加快建设社会主义法治国家而努力奋斗——在深入学习研究阐释习近平法治思想研讨会上的讲话》,载《中国法学》2022年第4期。

现有机融合，并将其贯彻到法学教育的全过程、全场域、全系统当中，成为当前习近平法治思想教育面临的前沿问题和核心问题。我们认为，解决这一问题，首要抓手是做到“六个必须坚持”和“十一个坚持”的融会贯通：坚持人民至上，就必须将坚持党的领导和坚持以人民为中心放在法学教育的首要位置；坚持自信自立，就必须将坚持中国特色社会主义法治道路确立为法学教育的主线索、主干道；坚持守正创新，就一定要坚定不移地在中国特色社会主义法治的道路上推进国家治理体系和治理能力的现代化；坚持问题导向，就必须聚焦立法、执法、司法、守法、法治监督、法治保障、党内法规七大基本问题，做到有的放矢、条分缕析；坚持系统观念，就必须为依法治国、依法执政、依法行政的共同推进树立全局意识，为法治国家、法治政府、法治社会一体建设发掘有效方案；坚持胸怀天下，就必须学会统筹看待国内法治和涉外法治，拓展世界眼光，吸纳优秀成果，参与国际治理，维护国家安全。

在此基础上，习近平法治思想进教材进课堂进头脑必须坚持两步走：第一步是深入学习贯彻党的二十大精神，推进习近平法治思想的与时俱进和守正创新；第二步是在教学实践的基础上，实现习近平法治思想与法学教育体系和实践体系的高度结合。第一步首在教学理论的创新，第二步重在教学实践的探索。只有扎扎实实地走完理论到实践的全过程，推进实践到理论的再创新，习近平法治思想的课程建设才能真正从“进教材”“进课堂”走向“进头脑”，从“入脑”走向“入心”“入行”。

一、深入研究马克思主义法治理论进教材进课堂进头脑的历史经验

马克思主义法治理论从形成开始就始终强调回归实践，强调“以彻底的理论掌握群众”，可以说，在进教材进课堂进头脑这一概念提出之前，马克思主义法治理论就已经在进行进教材进课堂进头脑的实践。习近平总书记创造性地发展了马克思主义法治思想和中国特色社会主义法治理论，创立了习近平法治思想。习近平法治思想被政界、学界和社会各界称为“当代中国马克思主义法治思想”“21 世纪马克思主义法治思想”。[2] 因此，必须深入研究马克思主义法治理论进教材进课堂进头脑的历史经验，为习近平法治思想进教材进课

〔2〕 参见张文显：《深刻把握习近平法治思想的原创性理论贡献》，载《法制与社会发展》2022 年第 4 期。

堂进头脑工作提供理论与历史支撑。

就实践历史考察而言,我们应该贯彻党的十九届六中全会的精神,对中国共产党百余年奋斗历程各重要阶段中的马克思主义法治理论进教材进课堂进头脑实践进行分析。具体而言,这包括四个阶段:其一,新民主主义革命时期的马克思主义法学教育有两个主要表现,即李达在国统区运用马克思主义法学方法论编写的《法理学大纲》和中国共产党人在革命根据地通过“干部教育”模式开展的马克思主义法学教育;其二,社会主义革命和建设时期的马克思主义法学教育主要是苏联法学影响下的马克思主义法学研究范式和维辛斯基阶级斗争法学为逻辑主线的法理学;其三,改革开放和社会主义现代化建设新时期的马克思主义法学教育走出维辛斯基阶级斗争法学的研究范式,逐步展现出学理性与实践性的特征;其四,新时代的高等法学教育协调处理马克思主义法学教育的学理属性与政治属性,将马克思主义法学教育的政治属性牢牢建立在学理属性与实践属性之上。

纵观中国马克思主义法学教育的发展历程,可以发现学理属性与政治属性相互交织、以实践为导向是中国马克思主义法学教育的主要特点。经过长达一百多年的发展,我国高等法学教育在开展马克思主义法学教育的过程中,形成了“强调政治属性与学理属性并重”“坚持回归经典与关注现实相结合”的经验,这为持续推进马克思主义法学教育提供了重要的借鉴。法是“理”与“力”的结合,“理”是基本的,“力”是必要的,两者体现法的内容与形式的辩证关系,缺一不可。马克思主义法学教育的学理属性与政治属性恰好是马克思主义法学“理”和“力”的有机统一。马克思主义法学是一种以实践性为本质特征的理论学说,在马克思主义法学教育的不同时期,学理属性与政治属性之间的比例实际上都是由中国社会的法律实践所决定的。

中国共产党百年奋斗历程中马克思主义法治理论进教材进课堂进头脑的实践历程,是中国共产党领导法治建设的伟大实践的重要组成部分,为我们在新时代推动习近平法治思想进教材进课堂进头脑工作向纵深发展提供了经验参考和方法指南。

二、准确把握习近平法治思想进教材进课堂进头脑的实施现状

习近平法治思想内涵丰富、论述深刻、逻辑严密、系统完备,要确保习近平法治思想系统、生动、扎实进教材进课堂进头脑,必须对习近平法治思想进教

材进课堂进头脑工作进行全面调查，把握现状，系统研究现有的基本做法、取得成效和存在不足，进而掌握习近平法治思想进教材进课堂进头脑工作的基本盘和问题域，从而做到有的放矢地将习近平法治思想进教材进课堂进头脑工作推向深入。

准确把握习近平法治思想进教材进课堂进头脑的实施现状，必须调查清楚习近平法治思想进教材进课堂进头脑工作的基本做法、建设成效与问题不足。

第一，基本做法方面。首先，各法学专业教材、思想政治课教材以及其他相关教材都在积极推动修订，在新修订版本中融入习近平法治思想。其次，部分有条件的法学院校成立了专门的教学研究机构，推进习近平法治思想的研究与“习近平法治思想概论”课程的建设。特别是2022年8月教育部社会科学委员会法学学部牵头建立了习近平法治思想高校协同研究机制，推动习近平法治思想贯彻落实到法学教育的全过程与各方面。最后，部分法学教育基础好的高校开始积极探索习近平法治思想进教材进课堂进头脑工作的创新模式，以创新精神推动教学改革、课程改革等。

第二，建设成效方面。首先，各人才培养单位都明确指出将习近平法治思想的核心要义和工作要求贯彻落实到法治人才培养的全过程、各方面，积极提升法学专业学生德法兼修的综合素养。其次，各法学院校都明确强调让习近平法治思想统领法学研究，让马克思主义法学理论和习近平法治思想占领法学研究阵地。最后，各法学院校都将法学研究服务党和国家工作大局的情况和成效作为重要成果予以支持，特别要求紧紧围绕党中央重要法治建设规划、重大立法事项、重点改革举措等，加强调查研究，集中进行攻关。

第三，问题不足方面。首先，因为人员配置不足，部分法学院校没有建立专门的习近平法治思想教学研究机构，甚至没有专门的任课教师，这在一定程度上迟滞了习近平法治思想进教材进课堂进头脑工作。其次，在法学院校中，部分部门法的教师认为，习近平法治思想属于法学基础理论课，与部门法关系不大，在一定程度上缺乏推动习近平法治思想进教材进课堂进头脑的内生动力。最后，部分法学院校对习近平法治思想进教材进课堂进头脑的定位较为模糊，因此缺少长远规划，在人、财、物的保障上也就缺乏长效机制。

针对以上问题，需要利用现有优势，如教育部社会科学委员会法学学部牵头的习近平法治思想高校协同研究机制，在有条件、有基础的法学院校积极探索习近平法治思想进教材进课堂进头脑工作的创新机制,特别是课程协同创新机制,为所有高等院校提供一些切实可行的模式。

三、系统构建习近平法治思想进教材进课堂进头脑工作的课程协同创新机制

习近平法治思想的课程教学实践环节,是习近平法治思想进教材进课堂进头脑工作的第一线。习近平法治思想的课程教学效果,是习近平法治思想进教材进课堂进头脑工作成效的“试金石”。习近平法治思想进教材进课堂进头脑是一项系统工作;同样地,习近平法治思想的课程教学也必然是一项系统工作,其不仅仅是完成“习近平法治思想概论”课程本身的教学任务,更需要依托“1+10+X”的法学专业核心课程体系,以课程协同创新机制,系统推进习近平法治思想贯穿法学课程体系始终,实现全覆盖。

自2021年9月以来,西南政法大学习近平法治思想概论教研室和法理学教研室发展并实践了习近平法治思想进教材进课堂进头脑工作的课程协同创新机制。该机制以“课程联动”“双向映射”“四点映射”等创新教学设计为特色,经过2个教学周期的实践验证,该机制不仅保证了“习近平法治思想概论”课程本身的教学效果,还进一步助推习近平法治思想在整个法学本科课程教学体系中的深度融入。此教学经验所形成的一般性规律,可进一步向非法学专业课程体系推广,以提高习近平法治思想进教材进课堂进头脑工作的全局性和系统性。

(一)夯实理论基础,确立课程协同机制的总体思路

第一,明确习近平法治思想进教材进课堂进头脑是一项系统工作,牢牢把握“习近平法治思想概论”课程与其他法学专业课程的“总论—分论”关系。实现习近平法治思想进教材进课堂进头脑,不仅要讲好“习近平法治思想概论”课程本身,还要在其他各门法学专业课程中充分体现习近平法治思想的指导作用,让学生在具体的法律制度、法治现象中深刻理解习近平法治思想。这就需要“习近平法治思想概论”课程和其他法学专业课程两个教学阵地精准分工、协同发力、通力合作,系统推进习近平法治思想进教材进课堂进头脑工作。“习近平法治思想概论”课程重点讲授习近平法治思想本身,但这并不是习近平法治思想进教材进课堂进头脑工作的全部,还应该在其他法学专业课程中以“课程思政”的方法有机、深度融入习近平法治思想,体现习近平法治思想指导具体法治领域和法律部门而形成的具体观点和方法,从而以直观的方

式，真正地实现学习者对习近平法治思想的内心认同。

第二，坚持“以学生为中心”理念，推进教学亲和度，增进教学实效。“以学生为中心”是美国人本主义心理学家卡尔·罗杰斯于20世纪50年代提出的一种教育理念，其体现了人本主义心理学的原理，符合辩证唯物主义的基本原则，也反映了教育学的内在规律，对于高等教育的改革实践具有较好指导意义。〔3〕推进习近平法治思想课程体系建设，在发挥教育者主导作用的同时，应更加注重以深度的学情调研为基础，始终围绕学生的接受度、兴趣点开展课程设计，采取学习者易于且乐于接受的多种教育手段，激活学习者的积极性，以探究式、启发式育人的方法推进习近平法治思想在教学中的深度融入。在教学理念上，应注重从单纯的知识传授向引导、协助学生自主学习转变，更加注重对学生的学习路径和学习活动的规划，引导学生主动参与讨论、获取知识。

第三，以课程协同创新机制实现习近平法治思想进教材进课堂进头脑工作的“线面结合”。构建并完善进教材进课堂进头脑的“总论—分论”系统推进范式，其题中应有之义即是实现“习近平法治思想概论”课程和其他法学专业课程两个教学阵地协同发力，构建教学协同创新机制。所谓“线”，是指根据进教材进课堂进头脑相对独立的工作侧重点及其有机统一关系，打通教材体系、课程体系、教学方法体系和成效评估体系四大环节，并重点发力，形成教学实践工作的完整闭环，实现习近平法治思想进教材进课堂进头脑工作全过程覆盖。所谓“面”，是指根据《法学类专业教学质量国家标准(2021年版)》确定的“1+10+X”法学专业核心课程体系，针对作为“1”的“习近平法治思想概论”课程、作为“10+X”的其他法学专业课程的各自特点，设计相应的进教材进课堂进头脑工作推进方案，并强化“1”和“10+X”之间的课程联动；既提升“习近平法治思想概论”课程这一“基本盘”的教学成效，又以课程思政的方式推进习近平法治思想深度融入其他法学专业课程。

(二)优化教学方案，牢牢把握“习近平法治思想概论”课程建设这一“基本盘”

“习近平法治思想概论”课程兼具专业学理性和政治性的双重属性，讲好讲清这门课程，必须处理好专业性和政治性的关系，这就需要以理论法学的基

〔3〕参见李嘉曾：《“以学生为中心”教育理念的理论意义与实践启示》，载《中国大学教学》2008年第4期。

本知识框架和教学方法为依托,优化教学方案。

第一,从学理深度中提炼、阐释政治话语,实现课程专业性和政治性的有机统合。一方面,以彻底的理论说服人,从而实现以正确的政治方向引领人。譬如,《习近平法治思想概论》教材开篇有这样一句话,“伟大时代孕育伟大理论,伟大理论引领伟大征程”,[4]在讲授课程中,教师可以运用理论法学教学的方法,解释这句话的历史唯物主义理论基础,并进一步分析政法思想的古今变迁过程,向学生们解释理论与实践的基本关系原理;由此,还原这句话的学理价值,不仅将其作为一个基本原理命题,运用于对习近平法治思想“三大逻辑”和理论意义的理解,还通过这种讲述方式启发学生们去自觉发掘政治话语背后的深刻学理。另一方面,教师应注重提炼各个章节中的基本概念和范畴,把讲清这些概念和范畴的基本学理作为各章节教学的逻辑起点。譬如,教师应对“党的领导”之“领导”概念进行学理解释,帮助学生准确认识党和国家、党规和国法的关系;在讲授“坚持以人民为中心”时,向学生澄清“人民”的准确含义;等等。

第二,合理布局“习近平法治思想概论”课程教学内容结构,高效完成教学目标。一方面,设计科学的知识点整合方案,将关系紧密且交叉的相关各章节整合为数个知识板块。譬如,第十章至第十二章的内容,其共性在于论述法治体系和法治运行,其中关于立法和法律实施的知识在每一章中皆有涉及,因此,可根据法治一般原理的逻辑结构,将其合并为一个大的知识板块,先对其中关于立法和法律实施的一般要求进行讲解,再根据这三章各自的侧重点,分解其中的具体内涵。另一方面,按照学习者的认知顺序和知识基础,合理谋划课程讲授顺序。譬如,在讲述第一篇习近平法治思想的意义时,教师可先按照教材编写顺序简要讲述其中内容,待习近平法治思想的核心要义和科学方法讲完后,再对第一篇的内容进行回顾,让学生在充分认知习近平法治思想的具体内涵后,得以深刻体悟其重要意义,从而避免关于意义的讲述沦为空洞的说教和自我标榜。

第三,生动讲解习近平法治思想的政理、法理、哲理。“习近平法治思想具有永恒的思想魅力和无穷的真理力量,蕴涵着数以千计睿智的政理、法理、哲

---

[4] 《习近平法治思想概论》编写组:《习近平法治思想概论》,高等教育出版社2021年版,第1页。

理。”[5]一方面，我们应挖掘具体鲜活的实践素材，广泛收集并甄选历史中的重大法治事件和学生们感兴趣的日常生活事例。譬如，在讲述“坚持党的领导”“正确处理依法治国和依规治党”时，选取典型的事件调查处理情况的通报作为分析素材，带领学生分析其中“关于有关党员干部和公职人员失职渎职行为处理情况”的措辞，向学生讲清党规和国法的二元合治结构。另一方面，探索情景模拟教学、翻转课堂教学等多样化教学方法在“习近平法治思想概论”课程中的具体运用模式。比如，以“新冠疫情的治理”为案例，由一名学生阐述中国的治理主张，另一名学生阐述西方治理主张，模拟出相互辩论的场景，从而帮助学生切身理解中国法治的基本立场。

（三）以“课程联动”为抓手，实现“习近平法治思想概论”课程与其他法学课程的深度衔接

对于习近平法治思想进教材进课堂进头脑这一系统工作而言，“习近平法治思想概论”课程应注重讲清基本精神、核心要义和科学方法，其他法学专业课程应注重讲授其观点的具体运用。因此，必须设计行之有效的课程联动方案，保证二者的深度衔接。

第一，以“双向映射”的方式，推进“课程联动”。“双向映射”是指，在“习近平法治思想概论”课程的教学计划中制定其他法学专业课程的知识点映射表，同时在其他法学专业课程中设计习近平法治思想元素映射表，两表相互对照、双向映射，从而可以依据双向映射表，针对每一个相互链接、交叉的知识点，为不同课程精细化设计教学任务分工和协作方案。

第二，以“隔空对话”为方式，实现跨课堂的教学互动。在定位挖掘双向映射点的基础上，通过科学设置议题，设计精巧的课堂间对话方案，实现跨越课堂界限的互动。具体而言，如果“习近平法治思想概论”的某一个知识点与其他法学课程知识点处于双向映射关系，则可以请两门课程的老师共同备课，设计一个具体的讨论议题，在两个课堂中，进行各有侧重的讨论分析，当学生接受完两个课堂的学习后，便可以在脑海中形成“习近平法治思想知识点＋理论法学知识点”相互映射的完整思维拼图。以“习近平法治思想概论”与“法理学”的课程实践为例，其教材《习近平法治思想概论》第七章“坚持中国特色社会主义法治道路”和《法理学》中的“法治一般原理”便存在着双向映射关系。

[5]　张文显：《如何讲好〈习近平法治思想概论〉》，载《中国大学教学》2021年第9期。

故此,“法理学”的任课教师可在讲授“法治一般原理”时引导学生从“规则之治”“良法善治”两个一般性规定理解法治,并通过梳理法治观念的古今变迁,启发学生去意识到“良法善治”在不同的文明和时代背景中会有不尽相同的内涵。由此便产生一个问题,“当代中国对良法善治的理解是什么?”“习近平法治思想概论”的任课老师则可接续这一问题,阐明“习近平法治思想便是新时代中国特色社会主义对于良法善治的回答”,进而解释中国特色社会主义法治道路。最后,进一步地组织学生从两门课程各有侧重的讲述出发进行讨论,使学生在讨论中真切地理解中国法治道路与西方法治道路的差异。

第三,以“多师同堂”为方式,实现同一课堂中的课程互动。对于双向映射点,除了进行前述的“隔空对话”方式外,还可以选取“多师同堂”的直接面对面对话方式进行联动教学。例如,“习近平法治思想概论”课程可以邀请相关的理论法学、部门法学教师,以及专业思政教师以多师对谈的方式进行教学,共同围绕同一案例、议题展开分析,引导学生进行讨论。

(四)以“四点映射”创新课程思政教学,推进习近平法治思想深度融入法学课程

习近平法治思想在具体法学专业课程中的呈现,不应是生硬和牵强的,而应该遵循“课程思政”的“隐性教育”理念。既有的课程思政教学依赖于通过在专业知识点中建立思政映射点的简单方式实现,而为了更好地提升其效果,还应当立足于法学课程体系的独特性,将“专业知识点”和“思政元素点”的映射扩展为“部门法学知识点”“理论法学知识点”“习近平法治思想知识点”“学生兴趣点”的“四点映射”。

第一,以“课程思政”的理念,在其他法学专业课程中深度嵌入习近平法治思想元素,高效实现“隐性教育”。我们应当针对每一个知识点和映射点,设计具体的教学方案,实现专业知识点和习近平法治思想元素点面向学生心智的融合传递。在通过“隐性教育”方法实现专业知识点向习近平法治思想元素点的平滑过渡后,还应以深刻的分析说理,明确阐释习近平法治思想的具体指导意义是如何具体体现的,从而实现课程思政目标由感性维度向理性维度的提升。

第二,引入“学生兴趣点”,更好地体现“以学生为中心”的教学理念,保证教学实效。“双向映射”沟通了法学专业知识点和习近平法治思想知识点两个端点,“学生兴趣点”则是在这两个端点之间的中介点,秉持“以学习者为中

心”的教学理念，教学议题的设计、教学案例的甄选、教学方法的运用、讲授方式的优化，皆应充分考虑学生的兴趣点，并且在课堂教学中灵活地穿插动漫、影视作品等流行文化元素，以学生喜闻乐见的方式讲述相应理论内容，提升教学的亲和力和可接受度，推进学生自觉学习的积极性。

第三，根据理论法学和部门法学的关系，将专业知识进一步拆分为“部门法学知识点”和“理论法学知识点”，提升映射的精准度和系统性。我们必须正视理论法学和部门法学各自的特质和相互关系，以及这两类法学课程与“习近平法治思想概论”课程之关系的不同表现形式，并按照不同的方式在不同的课程中实现“四点映射”，从而实现习近平法治思想向具体法学专业知识逐次过渡、双向流通的课程思政推进模式。“习近平法治思想概论”课程应当以理论法学知识点作为基本理论和一般理论的铺垫，[6]以部门法学知识点为具体例证；理论法学课程应当以习近平法治思想知识点为思想引领，以部门法学知识点为具体例证；部门法学课程应当以习近平法治思想知识点为思想引领，以理论法学为一般理论指引。以“法理学”中的“法律与自由”知识点的教学实践为例，其法理学知识点为“法律对自由进行合理限制的伤害原则”，其习近平法治思想知识点为“社会主义核心价值观融入法治建设”，其部门法学知识点为民法中的“无过错责任”；针对这一情况，可以将“无过错责任”的产生背景和《民法典》中的规定作为具体例证解释“伤害原则”，同时，又可以在具体案例中进一步深挖“伤害原则”的伦理基础，引导学生去理解社会主义核心价值观中“自由”的内涵，树立正确的自由观。

（五）以课程思政为抓手，推进习近平法治思想深度融入非法学专业课程教学体系

习近平法治思想进教材进课堂进头脑工作是一项全局性的工作，其不仅针对法学专业课程体系，还应该实现对非法学专业课程体系的全覆盖。前述关于习近平法治思想深度融入法学专业课程体系的创新机制，亦有其适用于非法学专业课题体系的普适性经验，诸如坚持“以学习者为中心”的理念、以“双向映射”推进跨课堂互动的“课程联动”、以“四点映射”完善课程思政教学机制等。在这些经验中，最为重要的、最具关键性的举措，应当是将课程思政

---

〔6〕参见徐清：《习近平法治思想概论课程教学的法理内涵与实践路径》，载《中国大学教学》2023年第8期。

教学模式作为推进习近平法治思想深度融入非法学专业课程体系的抓手。

第一,明确习近平法治思想在非法学专业课程教学体系中的思政属性。习近平法治思想兼具思政属性和法学专业属性。基于专业知识授课内容的强相关性,对于法学专业而言,习近平法治思想的思政属性和法学专业属性皆可得到充分展现。然而,习近平法治思想的法学专业内容与非法学专业课程内容存在客观的学科差异。较之于对法学专业知识进行跨专业学习,非法学专业学生更熟悉且容易接受的则是作为"公共课"而存在的思政课程。对于非法学专业学生而言,习近平法治思想也更多地呈现出思政的性质。因此,必须正视这一现实,从非法学专业学生的实际认知和非法学专业的课程教学内容出发,习近平法治思想深度融入非法学专业课程教学体系,不宜过度强调习近平法治思想的法学专业属性,而是将习近平法治思想作为思政教学内容,以课程思政的方式推进习近平法治思想进教材进课堂进头脑工作。

第二,将公共必修课"思想道德与法治"作为推进习近平法治思想在非法学专业课程教学体系中课程思政教学的"总接口"。前述关于法学专业课程思政的"四点映射"模式表明,建立专业知识点和思政内容点的映射关系,应当精准发力。由于习近平法治思想的法学专业属性,其直接与非法学专业课程知识点的映射往往会流于表面、显得生硬。因此,必须找到一个进行映射的"总接口",将习近平法治思想深刻嵌入其中,再将非法学专业课程知识点与其连接。作为所有非法学专业的公共必修课程"思想道德与法治",为"总接口"的最优选择。一方面,该课程为思政课程,在融入非专业课程方面已有较为丰富的课程思政实践和成功经验;另一方面,该课程将法治作为其教学内容,与习近平法治思想的法学专业内容天然契合。

第三,优化"思想道德与法治"中的习近平法治思想教学。一方面,讲好"思想道德与法治"课程中的法治内容,突出习近平法治思想的核心要义。最新版《思想道德与法治》教材第六章为"学习法治思想、提升法治素养",其中已经较为全面地体现了习近平法治思想核心要义的内容。讲好这一章的内容,应让法学专业教师,尤其是"习近平法治思想概论"教师充分参与,或是由其亲自授课,或是由其进行集体备课指导,或是采取"多师同堂"模式。另一方面,提升习近平法治思想在"思想道德与法治"教学中的比重。目前,法治部分在"思想道德与法治"的教学中仅占一章的篇幅。但是,"思想道德与法治"教学不应割裂为"思想道德"和"法治"两个板块,应当体现习近平法治思想关于

“依法治国和以德治国相结合”的要求，任课老师应当向学生充分阐释法律和道德、法治和德治相辅相成、相得益彰的关系。同时，在讲授“思想道德”部分时，也可进一步建立其中的知识点与习近平法治思想的映射点，如“坚持以人民为中心”这一习近平法治思想的核心要义中关于“人”和“人民”的深刻观点，便可与“人生观”相连接，从而实现思政课程内部的“二阶课程思政”。

第四，根据非法学专业具体教学内容和要求，推广“四点映射”课程思政教学模式。在法学专业课程体系中，“四点映射”体现为“习近平法治思想知识点”“学生兴趣点”“理论法学知识点”“部门法学知识点”的相互映射、双向流通。根据这一模型，结合前述关于习近平法治思想在非法学专业课程体系中的“思政化”优化，习近平法治思想在非法学专业课程体系中的课程思政“四点映射”，除“学生兴趣点”外，其余三点可相应地改造：其一，“习近平法治思想知识点”与思想道德与法治深度融合，进而作为以习近平法治思想为内容的思政点而存在；其二，“理论法学知识点”相应地替换为“公共理论基础课知识点”，如物理学专业的“物理学导论”课程；其三，“部门法学知识点”相应地替换为“专业专题课程或实验课程知识点”，如物理学专业的“激光与近代光学”“近代物理实验”等。

除上述课程思政模式之外，面向非法学专业开设“习近平法治思想概论”通识选修课程，亦是在非法学专业推进习近平法治思想进教材进课堂进头脑的一项较为直接和显性的方法。

四、进一步完善习近平法治思想进教材进课堂进头脑的保障机制

我们必须通过顶层设计，建立起包括教学指导机制、教学协同机制与教学创新机制在内的一整套保障机制，确保习近平法治思想对课堂全覆盖、对课程真融入、对教学见效果、对育人出成果的长效化、常态化机制，扭转习近平法治思想课堂教学中“习近平法治思想概论”课程“单打独斗”、专业课“隔靴搔痒”、思政课空洞说教的局面。

（一）建立习近平法治思想的教学指导机制

第一，充分发挥教育部法学教学指导委员会的宏观指导作用，启动《习近平法治思想教学指南》研制工作，明确习近平法治思想在“习近平法治思想概论”课程、专业必修和选修课、法学专业核心课和思想政治课中的教学理念，形成适应不同课程性质的差异化教学目标与教学方法，确定不同课程的教

学任务与教学重点,组织制定统一的《习近平法治思想教学质量评价标准》。

第二,全面考虑各法学院校的特长与特色,鼓励有条件的院校开设立法学、法治实施学、法治监督学、法治保障学、党内法规学、国家治理法学、社会治理法学、人工智能法学等体现习近平法治思想具体要求的特色课程,在此基础上打造统分结合的习近平法治思想课程体系,经申报教育部法学教学指导委员会遴选后形成若干习近平法治思想课程模块,供不同院校、不同专业在教学中进行选择。

第三,大力激发法学各学科的主动性与积极性,结合自身课程内容开展习近平法治思想教学实践,编制《习近平法治思想融入法学专业核心课指导纲要》,指导宪法课程重点开展宪法实施和宪法保障思想的教学实践,指导民商法课程重点开展法典编纂思想的教学实践,指导行政法课程重点开展行政权的“放管服”改革思想教学实践,指导经济法课程重点开展税收法定思想的教学实践,指导社会法课程重点开展公平正义思想、共同富裕思想的教学实践,指导环境资源法课程重点开展生态文明与生态法治思想的教学实践,指导刑法课程重点开展扫黑除恶思想的教学实践,指导诉讼法课程重点开展以审判为中心的诉讼改革思想的教学实践,指导法律职业伦理课程重点开展德才兼备的法治工作队伍建设思想的教学实践。

(二)完善习近平法治思想的教学协同机制

第一,依托教育部社会科学委员会法学学部牵头的习近平法治思想高校协同研究机制,整合高校法学优质研究资源,协同开展习近平法治思想科学研究、人才培养、成果出版、教材编写、实践应用、学术交流、国际传播等工作,对深化习近平法治思想研究具有重要促进作用,对创新哲学社会科学科研组织形式、探索重大专项协同攻关模式、培养领军人才和核心团队等。

第二,依托“立格联盟”,开展法学院校间的习近平法治思想教学协同。“立格联盟”是全国政法类大学联盟,其成员包括目前国内法学类本科招生规模较大、教学质量较高、培养高素质法治人才历史较悠久的9家院校。在“立格联盟”内部建立习近平法治思想教学联盟,有助于联盟成员共享习近平法治思想教学资源、规范习近平法治思想教学行为、统一习近平法治思想教学标准、提升习近平法治思想教学质量,并能够对其他法学院校的习近平法治思想进课堂工作产生带动和示范效应。

第三,依托中国法学会,开展法学学科间的习近平法治思想教学协同。中国法学会是法学界的全国性学术团体，包括涉及全部法学学科的研究会，已成立了习近平法治思想研究中心，并正在筹建高校习近平法治思想协同研究中心。充分发挥各研究会的基础性、代表性和上述两个研究中心的协调沟通功能，有助于形成全国法学界“一盘棋”的局面，确保习近平法治思想在法学各门专业课中的融入性教学有计划、相配合地开展，既避免各门课程重复同样的内容，也避免习近平法治思想中的重要理念和命题在教学中遗漏，从而实现将习近平法治思想进行科学有机的学理转化，将其核心要义、精神实质、丰富内涵、实践要求贯穿法学类各专业各课程的目标。

第四，依托课程思政示范体系，开展专业课与思政课间的习近平法治思想教学协同。目前，全国高校已普遍开展课程思政示范项目建设工作，建立了30个课程思政教学研究示范中心，并形成了国家、省级、校级三级课程思政示范体系。习近平法治思想一方面是法学专业课的课程思政建设重点，另一方面是“习近平新时代中国特色社会主义思想”思政课程的重要教学内容。依托三级课程思政示范体系，能够实现专业课教师与思政课教师取长补短、互通有无，尤其有助于提升思政课教师的法治素养，塑造思政课教师的法治思维，这对于提升习近平法治思想思政课的教学质量是不可或缺的协同机制。

（三）推广习近平法治思想的教学创新机制

第一，突出课程的时代性、时效性和针对性，推动教学方式创新。习近平法治思想是新时代中国特色社会主义法治体系建设成就经验的高度总结，要增强当代大学生的政治认同、思想认同、理论认同和情感认同，[7]必须在教学方法上运用讲授式、启发式、情境式、案例式、问题链、BOPPPS（Bridge - in, Objective/Outcome, Pre-assessment, Participatory Learning, Post-assessment, Summary，导言、学习目标、前测、参与式学习、后测、总结）等教学方式，并结合“第二课堂”来增强价值认同感，依托辩论、演讲、模拟法庭、调查研究、网络调研、基地体验等实践教学模式，达到内化于心与外化于行的效果。

第二，充分利用“互联网 +”和新媒体，鼓励教学手段创新。要确保有限的教学资源产生最优质、最广泛的教学成果，必须利用信息化教学手段开展线上线下、虚实结合的教学研究活动。我们可以运用“慕课”“SPOC（Small Private

〔7〕　参见徐清、韩成龙：《“习近平法治思想概论”教学实践的探索与思考》，载《中国大学教学》2022年第7期。

Online Course,小规模限制性在线课程)”“直播”等新媒体教学手段,让教学更加动态、开放,打破时间、空间和地域限制,使教学工作更便利、教学效果更扎实,丰富习近平法治思想融入的教学方法。

第三,推广习近平法治思想虚拟教研室,开展教学组织创新。推广以学科交叉融合、教学资源共享、线上线下结合为特征的习近平法治思想虚拟教研室,推动法学知识和法治理论的系统化、集成化、体系化、融合化,探索建立新时代行之有效的新型教学组织的质量标准、建设路径、运行模式和评价机制,建设“虚拟教研室信息技术平台”,实现海量教学信息的智能化收集、研判、分析、反馈功能,全过程智能评价教学效果。

五、持续加强习近平法治思想进教材进课堂进头脑工作队伍建设

我们必须通过师资队伍建设,在全国范围内形成一支政治好、业务强、会育人、懂协作的习近平法治思想教学骨干力量,以师资队伍建设带动教学组织建设和教学资源建设,最终辐射全国各院校、法学各专业,对学生产生良好的内化外化、入心入脑效果,从根本上扭转“习近平法治思想概论”课程专任教师数量不足、部门法教师理论修养不高、思政课教师法治素养不足、习近平法治思想教学效果不彰的局面。

(一)抓好师资培养,优化教学资源

第一,在全国范围内开展习近平法治思想师资培训。高校是法治人才培养的第一阵地,教师是习近平法治思想研究阐释的重要力量,师资队伍建设是专业建设的前提和基础。解决习近平法治思想教师数量有限、水平不齐的根本措施是开展师资培训,拟定覆盖全国法学专业课教师和思想政治课教师的“习近平法治思想师资培训计划”,充分发挥政法类院校在习近平法治思想师资与教学方面的先发优势,建立涵盖岗前培训、岗位培训、社会实践(挂职锻炼)、短期进修、网络培训、继续教育等多种培训类型的师资培训机制,推动习近平法治思想教育成为相关课程任课教师终身教育的一项重要内容。

第二,开展各类习近平法治思想师资的教研交流。目前承担习近平法治思想课程教学任务的既有法学理论课教师,也有部门法课程教师,还有思想政治课教师,三者各有其长处与不足。通过拟定“习近平法治思想师资交流计划”,建立三类教师间的交流渠道与岗位轮换机制,探索建立习近平法治思想教师的国内访问学者制度,不仅有助于吸收各校内外专业教师投入习近平法治思

想的教学研究工作,还有利于教师完善与更新自身的知识结构、提高为党育人与为国育才的能力。

第三,开发优质的习近平法治思想专业教学资源。高质量的师资队伍离不开丰富教学资源的支持,建设全面融入习近平法治思想的系列法学专业教材、教案、课件、案例库,探索建立“智能+”时代行之有效的新型教学组织的审核程序、质量标准、建设路径和评价机制,实现院校之间、院校与实务部门之间资源共享、优势互补,扭转传统法学研究和法学教育中理论“拼盘化”、知识“碎片化”、技能“单一化”的局面,以适应全面依法治国对高素质法治人才的需求。

(二)开展教学研究,提升教师能力

第一,依托各法学院校教师发展中心,全面提升法学专业课教师的习近平法治思想教学能力。法学院校80%以上的课程是法学专业课,学生80%以上的学习时间是专业学习,因此,要提升习近平法治思想师资队伍的质量,首先要提高法学专业课教师的教学能力和育人水平。教师发展中心承担着建立健全促进教师专业成长体制机制的职责,其理应在法学专业课教师能力提升上扮演重要角色。这可以通过拟定“习近平法治思想教师专业发展计划”,夯实教师发展中心的责任,提供教学、学术发展咨询、指导与培训,为其职业化发展和专业化水平提升提供服务和保障,推动教师提高教学水平,开阔学术视野,实现其个性化发展,从而切实抓住教师这个“关键少数”,打造一支有战斗力的习近平法治思想教学“主力军”。

第二,依托课程思政教学研究中心,全面提升思想政治课教师的习近平法治思想教学能力。习近平法治思想既是习近平新时代中国特色社会主义思想的重要组成部分,也是马克思主义法治理论中国化的最新成果。对于思想政治课教师而言,如何增强对当代中国法治理论与法治实践的把握,是其课程教学中必须解决的重要问题。因此,通过拟定“思政课教师习近平法治思想教学能力提升计划”,依靠课程思政教学研究中心的沟通功能,实现“课程思政”与思政课程在习近平法治思想教学中的同频共振、同向同行,全面提升教师的育人能力。

第三,依托教学改革研究项目,引导教师投身于习近平法治思想的教学改革与教学创新。项目是研究的引领,研究是教学的前提。在习近平法治思想教学中,应大力发挥各类教学改革与教学研究项目的引领推动作用,将习近平法治思想师资队伍建设与课题研究相结合,发挥教育部重大专项、新文科研究与改革实践项目、虚拟教研室试点建设项目、一流专业建设项目、一流课程建设项目、教学团队建设项目、教学改革研究项目对人才培养和队伍建设的推动与支撑作用。鼓励各院校以项目申报为突破口,以教学成果奖申报为着力点,大力支持习近平法治思想教师承担国家级、省级教学改革和教学研究项目,努力配合教师申报省级、国家级优秀教学成果奖,同时积极鼓励教师参与各项教学竞赛。

(三)优化教学组织,创新教学平台

第一,组建习近平法治思想示范性教学团队。一名合格的习近平法治思想教师,应具备不同学科领域及法学学科内部知识结构、思维方式和研究范式的交叉融合能力,具备运用多元视角和手段分析解决法治实践问题的能力。同时,习近平法治思想课程协同创新机制"双向映射"和"四点映射"的落地,必须建立在跨学科教学团队的基础之上,这一团队必然需要吸纳"习近平法治思想概论"专职教师、法学专业课程教师、思想政治教师,以"习近平法治思想概论"专职教师为中介点,实现师资力量的"两个对接",进行跨课程的"全局式集体备课"。因此,打破传统学科、专业、教研室壁垒的,包括法学理论教师、部门法学教师、思想政治教师在内的交叉型或融合型创新教学团队,应成为习近平法治思想的常规基层教学组织,并在此基础上加速造就一批教学团队带头人才和较大发展潜力的青年教学人才。

第二,建设习近平法治思想线上教学平台。依托全国高校教师网络培训中心,汲取"习近平法治思想大讲堂""高校教师课程思政教学能力培训"的成功经验,搭建常态化习近平法治思想线上教学平台,组织骨干教师与资深专家录制教学视频,追踪习近平法治思想的最新发展,形成既能提升教师教学水平、又能直接供课堂教学使用,以全覆盖学习、融入式教学、网络化组织、针对性服务为特征的习近平法治思想教学平台。通过借鉴网格化治理技术,打造"虚拟网格教学矩阵",利用信息化技术促进习近平法治思想教学组织度的提升。

第三,创新习近平法治思想教学机构。新时代孕育全新的法治思想,新法学呼唤新的教学机构。习近平法治思想内涵丰富,涉及全面依法治国的全过程和各方面,其教学内容不是一个法学学科、一个法学专业或一个法学教研室所能涵盖的。为了探索适应习近平法治思想教学要求的新型教学机构,在多所高校普遍成立习近平法治思想研究中心/研究院的基础上,西南政法大学成立了习近平法治思想概论教研室，西北政法大学组建了法治学院并试点建设习近平法治思想省级虚拟教研室，这些新型教学机构经过实践检验后，可以作进一步推广。

六、结语

推动习近平法治思想进教材进课堂进头脑，要在借鉴历史经验、充分利用现有条件的基础上创新发展，只有做好“教什么”“如何教”“如何教得好”，才能实现教材体系向教学体系转化、知识体系向价值体系转化，才能切实有效地实现习近平法治思想入脑入心，才能培养造就德才兼备、德法兼修的高素质法治人才，从而为在法治轨道上全面建设社会主义现代化国家贡献力量。

《政法教育评论》
第1辑,第22～31页

以习近平法治思想统领法治人才培养创新的路径探索

洪冬英[*]　谢婷[**]

摘　要　习近平法治思想为新时代法治人才培养创新指明了方向和道路,应当统领法治人才培养方案和学科体系建设。新时代背景下,法治人才培养创新应当坚持习近平法治思想的统领,以培养信仰坚定、家国情怀、民族自信、高端涉外和廉洁正义人才为目标。而针对当下高校对西方法学思想教育偏重、德治教育不足不深以及涉外法治与纪检监察培育未能满足社会需求等问题,各高校应当推进人才培养方案改革,学深悟透习近平法治思想,加快涉外法治和纪检监察人才培养,提高参与全球治理能力,探索自主法学知识体系,办好人民满意、世界一流的高等法治教育。

关键词　习近平法治思想　培养目标　建设统领　涉外法治　纪检监察

创新法治人才培养机制,坚持用马克思主义法学思想和中国特色社会主义法治理论全方位占领高校、科研机构法学教育和法学研究阵地,是《中共中

---

* 洪冬英,华东政法大学副校长,教授,博士生导师。
** 谢婷,华东政法大学助理研究员。

央关于全面推进依法治国若干重大问题的决定》的明确要求。“习近平法治思想是马克思主义法治理论中国化的最新成果,为新时代坚持和发展中国特色社会主义擘画壮阔法治图景。”[1]这为新时代为谁培养法治人才,需要培养什么样的法治人才,如何培养创新法治人才,指明了方向和道路。因此,习近平法治思想应当是法治人才培养改革创新的重要研究课题。加强习近平法治思想的理论研究并统领教学改革创新,科学把握中国特色社会主义法治建设的独特性,形成完善的中国特色社会主义法学理论体系、学科体系、课程体系,解决当前法学教育面临的理论困境和实践难题,探索新时代国家发展战略和社会发展需求的人才培养路径,加快涉外法治和纪检监察人才的培养,提升参与国际治理能力和社会治理能力现代化水平,办好人民满意、世界一流的高等教育,是高校法学人才培养创新的历史使命。

一、习近平法治思想指导下的法治人才培养目标

习近平法治思想是新时代十年法治建设最重要的标志性成果,是我们党百年来提出的最全面、最系统、最科学的法治思想体系。[2] 中共中央印发的《法治中国建设规划(2020~2025年)》、教育部办公厅《关于推进习近平法治思想纳入高校法治理论教学体系的通知》、教育部和中央政法委《关于坚持德法兼修实施卓越法治人才教育培养计划2.0的意见》等文件多次从不同层面指出“要把习近平法治思想融入学校教育,纳入高校法治理论教学体系,做好进教材、进课堂、进头脑工作”,这对培养什么样的一流法治人才,铸就何种法治人才之魂,提出了明确的目标。

(一)人才目标

1.信仰坚定。信仰是人的灵魂,是人生力量的源泉。“心中有信仰,脚下有力量。”习近平总书记在中国政法大学考察时强调,高校作为法治人才培养的第一阵地,要深入研究和解决好为谁教、教什么、教给谁、怎样教的问题。全面依法治国是国家治理的一场深刻革命,关系党执政兴国,关系人民幸福安

---

〔1〕《为千秋伟业夯基固本——习近平法治思想引领新时代全面依法治国纪实》,载新华网,http://www.xinhuanet.com/politics/leaders/2020-11/18/c_1126756747.htm。

〔2〕中央全面依法治国委员会办公室:《深入学习贯彻习近平法治思想坚定不移走中国特色社会主义法治道路——认真学习〈习近平著作选读〉第一卷、第二卷》,载《光明日报》2023年6月8日,第6版。

康,关系党和国家长治久安。因此,新时代的高素质法治人才,应当是具有坚定理想信念的法治人才,应当是忠于党、忠于国家、忠于人民、忠于法律的捍卫者,应当是社会主义核心价值观的推动者,应当是习近平法治思想的坚定信仰者和忠实实践者。

2. 家国情怀。“天下之本在国,国之本在家。”[3] 2020年9月8日,习近平总书记在全国抗击新冠肺炎疫情表彰大会上讲到,“中国人历来抱有家国情怀,崇尚天下为公、克己奉公,信奉天下兴亡、匹夫有责,强调和衷共济、风雨同舟,倡导守望相助、尊老爱幼,讲求自由和自律统一、权利和责任统一”。[4] “我们要在全社会大力弘扬家国情怀,培育和践行社会主义核心价值观,弘扬爱国主义、集体主义、社会主义精神,提倡爱家爱国相统一,让每个人、每个家庭都为中华民族大家庭作出贡献。”[5] 因此,新时代的高素质法治人才应当拥有家国情怀,应当拥有对国家和人民的使命感,应当将国家富强、民族振兴、人民幸福和实现中华民族伟大复兴的中国梦与自己的发展紧密相连。

3. 民族自信。文化自信自强是具有深刻历史感和全球视野的时代命题。[6] 习近平总书记指出,我们有我们的历史文化,有我们的体制机制,有我们的国情,我们的国家治理有其他国家不可比拟的特殊性和复杂性,也有我们自己长期积累的经验和优势,在法学学科体系建设上要有底气、有自信,要以我为主、兼收并蓄、突出特色。[7] 新时代的高素质法治人才应当坚持民族自信,应当有“自信人生二百年,会当水击三千里”的勇气,应当坚决反对和抵制西方“宪政”“三权鼎立”“司法独立”等错误观点;[8] 同时,也应当在文化自信中不断深化中华民族现代法治建设的规律性共识,持续提升中华文明传播力的世界影响。

4. 高端涉外。“世界进入动荡变革期,国际竞争越来越体现为制度、规则、

---

[3] 《孟子·离娄上》。

[4] 《习近平在全国抗击新冠肺炎疫情表彰大会上的讲话》,载《人民日报》2020年9月9日,第2版。

[5] 《习近平在二〇一九年春节团拜会上的讲话》,载《人民日报》2019年2月4日,第1版。

[6] 参见冯宏良、王公:《坚定文化自信自强与建设中华民族现代文明》,载《天津日报》2023年6月26日,第9版。

[7] 《习近平在中国政法大学考察时强调　立德树人德法兼修抓好法治人才培养　励志勤学刻苦磨炼促进青年成长进步》,载《人民日报》2017年5月4日,第1版。

[8] 中共中央办公厅、国务院办公厅《关于加强新时代法学教育和法学理论研究的意见》。

法律之争。我们必须加强涉外法律法规体系建设，提升涉外执法司法效能，坚决维护国家主权、安全、发展利益。"[9] 党的二十大报告提出："统筹推进国内法治和涉外法治。"坚持统筹推进国内法治和涉外法治，是以习近平同志为核心的党中央站在党和国家事业发展全局的战略高度作出的重要部署，是习近平法治思想的重要内容，也是全面依法治国的迫切任务。[10] 新时代的高素质法治人才，应当包括高端涉外法治人才的培养，应当以国家、社会和人民需求为导向，加快建设一支通晓国际法律规则、善于处理涉外法律事务的涉外法治人才队伍。

5. 廉洁正义。习近平总书记在主持十八届中共中央政治局第五次集体学习时指出，"要大力加强反腐倡廉教育和廉政文化建设，坚持依法治国和以德治国相结合"。习近平总书记在中国政法大学座谈会上强调，"法学教育要坚持立德树人，不仅要提高学生的法学知识水平，而且要培养学生的思想道德素养"。[11] 新时代的高素质法治人才不仅要做尊法、学法、守法、用法的模范，以实际行动带动全社会崇德向善、尊法守法，还应当包括一批拥有法治意识、程序意识、证据意识，在党风廉政建设和反腐败斗争一线砥砺品格操守，在围绕中心、服务大局中彰显担当作为，在各种风险挑战中筑牢坚强屏障的纪检监察人才。[12]

(二)效果目标

习近平法治思想指导下的法学人才培养在实现人才培养目标的同时，还应当实现以下建设效果：

其一，制定一套能够统率法学类教学质量国家标准建设的习近平法治思想课程体系指南。这需要准确把握习近平法治思想的鲜明理论品格，在深化习近平法治思想概论课程研究的基础上，建设习近平法治思想课程模块，即"专业必修课 + 选修课 + 通识课程"体系；需要加强法学主干课程中习近平法

---

〔9〕 习近平：《坚持走中国特色社会主义法治道路　更好推进中国特色社会主义法治体系建设》，载《求是》2022 年第 4 期。

〔10〕 参见程华儿：《更好维护国家主权、安全、发展利益　加快推进涉外法治建设(专题深思)》，载《人民日报》2022 年 10 月 28 日，第 9 版。

〔11〕 《习近平在中国政法大学考察时强调　立德树人德法兼修抓好法治人才培养　励志勤学刻苦磨炼促进青年成长进步》，载《人民日报》2017 年 5 月 4 日，第 1 版。

〔12〕 《习近平总书记在中央纪委全会谈纪检监察干部队伍建设》，载《中国纪检监察》2023 年第 7 期。

治思想的引领统率元素,与其他法学主干课程中蕴含的思政教育元素有效联结,形成课程思政的集成效应,构建中国特色、世界一流的法学学科与课程体系。

其二,建成数个在全国和地区具有重大影响力的习近平法治思想教育研究和卓越法治人才培训基地。这需要充分发挥习近平法治思想课程体系的示范效应,结合法学学科专业主干课程的育人要求和特点,发挥课程主阵地作用,优化内容供给,共享教学经验、成果和模式,建立能够承接全国教育、党政、司法系统的习近平法治思想教育研究培训基地。

其三,打造数个以优秀法治人才培养为核心的习近平法治思想名师团队。这需要立足于习近平法治思想深化研究,评选一批政治立场坚定,师德师风良好、职业伦理素养优良,能够准确把握本课程与习近平法治思想融合映射的方向和重点并融入课程教学全过程,拥有可推广建设经验的高水平领军名师、优秀青年教师和法治实践工作者;选出一批优秀的、不同法学专业方向的习近平法治思想教学团队,建成数支能够讲好中国法治故事、阐释中国法治观念和传播中国法治文明,具有强烈的家国情怀、坚定的理想信念、扎实的法学根底和良好道德素养的习近平法治思想优秀教学团队和宣讲团队。

其四,培育数个集科研、教育、应用于一体的习近平法治思想成果孵化中心。这需要鼓励、支持和资助一系列习近平法治思想教学研究项目、青年项目,全面提高课程思政核心素养和课程思政教学研究能力,实现习近平法治思想的学理转化和人才培养模式创新,持续推动习近平法治思想研究智库成果的研究和转化,为全面推进依法治国总目标的实现和引领法治中国前进方向提供高质量的智库成果。

二、我国高校法治人才培养的主要问题

(一)对西方法学思想教育偏重

党的二十大报告指出,“社会主义法治国家建设深入推进,全面依法治国总体格局基本形成,中国特色社会主义法治体系加快建设,司法体制改革取得重大进展,社会公平正义保障更为坚实,法治中国建设开创新局面”。这在法学教育领域,体现为中国特色的社会主义法学理论体系、学科体系和课程体系日臻完善。但是,我们不得不承认当前中国特色社会主义法学理论体系、学科体系和课程体系,包括教材体系在内,依然存在部分薄弱环节,也可以看出过

去一个多世纪以来近代西方法学理论对我国法学教育的影响。而“有些地方、高校在教材编写和教学实施过程中还存在着偏重于西方法学理论、缺乏鉴别批判等问题”。[13] 我们必须认识到,法治有其本土的文化和土壤,任何国家的法律都是建构在一定的自然、人文和社会环境之上的。“中国的法治之路必须注重利用中国的本土资源,注重中国法律文化的传统和实际。”[14] 如果法学教育一味地照搬西方和介绍西方“三权鼎立”“司法独立”等思想,不仅会腐蚀青年人的思维,也无益于我国社会问题的解决,甚至阻碍中国特色社会主义法治建设道路。

(二)德治教育不足不深

法安天下,德润人心。习近平总书记在十八届中共中央政治局第三十七次集体学习的讲话中强调,“以法治承载道德理念,道德才有可靠制度支撑”。[15] 同样,在法治人才培养过程中,法学理论的教育与思想道德的教育同样重要;但是,在我国的法学教育实践中,不少法学教育工作者的潜意识里还较容易忽视德治教育,这使受我国法学教育培养的不少人才法律专业素养有余而道德素养不足,缺乏应有的人文精神,在适用或实施法律时往往过于机械僵化,不考虑和顾及立法背后的伦理价值和道德动机。[16] 当前高校的道德教育内容大多来源于多年前出版的教材,虽然这些教材具有一定的稳定性和准确性,但内容较为陈旧,难以适应新时代的发展需求和激起学生的学习兴趣,而且缺乏科学的道德教育评价,忽视道德教育的时效性。[17] 新时代的法治人才应当德法兼修、德才兼备,追求公平正义、信仰和捍卫法律、维护社会公序良俗则是法律职业道德的核心内容,也是国家司法公正的重要支撑。德治教育的不足不深,法学人才职业道德素养不高,不仅不能满足新时代合格法治人才的需要,还无益于社会公平正义的实现和矛盾的化解。

---

〔13〕 袁贵仁:《有些高校偏重西方法学理论　缺乏鉴别批判》,载央广网,http://edu.cnr.cn/pdtj/yw/201411/t20141114_516779247.shtml。

〔14〕 苏力:《法治及其本土资源》,中国政法大学出版社 1996 年版,第 6 页。

〔15〕 《习近平:坚持依法治国和以德治国相结合　推进国家治理体系和治理能力现代化》,载《人民日报》2016 年 12 月 11 日,第 1 版。

〔16〕 参见刘长秋:《论习近平法治思想中的法学教育》,载《广西社会科学》2022 年第 2 期。

〔17〕 参见李蒙、朱必法:《中国高校大学生道德教育现状及改进策略》,载《决策与信息》2021 年第 6 期。

（三）涉外法治与纪检监察培育未能满足社会需求

在习近平法治思想的引领下，涉外法治和纪检监察成为我国法治话语体系中的重要建设领域，也成为国内不少高校法学人才培养和建设的重要方向，并在较短的时间内取得了相对丰硕的成果。但是，我们也应当看到，当前的涉外法治和纪检监察法治人才的培养还存在诸多问题，这体现在：其一，未能在人才选拔、人才培养需求以及人才培养去向等方面与相关实务部门建立有效的信息传递与人才输送机制，这不利于人才培养服务国家和社会需求；其二，相关学科的融合交叉研究不够深入，研究成果难以充分地服务国家决策；其三，人才培养的目标定位与其他既有学科的区别与联系并没有梳理清晰。涉外法治和纪检监察是当前国家和社会需求下重点建设的新兴学科，这些问题会影响相关学科建设和人才培养的深入推进，也不利于回应实践所需。

三、法治人才培养创新的路径

（一）推进人才培养方案改革，学深悟透习近平法治思想

1. 制定习近平法治思想课程模块标准

课程是人才培养的核心要素。以习近平法治思想统领法治人才培养创新的基本路径要打造习近平法治思想课程模块，并将其全面灌输到法学每个专业、每个方向。新修订的《法学类专业教学质量国家标准(2021年版)》明确了习近平法治思想的指导地位，并将“习近平法治思想概论”纳入法学专业必修课程。对此，高校不仅应当以“习近平法治思想概论”课程为依托，建设习近平法治思想专门课程模块，鼓励和支持教师开设习近平法治思想专业必修课、专业选修课程和通识教育课程等，打造“三位一体”的习近平法治思想课程体系；还应当加快制定法治人才培养方案中习近平法治思想课程的模块标准，明确法学人才培养方案中习近平法治思想专门课程的学分要求及其核心内容和框架，从而深刻把握习近平法治思想在法治人才培养中的理论地位，实现法治人才培养的有机统一。

2. 建立习近平法治思想教育培训学院

习近平法治思想是顺应实现中华民族伟大复兴时代要求的重大理论创新成果，是高校学生、高校教师和政法干部应当学深悟透的必修课程，因此，习近平法治思想传播师资的培训尤为重要。我们应当鼓励、筛选和支持有基础、有能力、有条件的高校建立能够覆盖本区域，乃至辐射全国的习近平法治

思想教育培训学院，并常态化开展习近平法治思想宣传、宣讲和对外培训工作。这些工作主要包括：其一，开展校内师资培训，以实现各专业教师习近平法治思想学习的全覆盖；其二，广泛开展社会宣传宣讲，发挥学生的主体作用，建立习近平法治思想学生宣传团，让学生在宣讲过程中推动习近平法治思想入脑入心；其三，为政法机关和相关单位提供培训支持，开展习近平法治思想干部轮训。通过有序开展这些工作，使高校成为习近平法治思想和中国特色社会主义法治理论的坚定信仰者、积极传播者和模范实践者。

3. 推进习近平法治思想虚拟教研室建设

发挥习近平法治思想在法治人才培养的统领作用，应当统一思想、统一意志、统一行动、凝心聚力。鼓励高校有序开展习近平法治思想虚拟教研室建设，汇聚全国一流法学专家以及全国各知名院校法学院所专家学者和青年人才，深入推进习近平法治思想的研究阐释工作。我们要充分发挥虚拟教研室“互联网 + 智慧教育”的教学研究功能，依托法学学科优势，开展跨院校、跨学科、跨专业的习近平法治思想教研活动，以共建共享理念探索习近平法治思想在教学资源共享、教学研究中心示范、优质课程推广、教师能力培训等方面的新举措，形成具有“民族精神 + 法治精神 + 时代精神”的法学课程体系，引领并深化习近平法治思想研究。

（二）加快涉外法治人才培养，提高参与全球治理的能力

1. 以习近平法治思想为统领，把牢涉外法治人才培养事业的政治方向

针对涉外法治人才培养的特点，创新课程思政与思政课程协同育人模式，以习近平法治思想统率、引领涉外法治的主干课程，讲好中国法治故事、阐释中国法治观念和传播中国法治文明。同时，全面完善以“习近平法治思想概论”为核心的中国特色社会主义涉外法治课程体系，将习近平法治思想贯穿涉外法治教育全过程和各环节，全力打造中国特色社会主义涉外法治人才培养体系的国家标准。

2. 深入探索涉外法治学科理论，构建高质量的涉外法治教学体系

构建高质量的涉外法治教学体系，可以考虑从如下四个方面展开：其一，要打造一批涉外法治核心课程，即聚焦涉外法治核心课程群建设，构建包括涉外专业课程、多元文化交流课程、外语课程、实务课程等模块，推进法学与政治学、金融学、外国语言文学等学科的交叉融合；其二，建设配套涉外法治核心教材，即根据不同高校的学科特色和优势，组建高水平涉外法治教材编写团队，

编写符合国家需要、体现国际法律实践及最新法律、条约和案例的高水平教材;其三,组建一支高水平涉外法治师资队伍,即通过选派教师出境访学深造、培训交流、学术研讨等方式,不断加强师资队伍的国际化水平;其四,强化学生涉外法治实践能力培养,即组织选派学生参加高水平国际模拟法庭和仲裁庭竞赛,组织开展国际暑期学校、国际学术论坛等第二课堂活动。

3."政、校、企、社"四方聚力,打造高标准涉外法治人才协同育人机制

高标准涉外法治人才协同育人机制的打造,可以考虑从如下四个方面展开:其一,深入拓展与政府、企业和社会组织的合作,采取订单式和实战型培养模式,共同制定涉外法治人才培养方案,共建涉外实务课程和实践实训项目,推动组建专兼结合的国际化、实务型师资队伍,实现联盟高校及共建实务单位等校外机构的外循环;其二,以联盟理念构造校际涉外法治人才培养资源共建共享机制,形成联盟各高校与境内外合作单位、理论界与实务界共同培养涉外法治人才的大循环;其三,形成校内涉外法治学科集群,贯彻涉外法治人才培养的学科协同理念,实现优质教育资源流动与共享的内循环;其四,打造涉外法治高端智库群,依托涉外法治研究基地,组织开展涉外法治基础性、前沿性、战略性问题研究,形成智库在政府决策、法律咨询和社会服务等方面的深循环。

(三)加快纪检监察人才培养,探索自主法学知识体系

1.明确学科建设定位与人才培养目标

推进纪检监察学科建设,为党和国家纪检监察事业提供人才保障和智力支持,是政法类高校服务党和国家监督体系建设、推进一流政法大学建设的重大战略举措,这对于丰富中国特色社会主义理论体系,推动纪检监察工作法治化、规范化,不断完善党和国家监督体系具有重大意义;这是党和国家事业发展赋予高校的崇高责任,也是高校促进自身发展的重大历史机遇。对此,高校应当加强与纪检监察部门的密切合作,着力完善适应纪检监察人才培养的教材体系和课程体系,着力推进纪检监察学一级学科建设,加快建构中国自主的纪检监察学知识体系,服务国家治理体系与治理能力现代化。

2.探索订单式培养与干部职业培训相结合

我们在加大课程体系和教材体系建设力度的同时,还应当探索构建人才培养与输送模式,可以尝试"订单式培养",为纪检监察系统直接输送人才;还可以将学位教育与职业教育相结合,其中纪检监察教育单位也应承担纪检监

察法治人才培养的部分职能，开展纪检监察干部政治轮训、业务培训，包括初入职干部培训、监察官晋升等级专门培训等，以增强法治意识、程序意识、证据意识，提升依法执纪、依法办案能力。

3. 以纪检监察学科建设为抓手构建自主法学知识体系

习近平总书记指出，“党的历史是最生动、最有说服力的教科书”。[18] 我国纪检监察的研究既有漫长的历史实践，也有丰厚的学术成果。[19] 高校应当以纪检监察等新兴学科建设为契机，构建自主设置与引导设置相结合的学科专业建设新机制，建立以纪检监察学为主体、交叉学科为支撑的高水平纪检监察学科体系，为国家纪检监察学科建设先行先试；同时，在纪检监察学科理论探索中，还应深挖本土资源，扎根本土文化，立足中国实际，构建自主法学学科建设和探索的新模式，融入全面依法治国实践，适应法治建设新要求。

四、结语

“法者，治之端也。”执政兴国，离不开法治支撑；依法治国，离不开法治人才。放眼世界，我们正处于百年未有之大变局；回望历史，我们正处于近代以来最好的发展时期。在全面推进依法治国的历史进程中，抓好法治人才培养才能把握好我们民族的未来发展。中国要参与世界治理，实现中华民族伟大复兴，就必须培养一大批信仰坚定、家国情怀，拥有民族自信，通晓国际语言和国际规则，具有专业法律知识，擅于、敢于、勇于维护国家利益和化解国内矛盾的高端复合型法治人才。习近平法治思想是马克思主义法治理论中国化的最新成果，为我们中国构建自主法学知识体系，探索法学学科建设新道路，创新法治人才培养指明了方向。我们应当总结习近平法治思想融入法治人才培养创新的建设经验，发掘习近平法治思想统率引领法治教育的典型做法，持续深入抓示范、树标杆，建成全面覆盖、类型丰富、层次递进、相互支撑，能够辐射全国法学教育的习近平法治思想教育教学体系，为国家、社会和人民培养满意的法治人才。

---

〔18〕 习近平：《在党史学习教育动员大会上的讲话》，载《求是》2021 年第 7 期。

〔19〕 参见王小光：《纪检监察研究学术史(1978～2021)》，载《地方立法研究》2022 年第 1 期。

法治人才培养研究

《政法教育评论》
第1辑,第35~43页

政法院校加强新时代法学教育、培养高素质法治人才的思考
——以甘肃政法大学为例

焦盛荣*

摘　要　加强新时代法学教育和法学理论研究是贯彻落实习近平法治思想的必然要求,是落实全面依法治国的重要举措,其体现出新时代对民主、法治、公平、正义、安全、环境等方面更高标准和更深内涵的需求,也对政法院校的人才培养和理论研究提出了更高要求。坚持以习近平法治思想为指导加强法学教育,就必须坚持中国特色的法学教育方向不动摇,处理好法学教育与德育的关系,法学课程与思想政治理论课的关系,法学教育与社会实践的关系。

关键词　法学教育　法学研究　思政教育

中共中央办公厅、国务院办公厅印发的《关于加强新时代法学教育和法学理论研究的意见》(以下简称《意见》)明确了习近平法治思想在法学教育和法学研究中的指导地位,确立了法学教育和法学研究的主要目标,这对于坚持把马克思主义法治理论同中国具体实际相结合、同中华优秀传统法律文化相结

* 焦盛荣,甘肃政法大学党委书记,教授。

合,推动法学教育和法学理论研究高质量发展意义深远。习近平总书记在考察中国政法大学时明确指出:“坚持以马克思主义法学思想和中国特色社会主义法治理论为指导,立德树人,德法兼修,培养大批高素质法治人才。”[1]当前,法学领域面临的重要任务就是深入学习贯彻习近平法治思想,加快构建中国特色法学学科体系、学术体系、话语体系,为建设中国特色社会主义法治体系、建设社会主义法治国家、推动在法治轨道上全面建设社会主义现代化国家提供有力人才保障和理论支撑。

一、坚持以习近平法治思想为指导加强新时代法学教育的重要性

党的十八大以来,习近平总书记从坚持和发展中国特色社会主义全局和战略高度定位法治、布局法治、厉行法治,创造性提出了关于全面依法治国的一系列新理念新思想新战略,形成了习近平法治思想。习近平法治思想是马克思主义法治理论中国化的最新成果,是中国特色社会主义法治理论的重大创新发展,是习近平新时代中国特色社会主义思想的重要组成部分,是新时代全面依法治国必须长期坚持的指导思想。[2] 中国特色社会主义法治体系所包含的丰富内涵和科学精神,本质上是中国特色社会主义制度的法律表现形式,也是政法院校构建中国特色的法学学科体系、学术体系、话语体系的骨干工程、基础工程。加强新时代法学教育和法学理论研究,既是习近平法治思想“十一个坚持”的内在要求,也是习近平法治思想对全面依法治国的基本要求,还是政法院校责无旁贷的使命担当。没有完备的新时代法学教育和法学理论研究体系,就没有全面依法治国质量和水平的提升。法学教育最根本的就是要把中国特色社会主义法治体系建设纳入法学学科体系、学术体系、话语体系,健全法学教学体系,完善法学教材体系,提高法学教育的能力和水平,培养高质量的法治人才。只有固本培元、夯实基础,提高法治人才培养质量,加强中国特色法治理论研究,提升法学研究能力和水平,才能保证全面依法治国的社会主义方向,构建起具有鲜明中国特色的法学学科体系、学术体系、话语体

---

〔1〕《习近平在中国政法大学考察时强调　立德树人德法兼修抓好法治人才培养　励志勤学刻苦磨炼促进青年成长进步》,载《人民日报》2017年5月4日,第1版。

〔2〕参见习近平法治思想研究中心:《习近平法治思想是全面依法治国的根本遵循》,载《人民日报》2022年9月13日,第7版。

系,形成内容科学、结构合理、系统完备、协同高效的法学教育体系和法学理论研究体系。

进入新时代,政法院校承担的培养法治人才的任务比以往任何时候都更加艰巨繁重,新时代对民主、法治、公平、正义、安全、环境等方面有着内涵更丰富和水平更高的需求,对政法院校的人才培养和理论研究也有着内涵更丰富和水平更高的要求。因此,政法院校必须勇担时代责任和历史使命,认真贯彻落实党中央决策部署,以高度的政治自觉、法治自觉、教育自觉依法能动履职,将法学教育落实在立德树人的具体行动中,确保法学教育和法学理论研究始终沿着社会主义方向前进。作为甘肃省唯一一所政法类院校和全国最早建立的省属本科政法院校,甘肃政法大学的法学教育与法学理论研究,必须以习近平法治思想为指导,全面贯彻党的二十大报告关于全面依法治国的重要论述和《意见》要求,紧抓振兴西部高等教育、改革完善法学院校体系等重大政策机遇,紧密结合甘肃省第十四次党代会确立的法治甘肃建设目标,聚集校内外法学教育和法学研究力量,以国家关于法学院校体系、法学教育体系和法学理论研究体系"三位一体"建设布局为抓手,着力推动学校法学教育高质量发展,打造国内有重要影响、西部领先的法学学科团队和传统学科、新兴学科、交叉学科相互融合的法学学科群,全面提升学校教育教学质量和整体办学水平,为在法治轨道上推进中国式现代化贡献甘肃政法大学的力量。

坚持以习近平法治思想指导加强法学教育,最根本的前提就是要深入学习领会贯彻习近平法治思想。习近平总书记在领导全面依法治国、建设法治中国的伟大实践中,从历史和现实相贯通、国际和国内相关联、理论和实际相结合的基础上,深刻回答了新时代为什么实行全面依法治国、怎样实行全面依法治国等一系列重大理论和现实问题,提出了一系列全面依法治国新理念新思想新战略。作为政法院校,必须把习近平法治思想作为学校治理的基本理念和基本方式贯穿办学治校的全过程各方面,明确全面推进依法治国总目标和我国社会主义法治建设取得的历史性成就、发生的历史性变革,特别是要明确建设中国特色社会主义法治体系、建设社会主义法治国家这一总目标的科学内涵和重要价值,坚定不移地维护习近平法治思想的指导地位,全面推进依法治教、依法办学、依法治校,进一步提高学校治理体系和治理能力现代化水平。同时,也必须清楚地认识到,贯彻落实习近平法治思想是否坚决彻底,是政法院校法治人才培养和法学理论研究能否高质量发展的重要因素。以此为前提,政法院校才能守正创新,高扬思想之旗,培育时代之才,铸牢方向之基,成就事业之魂。

二、坚持中国特色法学教育方向不动摇的重要内涵和实现路径

坚定不移走自己的路、形成自己的特色,是党百年奋斗得出的历史性结论,也是习近平法治思想理论与实践的立足点。中国特色社会主义法治道路是社会主义法治建设成就和经验的集中体现,是建设社会主义法治国家的唯一正确道路。政法院校是中国特色社会主义制度保障下的高等院校,具有鲜亮的社会主义底色,全面推进法学教育必须坚持社会主义办学方向,坚持走中国特色的法学教育之路,这从根本上保证了政法院校社会主义法治建设的正确方向和培养人才的质量水平。

(一)坚持中国特色法学教育方向的基本原则

1. 坚持强化政治引领和国家需求导向的原则。法学教育和法学理论研究是新时代推进全面依法治国的重要途径和手段,事关党和国家事业发展全局。突出政治引领就是要坚持和加强党的全面领导,始终沿着正确的政治方向稳步前进,在党和国家事业发展大局中谋划和推进工作,积极回应推进中国式现代化的法治需求;特别要在培养高水平法治人才、提升中国特色社会主义法治理论研究水平,加快构建中国特色法学学科体系、学术体系、话语体系方面作出应有贡献。

2. 坚持理论研究与实践应用相结合的原则。重视法学基础理论研究在法学学科建设中"强基固本"的决定性作用,积极关注国家经济社会发展和法治实践中鲜活的法律问题和法治需求,开展有价值的实践应用研究,强化法学实践教学、德法兼修、协同育人导向,凸显法学理论研究的实证特色和法学教育的实践要求。

3. 坚持创新研究为本和问题导向为用的原则。加强对习近平法治思想原创性概念、判断、范畴、理论的研究,推进马克思主义法治理论中国化、时代化,引领法学理论研究前沿和方向。坚持问题导向,积极回应全面依法治国实践中的重大问题和紧迫问题。针对新兴法学领域、交叉法学领域前沿课题,开展有组织的科学研究,将研究成果及时转化为法治人才教育资源,提升学校法学教育和法学理论研究的整体影响力。

4. 坚持校内资源与校外资源相结合的原则。系统整合校内学科、团队、平

台等资源优势,形成“法学+”学科专业融合和聚集效应。瞄准法学教育和法学理论研究的重点任务,积极吸纳校外优质平台资源和高水平教学科研团队力量,补齐现有法学学科专业建设短板,充实法学高峰学科团队,实现高层次科研立项和高水平法学研究成果新突破。

(二)坚持中国特色的法学教育方向的基本要求

1. 必须高举习近平新时代中国特色社会主义思想的伟大旗帜,以习近平法治思想全方位占领学校法学教育和法学理论研究阵地,以之作为认识、分析和解决教学科研问题的立场、观点和方法。要坚持为党育人、为国育才,在原则问题和大是大非面前敢于亮剑,敢于发声,旗帜鲜明、立场坚定,坚决反对和抵制西方“宪政”“三权鼎立”“司法独立”等错误观点,确保党的教育方针不变质并得到全面贯彻落实。

2. 必须在法学教育和法学理论研究中突出习近平法治思想这条主线、这个主题,充分展现习近平法治思想鲜明的中国特色、实践特色,维护习近平法治思想的权威地位、指导地位和核心地位。要集中教学资源、研究资源和优势力量,充分发挥政法院校在法学教育教学、理论研究和实训实践方面的优势,构建法治人才培养和法学理论研究共同体,形成高质量高水平研究成果,充分展现习近平法治思想鲜明的中国特色、实践特色、时代特色。

3. 必须坚持不懈以习近平法治思想武装头脑,培养政治敏锐性和政治鉴别力,严守政治纪律和政治规矩。要教育引导师生不断坚定理想信念,提高思想政治觉悟,强化思想政治观念,建强学校马克思主义法治理论阵地。要把思想政治教育贯穿法学教育教学全过程,将法律知识教育与理想信念教育、社会主义核心价值观教育相结合,强化爱国主义、集体主义、社会主义教育,深入推进法学专业课程思政建设,教育引导广大师生做社会主义法治的忠实崇尚者、自觉遵守者、坚定捍卫者。

(三)推动甘肃政法大学法学教育高质量发展的重要路径

1. 加强法学本科专业综合改革和一流专业建设。贯彻落实习近平法治思想关于“创新法治人才培养机制”的要求,精准人才培养目标定位,注重思想道德素养培育,并结合社会实践,积极开展理想信念教育、中华优秀传统法律文化教育,大力弘扬社会主义法治精神,注重法律职业伦理和职业操守教育,培育学生崇尚法治、捍卫公正、恪守良知的职业品格。持续深化专业综合改革和专业内容建设,把法学专业建设成名副其实的一流本科专业,辐射带动其他专业的整体发展。

2. 强化法学本科课程体系和一流课程建设。根据人才培养目标定位,不断优化人才培养方案和课程体系,以习近平新时代中国特色社会主义思想为指导,建优思想政治类课程;以一流课程为目标,建强法学专业核心课和"习近平法治思想概论"课程;以卓越法治基地实验班为依托,建精法学特色课程和专业选修课程;以培养高质量复合型法治人才为目标,重视有利于法科生综合素质培养的相关课程,建好通识类和实践类课程;抓好核心教材、编好主干教材、开发新形态教材等,构建中国特色法学教材体系。

3. 深化人才培养模式改革以提高人才培养质量。持续深化汉藏双语法治人才培养,建优建强法治人才实习实训基地,创建更灵活更有效的人才培养模式;持续深化学生交流培养,加大与优质高等院校交换培养力度,尽快建立推荐免试研究生制度;持续深化与实务部门的互聘交流机制,不断优化师资结构,培养更多的双师型教师,打造协同育人新格局。

4. 探索法学与新兴学科交叉融合新形态。深化"新文科"建设,强力办好学校现有法学卓越法治基地实验班(智慧法治方向、涉外法治方向、生态环境法治方向、政府法治方向等),积极稳妥开展特色化人才培养,培养优秀的社会急需法治人才。充分发掘学校学科专业资源,创造性推动法学专业融合发展,形成"法学+"和"+法学"特色专业群,构建具有鲜明特色的法学教育体系,培养大批高素质法治人才,为地方经济社会发展和法治建设提供充足的人力资源。

5. 创新法学类研究生联合培养机制。吸纳法治工作部门和社会法治力量参与法学类研究生培养方案制定、课程设计、教材编写、学生实习实训等环节,完善"学业导师+实务导师"的双导师制度。以法律专业学位研究生教育和法律职业资格衔接机制的建立为契机,在现有基础上进一步健全法学类研究生集中实习实训制度,开展法学类研究生担任实习法官、检察官助理等实习实训。适应多层次多领域法治人才需求,积极开办在职研究生教育。

6. 完善法学类研究生课程体系。渐次开设立法学、党内法规学、国家安全、生态法治文明、法与经济、农业法治、财税法治、警事法治、区域与国别法治、敦煌法制文献、卫生法治、企业合规审查、网络安全、数字法治、算法规制等研究生专题课程,在现有的以"国别与区域法治建设""财经法规专题""网络空间安全法律法规专题""司法社会工作""电子数据鉴定"等课程为代表的课程模块基础上，逐步建成“数字法治”“纪检监察”“党内法规”等特色课程模块。

三、加强新时代法学教育需要正确处理三方面关系

法学教育不是法学院系的“独角戏”，政法院校要深入推进习近平法治思想学理化阐释、学术化表达、体系化构建，推动理论研究成果向课程体系、教材体系、教学体系转化，就必须善于运用各种相关教学资源，构建大法学教育的新格局，拓展法学教育的新空间。“大法学教育”是对各种要素所形成的法学教育合力体系的整体描述，是着眼法学教育的大视野、大系统、大教改、大课堂、大平台和大师资等法学要素的具体描述。探索新时代“大法学”教育格局的构建，是拓展“法学教育”的需要，更是汇聚全党、全社会关心支持法学教育合力、切实提高法学教育的实践诉求，这就需要处理好法学教育所涉及的三个关系。

（一）法学教育与道德教育的关系

法学教育既教育引导广大学生做社会主义法治的忠实崇尚者、自觉遵守者、坚定捍卫者，也教育引导广大学生做社会主义德治的忠实崇尚者、自觉遵守者、坚定捍卫者，体现出坚持依法治国和以德治国相结合的思想理念，以及法学教育坚持社会主义办学方向、提高法治人才培养质量的内在要求。只有把法学教育与德育相结合，才能保证法学教育的质量和水平。如果法学教育仅偏重于“尊法、学法、守法、用法”，而不注重“明大德、守公德、严私德”，就不能服务于新时代大学生道德素质和法治素养的养成目标。开展法治教育、培育学生法治观的重点，不仅在于法治理论的认识和把握，更在于促进道德教育与法治教育相结合，并在两者的关系上寻找培育学生法治思维和德治思维的突破口。新时代大学生既要有社会主义核心价值观要求的道德品质，也要有社会主义法治观要求的公平正义、民主法治等法治价值观，这是对时代新人“德法兼修”素养的现实要求。

（二）法学课程与思政课程的关系

法治课程的主要任务是进行系统的习近平法治思想教育，培育学生崇尚法治、捍卫公正、恪守良知的职业品格，必须集中阐释社会普遍关注的法治方面重大理论和现实问题，培养高素质法治人才应有的法理、德性、思维和处事能力。无论是从人才所需要的法治和德治素质，还是社会所需要的日常生活

质量的提升、个人幸福生活的实现、理性思维的培养等方面看,法治课程都是不可缺少的。虽然法治课程和思想政治理论课各有侧重,但其都是政法院校坚持为党育人、为国育才,着力培养社会主义法治事业的建设者和接班人的必修课,都具有鲜明的社会主义国家意识形态特色,都必须因事而化、因时而进、因势而新,遵循思想政治工作规律,遵循教书育人规律,遵循学生成长规律。“思想政治理论课要坚持在改进中加强,提升思想政治教育亲和力和针对性,满足学生成长发展需求和期待,其他各门课程都要守好一段渠、种好责任田,使各类课程与思想政治理论课同向同行,形成协同效应。”〔3〕法学课程作为肩负加强学生法治思想、培养学生法治责任的课程,只有与思想政治理论教育同向同行,才能真正发挥培养社会主义法治事业建设者和接班人的重要作用。

(三)法学教育与社会实践的关系

学界对法学教育的解释一般着眼于教学体系、课堂教育等方面,被当作政法院校“象牙塔”内的必然活动。实际上,教学课堂中的法学教育与法治实践中的法学教育确实不能同日而语。法学教育要达到最佳效果、实现育人最佳目的,必须密切课堂教学与社会实践的联系。法学教育的课堂教学与法学教育的实践教学间最大的区别就是前者主要是知识传授和理论灌输,后者则将观念层面为主的学习向实践层面为主的学习延展,改变学生对现实社会碎片化的认识,解决法治教育理论与实际不协调、不配合和相脱节的问题,引导学生走向社会、深入实践,并将课堂与社会密切结合起来,促使学生对法治教育产生兴趣,增强对法治教育的信念。政法院校应当真正树立社会实践是法治教育的延续和加强的理念,结合法治教育的内容有针对性地设计出系统、高效的实践方案,将法治教育的社会实践贯穿学生在校学习的全过程;同时,将学生的社会实践活动作为法治教育的重要环节和手段列入日常教学计划,并针对不同年级、不同阶段的法治教育课采取不同的社会实践措施,形成法学教育社会实践的关联性和层次性。这既可以推动学生对法治教育丰富性、深刻性的理解和把握,也能推动学生对实践活动的理性思考、心理认知和行为切入,使社会实践活动与学生的职业素养和法治精神的培养密切结合在一起。

---

〔3〕《习近平在全国高校思想政治工作会议上强调:把思想政治工作贯穿教育教学全过程 开创我国高等教育事业发展新局面》,载《人民日报》2016年12月9日,第1版。

四、结语

加强新时代法学教育和法学理论研究，并将其作为建设社会主义法治国家、实行依法治国的重要组成部分的系统工程，已经摆在政法院校面前。政法院校必须坚持以习近平新时代中国特色社会主义思想为指导，与时俱进，攻坚克难，加快改革步伐，转变观念，解放思想，适应新形势新要求，实事求是，有针对性地贯彻落实习近平法治思想和《意见》之要求，以新思维、新举措、新实践构建高质量高水平的法学教育人才培养体制机制，最大限度地生成法学教育的规模系统，创新生态和育人模式，为法治中国建设培养高素质法治人才贡献力量。

《政法教育评论》
第 1 辑,第 44 ~59 页

新时代复合型法治人才培养的破局、难局与变局

——以西南政法大学为对象的考察

武夫波*

摘　要　当前新科技革命深刻影响了人类文明的发展进程,新技术的发展催生了新产业、新业态,也对法学教育提出了全新要求。新时代法学人才培养要积极适应变化,强化专业交叉融合,着力培养复合型法治人才。目前,以西南政法大学为代表的“法学＋”复合型人才培养模式聚焦德法兼修、通专融合的教育理念,通过多学院联合培养、课程设置突出交叉融合等方式进行了有益探索。但受限于传统的二级学院建制以及管理体制约束,目前复合型法治人才培养仍然存在学生的专业、学院归属感模糊,课程交叉融合有效性不足以及管理体制机制不畅通等问题。可以探索建立新型实体教学单位,推进项目制课程,扩大虚拟教研室等新型教学教研探索,增进专业、课程交叉融合的可行性和有效度,进一步提高复合型法治人才培养质量。

关键词　复合型法治人才　双学士学位　专业融合

一、复合型法治人才培养与新时代法学教育

2023 年 2 月,中共中央办公厅、国务院办公厅印发了《关于加强新时代法

---

* 武夫波,西南政法大学教务处副处长,副教授,硕士生导师。

学教育和法学理论研究的意见》(以下简称《意见》)。《意见》指出,要优化法学学科体系,“推进法学和经济学、社会学、政治学、心理学、统计学、管理学、人类学、网络工程以及自然科学等学科交叉融合发展,培养高质量复合型法治人才”。《意见》明确指出了我国法学教育发展的方向,高质量法治人才的培养既需要人文社科内部的交叉融合,也需要与理工科等自然科学的跨界会通,更需要与网络工程等新技术、新学科的交叉融合。正如研究者所言,“当今社会的重大特征是学科交叉,知识融合,技术集成”。[1] 事实上,法学从诞生之日起,就始终体现着学科“融合与交叉”的特征。

早在古希腊时期,柏拉图论教育时就曾指出,“一种旨在获得金钱或强壮的体格,或者甚至某种不受理智和正义的引导的知识才能的训练,我们该称作是粗鲁的和无教养的。我们说,不是什么都可宣称是教育”。[2] 法学的基本理念和核心概念,如对“什么是正义”的讨论等,也正是从那时起开始孕育。因此,就法学的本质而言,天然地具有和其他学科融合交叉的特质。到了近代,法学对多学科交叉的要求并没有随着法学学科的日渐独立而停滞、终止;相反,法学教育越来越注重多学科知识的交融,甚至在一些国家,法学专业学生必须具有其他专业的知识背景成为大家的共识。正如霍姆斯所言:“就对于法律的理性研究而言,心智狭隘、刻板的法条主义者可能对于现行法律知之甚多,但未来的法律从业者则需为统计学家和经济学大师。”[3] 庞德同样认为,“不能把法律人的一般教育同他的职业教育完全分开”。[4] 法律人才的培养需要超越法学本身,实现多学科的融合交叉是法学教育探索出来的宝贵经验。

即便在法学越来越走向专门化的今天,“法学教育的专业化、职业化也会促使法学院必须更多依赖大学的素质教育或通识教育……历史的经验表明:专业化和分工并不导致分裂,而是强调互补”。[5] 面对新时代法学教育的发展,研究者从不同侧面提出了交叉、融合的思路。例如,要“做精法学学科,做

---

〔1〕 叶青:《推进新时代政法院校法律人才培养创新——华东政法大学新时代法律人才培养改革的实践与探索》,载《法学教育研究》2020年第1期。

〔2〕 [古希腊]柏拉图:《法律篇》,张智仁、何勤华译,商务印书馆2016年版,第32页。

〔3〕 Oliver Wendell Holmes, *The Path of the Law*, 110 Harvard Law Review 991 (1997).

〔4〕 参见[美]罗斯科·庞德:《何谓良好的法学教育》,载周尚君主编:《法律和政治科学》(第1辑),姚远、俞雪雷译,社会科学文献出版社2019年版,第275页。

〔5〕 苏力:《当代中国法学教育的挑战与机遇》,载《法学》2006年第2期。

优传统人文基础学科",[6]或者"将学科群建设作为跨学科教育的基础",[7]抑或"顺应时代呼声推进新政法教育与专业化教育并行",[8]又或者主张"打破学科壁垒,创新学科的交叉融合机制"。[9]

此外,法学教育与法学研究的专门化在某种程度上是法学中的某一部门法和其他学科结合的结果,也是未来"四新"建设背景下新专业增长点的发展方向。例如,数字法学即为"数字技术和法学理论交叉的新领域",[10]这足以说明当前复合型法治人才培养的重要性,也证明了"我国法学本科教育本质上属于素质教育,而我们所理解的素质教育是以人文教育为基础、包容职业教育和通识教育在内的教育模式"[11]这一论断仍具有相当生命力。如论者所言,"只懂法律,而不了解其他社会知识的法律人是不成功的"。[12] 事实上,近年来如互联网法院、金融法院、知识产权法院、国际商事法庭等各类新型法院、法庭的相继设立,就是法律人与时俱进的典型体现,法治实践的发展十分直观地说明了复合型法治人才培养的现实必要性。倘若法学教育不注重法学之外其他学科知识的传授,法科学生不具备交叉融合的知识背景,则难以应对时代变化之需。

教育要面向未来,法学教育则必然要面向未来法治。当今时代下,科技与法治的深度融合日益展现其强大的功能,[13]这意味着法学的融合创新需要进一步开疆拓土,超出传统人文社会科学的范畴,迈向更广泛的知识领域。尽管法学与其他学科的交叉与融合可谓"古已有之",但从总体上看,现实情况是部分院校法学教育过分重视法学自身,而忽视其他学生综合知识素养的培育。

---

[6] 付子堂:《新时代新征程中国法学教育高质量发展的新机遇》,载《西南政法大学学报》2023年第2期。

[7] 参见韩大元等:《跨学科教育与研究:新时代法学学科建设的实现路径》,载《中国大学教学》2018年第4期。

[8] 参见陈柏峰:《我国政法教育的变迁与展望》,载《现代法学》2022年第2期。

[9] 参见刘艳红:《从学科交叉到交叉学科:法学教育的新文科发展之路》,载《中国高教研究》2022年第10期。

[10] 胡铭:《数字法学:定位、范畴与方法——兼论面向数智未来的法学教育》,载《政法论坛》2022年第3期。

[11] 曾宪义、张文显:《法学本科教育属于素质教育——关于我国现阶段法学本科教育之属性和功能的认识》,载《法学家》2003年第6期。

[12] 王利明:《法律应当步入知识融合时代》,载《北京日报》2019年9月2日,第15版。

[13] 参见张文显:《加快建构中国自主法学知识体系 培养中国特色社会主义法治人才》,载中国法学创新网2022年11月15日,http://www.fxcxw.org.cn/dyna/contentM.php?id=24876。

那么,如何创新复合型法治人才培养的模式,成为当前法学教育亟须破局解决的问题。

二、新时代复合型法治人才培养的破局尝试——以西南政法大学为对象的分析

西南政法大学从2020级开始设置“法学+英语”“法学+工商管理”双学士学位复合型人才培养项目,正式开启了以“法学+”项目为代表的复合型人才培养模式探索。随后,西南政法大学又在校内陆续开设了“法学+金融学”“法学+刑事科学技术”“法学+审计学”“法学+行政管理”“法学+国际经济与贸易”“法学+公共事业管理”6个双学士学位项目。值得一提的是,西南政法大学积极与四川外国语大学展开跨校合作,两校合作推出“法学+法语”联合学士学位项目,形成校内、校外相结合,学制方面“1.5+1.5+1”的双校区培养模式。经过三年的探索,西南政法大学已经形成“8+1”的“法学+”复合型人才培养项目。目前各复合型人才培养项目共有在校生774人,开班最早的“法学+英语”项目在校生人数达237人,人才培养已经初具规模。西南政法大学“法学+”复合型人才培养项目学生具体数量见表1。

表1　西南政法大学“法学+”项目在读人数

复合型人才培养项目	2020级	2021级	2022级	总人数
“法学+法语”(联合学士学位)	0	30	29	59
“法学+刑事科学技术”双学位	0	40	40	80
“法学+国际经济与贸易”双学位	0	0	40	40
“法学+金融学”双学位	0	40	40	80
“法学+审计学”双学位	0	0	40	40
“法学+工商管理”双学位	39	39	40	118
“法学+行政管理”双学位	0	0	40	40
“法学+公共事业管理”双学位	0	40	40	80
“法学+英语”双学位	58	89	90	237
合计	97	278	399	774

西南政法大学作为我国具有代表性的政法院校之一,依托其悠久的办学积淀和丰富的法学教育资源,在推动“法学+”复合型人才培养方面作出了积极探索,其主要理念、制度、举措大致可以归纳为以下三个方面。

(一)德法兼修、通专融合的建设理念

西南政法大学在本科教育教学方面坚持全面贯彻立德树人根本任务,将培养德法兼修的高素质法治人才作为学校人才培养的目标和要求,“法学+”复合型人才培养项目在坚持德法兼修的基础上,又进一步增加了对通专融合的要求和规定。

以“法学+金融学”复合型人才培养项目为例,该专业培养方案规定:本专业立足法与金融交叉融合的学科优势,根据“坚定理想信念、扎实理论功底、系统专门知识、良好职业能力”的一流人才培养要求,切实贯彻“立德树人”“德法兼修”的培养理念,聚焦培养具备法学和金融学复合知识背景、适应金融市场法律业务拓展需求,能够在法务部门、金融监管部门、金融风险防控机构等从事法与金融关联业务的高层次、复合型人才。该培养方案着重强调学生在思想道德素质和知识技能方面的要求,前者强调“德”,后者突出“融合”与“复合”。

通过对西南政法大学9个“法学+”复合型人才培养项目培养方案中的“培养目标”进行词频分析发现,“法学”“法律”2个词汇出现频率最高,与以法学为主的专业定位相匹配。除此之外,出现频率较高的词汇是:“复合型”“国际”“融合”“社会”“全面发展”等(见图1)。据此可见,道德层面的“德法兼修”和专业知识层面的交叉融合是西南政法大学“法学+”复合型人才培养项目的要求和技术指标。

图1　西南政法大学“法学+”项目培养目标高频词

(二)兼顾两个专业的跨学院联合培养机制

目前西南政法大学共有15个学院,[14]其中法学学院共有6个,8个校内“法学+”复合型人才培养项目均由法学学院和“法学+N”的N专业所在法学以外学院联合培养,多学院联合授课、指导,学生日常管理归口于N专业所在的商学院、经济学院、外语学院、刑事侦查学院、政治与公共管理学院5个学院。“法学+法语”联合学士学位项目由西南政法大学国际法学院和四川外国语大学法语学院共同培养。具体情况见表2。

表2 西南政法大学“法学+”复合型人才培养项目学院分布

专业	设立时间	联合培养学院
法学+英语	2020年	法学学院、外语学院
法学+工商管理	2020年	法学学院、商学院
法学+金融学	2021年	法学学院、经济学院
法学+刑事科学技术	2021年	法学学院、刑事侦查学院
法学+公共事业管理	2021年	法学学院、政治与公共管理学院
法学+审计学	2022年	法学学院、商学院
法学+行政管理	2022年	法学学院、政治与公共管理学院
法学+国际经济与贸易	2022年	法学学院、经济学院
法学+法语	2021年	西南政法大学国际法学院 四川外国语大学法语学院

学院联合培养主要体现在三个方面,分别是跨学院授课团队、跨学院导师团队和跨学院沟通机制。从授课团队层面看,法学专业课程的教学工作由学校6个法学学院共同承担,[15]由教务处从全校各个法学院为“法学+”复合型人才培养项目遴选奉献意识强、授课质量高、学生评价好的法学专业教师组建专门的授课团队。由9个“法学+”复合型人才培养项目贯通排课,既能保证

---

[14] 包括目前没有本科专业的人权学院、国家安全学院。信息来源:西南政法大学官网,https://www.swupl.edu.cn/xxgkn/xxjj/index.htm。

[15] 西南政法大学现有法学学院总共有6个,分别是:民商法学院(知识产权学院)、经济法学院(生态法学院)、法学院、行政法学院(纪检监察学院)、国际法学院、人工智能法学院(应用法学院)。信息来源:西南政法大学官网,https://www.swupl.edu.cn/xxgkn/xxjj/index.htm。

该项目人才培养的课堂教学质量和水平,又能够将“小而精”的“法学+”专业学生汇聚到一起,增进学生之间的交流,营造开放、多元、竞争、包容的学习环境和氛围。从导师团队层面看,学校为9个“法学+”专业学生都配备了法学学院与法学以外学院的双导师,由导师对学生的生活、学习、成长给予充分的指导,进行学术锻炼、答疑解惑和论文指导工作。其中,法学专业和法学以外专业导师通力合作,拟定具有融合性的毕业论文选题,由两个不同专业的导师共同指导学生撰写毕业论文,切实把融合、融通理念融入学生培养的每一个环节。跨学院沟通机制层面,学校成立西南政法大学“法学+”复合型人才培养工作中心,由中心统筹学校各“法学+”双学士学位复合型人才培养项目培养方案、课程设置、专业融合的整体设计,构建了法学学院与“法学+”复合型人才培养项目管理归口学院的磋商机制。各法学学院与“法学+”复合型人才培养项目所在学院定期磋商,围绕人才培养过程中的各类问题进行充分交流,持续提升人才培养质量。同时,建立“法学+”复合型人才培养项目信息发布平台。通过组建QQ群、微信群等方式,由教务处统一搜集、汇总、发布各类法学学术讲座、学术会议、实习招聘等信息,方便各“法学+”专业学生及时了解法学相关信息。

这种模式具有三个方面的优点:首先,依托现有二级学院开设“法学+”复合型人才培养项目,从管理体制层面易于快速响应,无须对学校原有教学单位设置进行大规模变动。“法学+”复合型人才培养项目的推出本质上是一种全新探索,所有的创新与尝试都存在失败的可能。学校采取不调整二级学院的方式进行试点,可以较大程度地避免创新失败带来的负面影响,确保正常教学工作的开展。其次,“法学+”项目设置于法学以外学院可以进一步促进专业、学科、学院的平衡发展。专业类院校的办学优势在于学科专业的优势地位明显,相应地也带来了强势专业对弱势专业的资源虹吸问题。以西南政法大学为例,学生第一志愿报考基本都是主动选择法学专业(含“法学+”复合型人才培养项目);学生入学之后会通过转专业等方式进入法学学院。因此,将“法学+”复合型人才培养项目设置于法学以外学院可以一定程度上为法学以外学院保留高质量生源,同时减少因转专业带来的生源流失。[16] 最后,由两个学院联合

---

〔16〕 自西南政法大学2020年启动“法学+”复合型人才培养项目以来,目前尚未遇到学生要求转到法学以外专业的情况。

培养可以进一步提升学生培养的质量和水平。如前所述,法学专业作为西南政法大学的王牌专业,在生源获取、资源配置等方面天然地具有优势;加之有些法学学院同时开设法学实验班,若“法学+”复合型人才培养项目放在法学学院,则难以协调“法学+”项目与各种实验班的关系。相反,法学以外学院则可以凝聚全院力量围绕“法学+”复合型人才培养项目的建设开展探索,〔17〕有助于提升人才培养质量。

(三)专业核心课程的交叉融合设置

西南政法大学为确保“法学+”复合型人才培养项目的培养质量提升,推动主干课程融合设置,制定了相应的复合型人才培养项目培养方案的指导性意见,明确指出要坚持以法学为主,学科融合的特色培养原则,并要求在课程设置时应促进两个学科专业课程之间的有机融合,实现学科交叉基础上的差异化、特色化人才培养。

以四川省2022年理科普通本科批招生分数最高的“法学+审计学”双学士学位项目为例,〔18〕根据《西南政法大学“法学+审计学”双学士学位专业本科人才培养方案》的规定,该专业致力于培养熟练掌握法学、审计学的基本理论,能够从事法律和审计以及相关领域服务工作,德才兼备的复合型、应用型专业人才。〔19〕学校将该专业的人才培养目标描述为“精法明审、依法审计”。因此,在专业核心课程设置方面,“法学+审计学”的专业核心课分为两个模块,即法学专业核心课程模块和审计学专业核心课程模块。其中,法学专业核心课程设置遵循《法学类教学质量国家标准(2021年版)》的相关规定,“法学专业核心课程采取‘1+10+X’分类设置模式”。〔20〕“1”指的是习近平法治思想概论,“10”包括法理学、宪法学、中国法律史、刑法、民法、刑事诉讼法、民事诉讼法、行政法与行政诉讼法、国际法和法律职业伦理等10门法学核心课程;同时,学校规定“X”不得低于5门,最终法学模块专业必修课总共开设23门课

〔17〕尽管法学以外学院也开设有实验班,但生源主要来自于各学院内部。

〔18〕2022年西南政法大学在四川省理科普通本科批招生最高分数为“法学+审计学”专业,最高分637分。数据来源:西南政法大学本科招生信息网,https://zs.swupl.edu.cn/xxgkk/lnfs/index.htm。

〔19〕《西南政法大学本科人才培养方案2022版(供2022级学生使用)》。

〔20〕教育部办公厅:《教育部办公厅关于推进习近平法治思想纳入高校法治理论教学体系的通知》,载中华人民共和国教育部,http://www.moe.gov.cn/srcsite/A08/s7056/202106/t20210602_535109.html。

程,共计68学分、1088学时。审计学专业核心课程包括会计学原理、审计学原理、中国税制、中级财务会计(CPA)、财务管理学(CPA)、审计学(CPA)、内部控制、政府审计、法务会计、计算机审计等15门课程,共计38学分、608学时(详见表3)。

表3　“法学+”双学位专业课程学分

专业	法学必修课学分	法学外必修课学分	法学选修课学分	法学外选修课学分	总学分	法学学分占比/%
“法学+法语”双学位	68	68	7	6	191	39
“法学+刑事科学技术”双学位	68	29	7	20	193	39
“法学+工商管理”双学位	68	41	2	2	192	36
“法学+公共管理”双学位	68	43	7	12	192	39
“法学+国际经济与贸易”双学位	68	32	9	8	193	40
“法学+金融学”双学位	68	32	9	8	193	40
“法学+审计学”双学位	68	38	2	2	192	36
“法学+行政管理”双学位	68	43	8	12	193	39
“法学+英语”双学位	45	48	23	13	194	35

在课程模块的设置上,西南政法大学“法学+审计学”双学士学位项目兼顾了法学、审计学的核心课程,尤其是在法学核心课程方面严格遵守了“1+10+X”的法学教学质量国家标准要求,同时兼顾审计学专业的专业核心课程。之所以法学专业与审计学专业核心课程学分安排有一定差距,主要是因为国务院学位委员会《学士学位授权与授予管理办法》第15条规定:“具有学士学位授予权的普通高等学校,可在本校全日制本科学生中设立双学士学位复合型人才培养项目……所依托的学科专业应具有博士学位授予权,且分属两个不同的学科门类。”因此,西南政法大学“法学+”复合型人才培养项目的设置以法学为依托,为确保人才培养质量,对法学课程给予一定倾斜;同样的情况也在其他8个“法学+”复合型人才培养项目中存在。

专业核心课程的交叉不仅体现在课程设置上,还体现在学院师资的配置上。西南政法大学根据“法学+”复合型人才培养项目的特点,依托雄厚的法学师资力量，遴选与“法学 + N”所对应 N 专业的教师对口建设。例如，从民商法学院遴选与工商管理联系紧密的教师，从经济法学院遴选对金融学研究深入的教师开展相应教学与学生指导工作。在学校“课程 + 师资”的双重保障之下，西南政法大学的“法学 + ”复合型人才培养项目在课程交叉融合方面取得了显著成效。

三、复合型法治人才培养的难局问题

尽管西南政法大学围绕“法学 + ”复合型人才培养项目进行了积极探索，取得了相应成绩，但由于管理体制、课程融合与创新等方面还存在部分问题尚未解决，复合型法治人才培养的模式探索仍然面临难题需要解决。

（一）跨学院联合培养体制下学生的学科、学院归属感模糊

为了解相应情况，笔者针对学校“法学 + ”复合型人才培养项目工作运行中的问题发放了 575 份问卷。调查显示，超过半数的受访同学认为，当前跨学院联合培养体制下，由于将学生管理工作归口到法学以外学院，学生需要与商学院、外语学院、经济学院等法学以外学院的学生共同生活、共同接受学院管理。“法学 + ”专业同时学习两个专业的特殊安排，造成学生在法学学院和法学以外学院之间的两难境地。

有受访学生表示，“我们高考是超过了法学分数进来的，但现在和法学以外的同学在一起，学院里大部分同学并不是法学专业学生，我们很难和他们围绕法学学习中的问题进行交流；当我们想和法学专业同学交流的时候，我们又缺乏接触到传统六大法学院的途径”。事实上，学生反映的情况与学生对“法学 + ”复合型人才培养项目的定位一致。根据笔者所作的调查（见表 4），超过 40% 的受访学生认为“法学 + ”双学士学位专业是以法学为主的专业；与之形成鲜明对比的是，只有 5% 的受访学生认为“法学 + N”是以 N 专业为主的复合型专业。“法学 + ”复合型人才培养项目归口法学以外学院管理固然会存在上述问题，但简单地将“法学 + ”项目转为法学学院管理是否就能解决这个问题？答案是否定的。西南政法大学等传统政法院校不同于一般的综合性大学，其具有非常明显的专业属性，法学的优势地位是不容置疑的事实。根据西南政法大学官方网站的介绍，学校“已形成以法学为主，哲学、经济学、文学、管理学、工学等多学科协调发展，从本科到硕士、博士研究生教育以及继续教育、留

学生教育等多层次、多类型的人才培养格局”。[21] 法学为学校发展带来了巨大成绩的同时,也对法学以外的学院形成了一定程度的挤压,如果简单地将“法学+”项目归口法学学院管理,那么“法学+N”的N专业在课程设置、学生认可方面都会受到更大影响。学校方面也担心,一旦“法学+”项目由法学学院管理,学生会更加忽视对法学以外专业的重视程度,从而降低了复合型人才培养项目的建设质量和水平,“法学+N”双学士学位专业与主修法学、辅修其他专业的主辅修体系无法区分。这是摆在学校内部8个“法学+”项目面前的现实问题,但同时也在一定程度上是个难以破解的僵局。

表4 学生对“法学+”专业的认识

对“法学+N”专业的认识	选择次数	百分比/%
是一个融合型专业,多专多能	147	25.57
侧重于法学,“法学+N”的N专业是辅助	231	40.17
侧重于“法学+N”的N专业,法学是辅助	31	5.39
专业定位模糊	166	28.87

(二)专业、课程融合有效度不高

尽管学校围绕法学专业与法学以外专业的交叉融合进行了一系列设计和安排,但受限于现有的体制框架,仍然存在专业融合、课程融合度有效性不足的情况。笔者所做的调查问卷显示(见表5):学生对涉及融合的课程设置融合度、教学内容融合度、学科知识融合度、师资配置融合度、实践实训融合度、课程资源融合度等各项指标平均分均低于3分(满分5分);在与“法学+”双学士学位专业同学交流的过程中,学生也普遍反映专业、课程融合度未达到预期。调研显示,受访学生对于专业、课程的融合期待与目前学校可以提供的融合课程、融合教学存在一定差距(见表6)。学生普遍认为“法学+”复合型人才培养项目应该有大量的融合性课程,即由学校、教师主动融合法学专业与其他专业,通过共同备课、共同授课等方式形成全新课程。学生要求的此类课程既没有出现在过去法学专业的培养方案中,也未出现在其他专业的培养方案中。事实上,学校给予的课程融合,更多是单一专业教师在课程方向上的倾

[21] 西南政法大学学校简介,载西南政法大学官方网站,https://www.swupl.edu.cn/xxgkn/xxjj/index.htm。

斜,而不是完全“跨界”进入另一专业课程领域。这一情况不只是在西南政法大学存在,在开设复合型法治人才培养项目的其他高校也广泛存在。有研究指出:“大部分高校仍以专业为单元进行人才培养,在交叉学科融合方面尚未建立完善的机制,即便是一些所谓的专业融合教育,并未彻底打通专业界限,而是将其他专业‘嫁接’于法学教育中。”〔22〕

表5　学生对融合度指标满意度评价情况

融合度指标	平均分	标准差	方差	最小值	最大值	样本量
课程设置融合度	2.87	1.2	1.45	1	5	575
教学内容融合度	2.78	1.19	1.41	1	5	575
学科知识融合度	2.78	1.17	1.37	1	5	575
师资配置融合度	2.79	1.3	1.68	1	5	575
实践实训融合度	2.44	1.24	1.52	1	5	575
课程资源融合度	2.66	1.26	1.58	1	5	575

表6　学生对融合度指标满意度评分分布情况

单位:%

选项	1分	2分	3分	4分	5分
课程设置融合度	17.57	17.57	34.96	20.35	9.57
教学内容融合度	18.61	19.30	36.35	17.04	8.70
学科知识融合度	16.70	22.96	34.26	17.57	8.52
师资配置融合度	22.26	18.26	28.70	19.30	11.48
实践实训融合度	29.39	23.65	27.83	11.48	7.65
课程资源融合度	23.13	22.43	29.04	15.83	9.57

专业、课程融合度不高是客观存在的事实,简单粗暴地要求授课教师进行课程融合、专业融合实际上颇有强人所难之意。要求年长教师突然转变研究方向而调整授课内容可行性自然不高;即便是青年教师,在当前大环境下,青年教师群体普遍面临较大的科研压力、职称评审压力、职业发展压力和生活压

〔22〕　梁平:《德法兼修:新时代卓越法治人才培养的实践进路探索》,载《河北法学》2021年第3期。

力。除非研究本身原本就兼顾两个不同学科,如若不然,要求法学专业教师授课兼顾诸如法学和金融学、法学和刑事科学无异于要求教师“挟泰山以超北海”。毕竟在现有的学院建制下,各任课老师仍然是在原有学院工作,科研考核等各种“指挥棒”并不会因为“法学+”项目的存在而转向或调整。

(三)体制机制配套有待进一步完善

尽管学校在推出“法学+”复合型人才培养项目之前进行了充分的前期调研和设计,但仍然无法避免在项目推进过程中产生的诸多始料未及的突发状况和制度设计未能顾及的情况。问题突出表现在学位论文的撰写和法律硕士研究报名资格审查方面。从学位论文撰写这一问题来看,“法学+”双学士学位专业的学生毕业时会获得1个法学专业毕业证和2个学位证。根据目前学生学位论文的撰写要求,获得相应学士学位需要在学位论文系统提交相应学位论文,通过答辩之后方能获得相应学位。然而,“法学+”的学生毕业究竟是写1篇论文,还是写2篇论文则存在一定“争议”。争议点并不在于学校从培养方案设置层面能否明确学位论文的数量要求,而是上传到学位论文系统之后,会面临被抽检时出现问题的可能。根据目前重庆市的学位论文上传系统,获得一个学位就会从系统中生成一篇论文提交选项,倘若撰写2篇毕业论文则失去了复合型人才培养的融合价值;如果撰写1篇毕业论文,那么无论是法学专业论文、还是融合两个不同专业的论文,在被抽检的时候是否会面临“不是本专业(法学以外专业)论文”的考验则不得而知。尽管这并非大问题,但确实是项目推进过程中的实际问题,这一切无时无刻不彰显配套体制机制跟进的重要性。

除此之外,“法学+”复合型人才培养项目在研究生报名资格审查时仍然存在逻辑上的无法自洽。一般而言,法学本科专业的学生无法报考法律硕士(非法学)方向的研究生,也就是我们通俗说的——法学专业本科生不能考非法本法硕。那么,从逻辑上来看,“法学+”双学士学位专业的学生属于法学专业,他们无法报考法律硕士(非法学)方向;与此同时,“法学+”的学生同时又有法学以外的学位,那么他们从学位审核层面可以报考法律硕士(非法学)的研究生。这势必产生一个问题:他们从逻辑上既能考法律硕士(法学),又能考法律硕士(非法学);再往前推一步,如果上位文件规定法律硕士(法学)和法律硕士(非法学)可报考学生的范围严格互斥——从逻辑关系上来看,法律硕士(法学)和法律硕士(非法学)之间为全异关系,并不存在交叉的可能——学生报考法律硕士(非法学)的合理性就会受到影响。简单说,在B和C的外延相互排斥的情况下,不存在A既是B又是C的情况,要么A属于B,要么A属于C,或者A既不属于B也不属于C(就法律硕士的报考而言,该种情形不存在),那么,A到底属于B还是属于C?当然这只是从理论上分析的结果,实际报名过程中完全可以选择"以法学以外学位的身份报考",这种情况在学生修读第二学位时比较常见。但问题恰恰在于,"法学+"复合型人才培养项目从创设之初就是不同于第二学位的全新模式,这也就意味着教育管理部门需要进一步跟进配套体制机制建设,才能及时解决复合型人才培养可能面临的一系列问题。

四、复合型法治人才培养的变局探索

就目前西南政法大学所开设9个"法学+"复合型人才培养项目的综合运行来看,复合型法治人才的培养具有较强的创新性和探索色彩,但也存在相应的问题甚至难题;如何在当前世界教育形势发生巨大变化的时代背景下,更加有效地推进复合型法治人才培养,是摆在众多政法院校面前亟待解决的问题。

(一)成立实体学院专门管理复合型法治人才培养专业

西南政法大学现有的"法学+"复合型人才培养项目采取联合培养的方式,由学校内部各法学院与法学以外学院联合培养,法学专业教育共享师资,由全校各法学院教师共同授课;[23]学生归口管理分布在各法学以外学院。这种依托现有教学单位建制办学的方式具有灵活性强、容错率高的优点,但也因其依托既有建制,未能打破学院之间的管理壁垒,无法真正将融合落地落细。

在"法学+"复合型人才培养项目经过检验,具有充分的建设价值之后,应当将该项目的管理体制机制进一步向前推进,成立专门的"法学+"学院,统一管理全校复合型人才培养项目的建设工作,该"法学+"学院应该作为实体教学单位存在。首先,从全校范围内遴选对"法学+N"专业感兴趣的教师转入该学院,进一步弱化教师的传统专业、学科背景,着力凸显"新文科"背景下的融合性,为教师推动专业融合、课程融合、知识融合提供机制保障。其次,依托独立建制的教学单位,给予复合型人才培养项目管理工作更多的自主权,鼓励

---

〔23〕 作为政法院校,西南政法大学的法学本科教育一直以来都采取跨学院授课、共享师资的模式;尽管学校设置了6个法学学院,但在本科生授课方面由学校统筹,贯通排课。

学院围绕学生管理、授课要求、课程设置等进行积极探索,进一步释放人才培养活力。最后,增强学生对独立建制学院的归属感,将“复合、融合”作为学院标识,塑造复合型人才培养既来源于“法学 + N”专业,又不等同于两者简单叠加的氛围。

(二)通过项目制课程等方式增强专业课程融合性

目前“法学 + ”复合型人才培养项目的课程融合性水平不高,一定程度上存在不同专业核心课程简单叠加的情况。比较可行的方案是摒弃引导单个教师交叉融合知识点的思路,改为由不同专业教师通过项目制课程,发挥各自所长进行融合式教学。在复合型法治人才培养方案中引入项目制课程,不以课堂教学为必要条件,由指导教师发布相应研究选题,学生在教师指导下,通过阅读文献、小组研讨、师生交流等方式围绕选题进行研究。由于不再进行统一的课堂教学,教师、学生具有更高的自主性,可以从不同专业出发对问题进行深入交流和研究,增强专业的交叉与融合。在项目研究过程中,通过借助法学专业与法学以外的专业双导师在项目设计、研究方法、研究思路等方面的影响,从思维方式和研究范式层面不断塑造学生的融合意识。

除此之外,项目制课程可以腾出课堂教学时间,为学生的实践、考察提供充分的时间条件。经过充分试点之后,可以将项目制课程由单纯的理论研究升级为实践研究,由教师带领学生前往法检系统、律所、企业、公司等单位实地调研,通过运用多专业知识分析现实问题,进一步强化项目制课程的交叉融合成效。

(三)借助教育教学新技术助推专业交叉融合

新科技、新技术催生了对复合型法治人才培养的新需求,同时也为专业交叉融合提供了助力和技术支持。当前条件下,各高校培养复合型法治人才主要受制于学校的专业结构、师资结构,通过充分发挥新技术优势可以一定程度上弥合学校在专业、师资和地域上的限制。首先,充分发挥慕课等线上课程的优势,弥补校内课程不平衡、不丰富的缺陷。慕课等教育新技术的应用在很大程度上扩大学生的知识和专业课程接受面:其一,通过线上课程的方式打破传统课堂时间、地点的限制,让学生拥有了一个不懂即可随时随地求教的老师。线上课程的特点之一是可以反复听。学生利用线上课程,通过“温故知新”“书读百遍”的方式将学习过程中的疑难点弄通学懂。其二,通过线上课程着力打破专业课程的学科限制、学校限制。如知识产权专业的学生可以通过慕课系统学习其他一流大学的知识产权课程,同样“法学+经济学”的学生也可以从线上获取其他一流大学相应的一流课程。

其次,利用同步课堂打破教学授课的地域限制。多地实时同步课堂的推广,成为解决不同专业、不同学校、不同地域教师无法为学生授课问题的重要突破口。多地实时同步课堂推广的利好条件有二:其一,近年来支持线上会议的平台增多,为多地实时同步课堂的实施提供了技术支持。其二,新冠疫情的爆发让教师和学生对线上授课模式更为熟悉,也更可接受。

最后,可以充分利用知识图谱促进专业交叉融合。知识图谱在促进专业交叉融合、降低专业交叉融合学习难度,提升学习兴趣方面有着独特优势:其一,勾连贯通,在课程内部、专业内部形成系统的知识体系,由点到面层层铺开,然后进一步实现不同专业、不同领域的知识聚合。其二,化繁为简,将原本复杂的知识体系以图谱形式展现,降低学生学习难度。通过援引知识点、知识群,在实践中增强对知识的应用能力,进一步强化融合知识、解决问题的能力。

《政法教育评论》
第 1 辑,第 60 ~69 页

涉外法治人才培养的模式创新
——兼议中国法治的国际传播

刘晓红*

摘　要　如何在习近平法治思想的指引下,建设一支立场坚定、专业拔尖并能够在涉外法律实务与中国法治传播中有所作为的高素质涉外法治人才队伍,扩大中国法治国际影响力,是当代政法高校在涉外法治人才培养工作中需要厘清的重大课题。上海政法学院既是全国开展涉外法治人才培养的重要阵地,又是"中国—上海合作组织国际司法交流合作培训基地"的设立地,其发挥自身的独特优势,构建了以教育向内与培训对外的涉外法治人才培养二元格局,大力培养涉外法治人才,践行中国法治的国际传播,增强中国法治在国际社会的影响力与传播力。

关键词　政法高校　涉外法治人才培养　上海政法学院　中国—上合基地　中国法治国际传播

* 刘晓红,上海政法学院院长,教授,博士生导师。

一、涉外法治人才培养的时与势

(一)涉外法治人才培养的必要性与紧迫性

1. 涉外法治人才培养的必要性

有学者将法治昌衰与国家兴乱之间的关系阐释为:法治昌明则国家兴,法治衰微则国家乱。[1] 在西方妄图垄断国际话语权的背景下,法治是开展国际斗争的重要工具和根本手段之一。正如习近平总书记所指出的,"世界进入动荡变革期,国际竞争越来越体现为制度、规则、法律之争"。[2] 既然是斗争,就需要培养技术战术强、思想牢固的战斗员,而涉外法治人才作为对外开展法律斗争的专业人才,其培养工作就显得分外紧要。以美国为主的少数西方国家提出的"基于规则的治理",在宣传层面具有很大的影响力与诱惑性,并且正在颠覆以联合国为核心的国际治理体系和以国际法为基础的国际基本秩序。涉外法治人才的培养,就是要填补我国在国际法律斗争过程中人才储备不足这一问题。据统计,我国目前能够从事涉外法律服务的专业律师有7000余人,而能够在WTO上诉机构独立办案的专业人才仅有300余名;[3]这远远不足以应对日趋复杂的国际环境和斗争形势。因此,随着中国综合国力不断提升,因应不断变化的国际局势,大规模地开展涉外法治人才培养工作具有深刻的必要性。

2. 涉外法治人才培养的紧迫性

近年来,随着我国法学教育的不断发展,国内法治已经取得了长足的进步。而相较于国内法治,涉外法治目前仍然存在起步较晚、经验不足、人才匮乏等问题。涉外法治人才培养是坚持全面推进依法治国的重要组成部分,特别是自入世以来,我国对外经贸往来已经形成你中有我、我中有你的基本格局;同时,国家间、企业间也出现了大量的涉外法律事务和法律纠纷,涉外法治人才的需求量与培养速度之间产生了较大差距。此外,在中美经贸摩擦背景下,美国滥用"长臂管辖"和单边经济制裁,给以WTO为主的多边贸易体制的有效运行蒙上了一层阴影。为此,习近平总书记在十九届中共中央政治局第三十五次集体学习时强调,"要坚持统筹推进国内法治和涉外法治,按照急用

---

〔1〕 参见周叶中:《不断书写法治中国新篇章(新论)》,载《人民日报》2021年11月10日,第12版。

〔2〕 习近平:《坚持走中国特色社会主义法治道路 更好推进中国特色社会主义法治体系建设》,载《求是》2022年第4期。

〔3〕 参见盛铭:《培养涉外法治人才这项工作慢不得》,载《学习时报》2021年9月15日,第2版。

先行原则,加强涉外领域立法,进一步完善反制裁、反干涉、反制‘长臂管辖’法律法规,推动我国法域外适用的法律体系建设”。[4] 徒法不足以自行,我国仍需大量涉外法治人才推动法律制度的实施、推进法治实践,而人才的缺口更需要涉外法治人才培养体系的补足。因此,涉外法治人才培养工作在现阶段具有显著的紧迫性。

(二)涉外法治人才培养的机遇和挑战

1. 历史机遇——“一带一路”倡议带来的市场活力

“一带一路”倡议是一个全球经济发展倡议,其提出标志着中国正深度参与甚至开始主导部分国际事务,为国际经济秩序的发展提供了一种新的可能。经济交往离不开法治保障,“一带一路”中大量的经贸与社会往来需要国际法治人才参与,并提供国际法律服务作为关系的“润滑剂”和“营养液”。当前,世界法律服务的格局已发生改变,国际法律服务的缺口催生出巨大的市场需求,间接地为涉外法治储备人才提供了广阔的就业空间。涉外法治人才培养会消耗大量教育资源,因此我们的涉外法治人才培养工作必须要契合市场规律。“一带一路”倡议所带来的巨大涉外法律服务业成长空间在就业层面,其为涉外法治人才培养扫除了后顾之忧,因应了涉外法治人才培养工作的核心落脚点,使涉外法治人才学有所用。

2. 世界变局——参与全球治理和涉外法治建设的迫切需要

当今世界正处于百年未有之大变局,是大发展大变革大调整时期,全球治理体系和国际秩序的变革正加速推进。在推动构建全球治理体系和国际法治新秩序的时代背景下,国际规则的地位和作用不可忽视,它是整个国际社会所必须遵循的行为规范。习近平总书记指出,“我们应该创造一个奉行法治、公平正义的未来。要提高国际法在全球治理中的地位和作用,确保国际规则有效遵守和实施,坚持民主、平等、正义,建设国际法治”。[5] 我国作为全球第二大经济体,理应承担更多的国际义务,包括参与全球治理和厘定国际规则的义务,而不能仅仅满足于充当国际规则的接受者和适应者。这需要在全球治理

---

〔4〕 习近平:《坚持走中国特色社会主义法治道路 更好推进中国特色社会主义法治体系建设》,载《求是》2022年第4期。

〔5〕 《习近平在气候变化巴黎大会开幕式上的讲话:携手构建合作共赢、公平合理的气候变化治理机制》,载《人民日报》2015年12月1日,第2版。

过程中,通过涉外法律人才提供中国方案、贡献中国智慧,从而提升中国在国际事务中的话语权,增强中国在世界舞台的影响力。国际法规则作为国际对话的重要遵循,是维护我国安全和发展利益及公民和企业在对外交往中的权益的核心工具箱。综上,在各种变局促使之下,培养一批放眼世界、胸怀祖国、知识丰富、业务精良的涉外法治人才队伍的需求十分迫切。

二、匡正涉外法治人才培养理念

(一)明确涉外法治人才培养的思想引领

2014 年,习近平总书记提出"四个全面"的战略布局,将"全面推进依法治国"与"全面从严治党""全面建成小康社会""全面深化改革"并置于同一维度,奠定了"依法治国"的国家核心战略地位。在空间范围上,"全面"是指依法治国不仅是"立善法于一国",关注中国法域内的国内法治,还囊括中国法的域外适用和域外实践,即"立善法于天下",力求达到中国法的"天下治"。就此,党的十八届四中全会审议通过的《中共中央关于全面推进依法治国若干重大问题的决定》明确指出:"建设通晓国际法律规则、善于处理涉外法律事务的涉外法治人才队伍。"2020 年,习近平总书记在中央全面依法治国工作会议上的讲话中指出,"统筹推进国内法治和涉外法治",这将涉外法治提到了前所未有的高度。加快涉外法治人才培养步伐有利于推进涉外法治建设,为我国"一带一路"建设、扩大对外开放、参与全球治理保驾护航的重要基础和保障。综上,在理论层面,习近平总书记提出的"统筹推进国内法治与涉外法治"就是涉外法治人才培养的核心理论渊源和指导思想;我们应当由此出发,在习近平法治思想的指引下,努力培养一批"立善法于一国到立善法于天下""一国治到天下治"的高端涉外法治人才。

(二)重视涉外法治人才培养的价值养成

法学院提供的国际法教学是传统培养涉外法律人才的主要路径,政法院校作为承接教学任务的单位也理应担负新时代涉外法治人才的培养之责。需要注意的是,新时代背景下高校教育不能仅满足法律逻辑和理论知识的传输,更核心的任务是将正向思想和国家理念融入培养环节。高校管理者和一线教师在育人的全过程中需反复自问"为谁培养人""培养什么人""怎样培养人"三个主要问题。

"为谁培养人"是教育的前置问题。教育的目的是什么?现代教育学通常持以下观点:第一,社会本位论,认为教育的根本目的是服务社会,即为社会之进步与发展提供教育;第二,个人本位论,认为教育的目的是服务个人,为了个人之发展而提供教育;第三,辩证统一论,即教育的目的兼具社会价值和个人价值;第四,教育无目的论。我们赞成第三种观点,教育兼具服务社会与服务个人的双重目的。在社会价值方面,结合我国基本方略与国情,为党育人和为国育才是社会主义政法院校必须贯彻党的教育方针。党是社会主义事业的坚强领导,为党和国家培养人才是教育的社会本位属性;高校作为党领导下的教育机构,理应培养社会主义事业的合格建设者和可靠接班人。

"培养什么人"侧重对教育成果的考核。涉外法治人才是新时代构建法治国家的基本竞争要素,是国家参与国际话语权构建的基础力量,是在新时代开展国际法律执政的正规军。因此,培养涉外法治人才的标准可以借鉴干部选任标准,即八个大字:政治过硬,本领高强。一方面,涉外法治人才需要政治过硬,在复杂的国际形势下,中国培养的法治人才要站稳中国立场,在国际法律秩序重塑过程中为中国的国家利益发声,利用法律这一武器反击各种损害中国国家利益的行为;另一方面,涉外法治人才也应当本领高强,他们既要熟练掌握外语,能够充分理解和融入国际话语体系,还要通晓国际法和重要国家的外国法,这样才能有效地在国际法律事务中为国家谋取利益。

"怎样培养人"是高校提高教育能力的实践性问题,也是理论和经验螺旋上升过程中总结出的一套可行的方法论。这在涉外法治人才培养领域表现为培养的基本路径与实施方案。总体而言,涉外法治人才是服务于涉外法治的法学类专业人才,因此,涉外法治人才培养模式应当与国内一般法律人才培养相区分,需要更加精准有效的培养目标、培养方案和培养路径。

三、涉外法治人才培养的"思"与"修"

涉外法治人才的培养是"思"与"修"的双向演进过程。所谓"思",是指对涉外法治人才培养的方案、过程和成果需要抱有充分的思考,对"为谁培养人、培养什么人、如何培养人"这三个问题需要给予明确的回答。所谓"修",是指涉外法治人才培养工作的开展和实施并不能仅仅落在纸面,流于逻辑推演,而是需要国际法人积极地投身到人才培养的实践中。对我们而言,"思"与"修"应并驾齐驱,螺旋上升。

（一）涉外法治人才培养之“思”

我们应当始终牢记习近平总书记的指示，深刻认识到世界正在经历百年未有之大变局，以国际法为准绳的国际秩序也正在历经巨大变革。现今，以美国为主的西方国家正在不断挑战传统国际法法治，试图通过推行“基于规则的国际秩序”以挑战以联合国宪章为基础的传统多边国际法机制。同时，以美国为主的西方国家还试图否定以联合国为核心的国际组织体系，不断突破国际法底线，以“没有约束力的国际软法”“国际社会共同制定的原则”以及一些国际机构制定的决议指南作为取代国际条约和习惯国际法的传统国际法体系。这种所谓“基于规则的国际秩序”缺乏明确的国际法内涵，并不是国际法。对涉外法治人才培养而言，我们应当对这些西方生产的新概念抱有敏感性与警惕性，要积极推行中国国际法治理念，在应对西方世界所谋求的规则制定权和解释权、动摇联合国在国际社会核心地位的活动中保持清醒和独立。

在正确的思想指引下，我们对涉外法治人才培养工作的思考也需要依循正确的方法。首先，涉外法治人才培养工作应当设定明确的培养目标。明确的目标和定位，一方面是为培养路径设计提供方向，另一方面也有助于检验涉外法治人才培养的成果。涉外法治人才培养目标是培养一批德才兼备、具有家国情怀、社会责任和世界眼光、通晓国际法律规则、善于处理国际法律事务的高素质法治人才；同时，应更具体地着眼于涉外法治人才的专业能力上。以上海政法学院的涉外法治人才培养目标为例，其以国家“一带一路”倡议为落脚点，立足培养能够促进上海国际经济、金融、贸易、航运、科技创新五个中心建设等方面的复合型、应用型、创新型、国际型法治人才。〔6〕具体而言，涉外法律服务任务的性质决定了涉外法治人才是“双科二位一体”型人才，即“精外语、通专业”的复合交叉（交融）型人才，娴熟的法律和外语应用能力是其基础内核。这需要涉外法治人才在夯实法学基本知识理论的基础上，学会中国国内法，同时要强化外语、国际政治、国际关系、国际经济与贸易、世界历史、跨文化交流等方面的知识、能力和素养。〔7〕

其次，我们还应当思考通过哪些具体途径和办法来实现培养目标。为实

〔6〕 参见刘晓红：《以习近平法治思想为引领　加强涉外法治人才培养》，载《法治日报》2021年1月20日，第9版。

〔7〕 参见靳昊：《涉外法治人才，你的舞台无比广阔》，载《光明日报》2022年1月15日，第5版。

现前述目标,我们提出涉外法治人才专业能力培养的二维模式,即兼具娴熟的跨文化交流沟通能力和国际国内规则运用能力。

1. 贯穿二维思路的培养方案

该培养方案具体内容主要包括:其一,课程设计二维,即在语言上同时强调英语与俄语的学习,在专业上同时强化外国法与比较法/国际法的研修;其二,导师制二维,即实行校内导师与业界导师结合的双导师指导;其三,培训机会共享,即将中国—上海合作组织国际司法交流合作培训基地(以下简称"中国—上合基地")中为上海合作组织成员国司法与执法高级官员等培训的机会向涉外法治人才班开放,使学生具有学习和培训的双重体验;其四,学习实践二维,即鼓励学生参加境内/境外学习,在国际组织与涉外法治部门实习。

2. 构建二维培养课程体系

构建法学理论教学与实践教学并重、全英语课程与中文课程并重的课程体系。学生通过理论教学,构筑牢固的法学知识基础;通过实验实训,掌握法律规则;通过学科竞赛、参与国际组织实践实习等应用规则,从而实现熟练掌握规则、提高外语能力。

3. 实行二维实践教学模式

建立涉外法治人才培养的分层次阶梯式实习制,全过程加强涉外法治人才培养的实践实习环节,按照年级分层实施基础层、提高层、研究与创新层实习,推行分阶段、全过程的教学模式;实行学习、实践二维一体,鼓励学生参加境内/境外学习,在国际组织与涉外法治部门实习。

4. 推行二维培养体制改革

校内开设"涉外卓越法律人才培养创新班"和"涉外卓越律师人才培养试点班",并专设涉外人才教育培养基地领导小组和工作小组,不断优化涉外法治人才培养管理体制;校外建立联合培养体制机制,与国内涉外法治部门和海外院校,以及上海合作组织秘书处、国际商会、国际统一私法协会等国际组织合作,建立涉外法治实践实习基地。

(二)涉外法治人才培养之"修"

霍姆斯法官曾经说过,法律的生命在于经验。这里的经验非通过逻辑推演可以获得,而是通过身体力行的实践,即中国传统中的"修"来体现的,涉外法治人才培养之"修"无法脱离深刻的实践。这一实践包括两个方面:一方面是作为培养者的实践,另一方面是带领受培养者在培养过程中能够亲历与实践。特别是后者,让学生真切体验涉外法律服务的实践,解决学生的理论与实践脱节现象,促进学以致用,学以即用。这在现阶段已呈现显著效果,学生的专业能力获得极大提升,培养质量得到各界广泛认可。

以上海政法学院近些年的培养实践为例,学生参加国内外专业学科竞赛,获得国际国内比赛特等奖、一等奖和冠军共7次;自2018年上海市教委首次启动“上海市高校学生赴国际组织实习项目”以来,连续5年、累计47名学生入选该项目,名列全市高校前茅;学生法律职业资格考试通过率不断提高,学生就业竞争力加强。近年来,上海政法学院国际法学院、丝绸之路律师学院培养涉外法治实务人才500名左右。其中,涉外卓越法律人才基地班2013年开始招生,共培养8届320名涉外法律基础人才;法学国际法方向培养学术硕士研究生、专业硕士研究生183名,该方向学生在海外学习实习150人次。鉴于学校在应用型涉外法治人才培养方面的优势和特色,2021年、2022年先后获批教育部、司法部法律硕士(涉外律师)培养项目(全国15家高校之一)、法律硕士(国际仲裁)培养项目(全国20家高校之一),2022年获批上海市涉外法治人才教育培养基地。

对培养者而言,涉外法治人才培养的实践要求培养者自身不断创新培养思路,完善培养方案。从本质上看,国际化的法学教育一定是以法律职业教育为导向的,否则无法与欧美发达地区处在同一平台上竞争。以上海政法学院为例,学校下一步将继续加强涉外法治人才培养的实践导向,强化国际法律事务实践的长效机制,打通高校与国家机关、社会机构涉外法治人才培养合作通道,推进涉外法学理论和涉外法治实践紧密结合,并打造涉外审判一线法官进高校、高校一线研究人员进法院的双向合作激励机制,实现学科知识在国内外司法实践、法律实务中的运用,培养更能适应对外开放要求的复合型法治人才。加大组织选派中国学生赴国际组织或境外机构实习力度,做到涉外法律知识与国际法律实践的无缝衔接,提高人才专业能力培养的方向性、针对性和国际竞争力,切实提高涉外法律事务应对能力。

四、以涉外法律培训为起点,推动中国法治理念的全球传播与弘扬

(一)从平台构建到价值导向

涉外法律培训是为境外相关领域人员提供法律技术培训的一种专门活动。本文认为,广义上的涉外法治人才培养应当包含涉外法律培训。2013年9

月13日,习近平主席在上海合作组织比什凯克元首峰会上宣布:“中方将在上海政法学院设立‘中国—上海合作组织国际司法交流合作培训基地’,愿意利用这一平台为其他成员国培养司法人才。”“中国—上合基地”的建立和运作遵循上海合作组织宗旨,即以“互信、互利、平等、协商、尊重多样文明、谋求共同发展”为原则,这体现了深刻的东方智慧与国际精神。在现阶段,国际格局纷繁复杂,世界面临着价值观割裂和地区冲突的严峻挑战,国际司法机构和仲裁机构不断降低案件受理门槛,扩大管辖权,并试图将政治问题法律化。这些现象陆续冲击着以联合国为核心的国际组织体系和以联合国宪章为根本的现代国际法秩序。“中国—上合基地”是通过上海合作组织这一平台,以培训为渠,凝聚多元化国际司法力量,秉承“亲诚惠容”的外交理念,将中国的法治理念带向世界。虽然上海合作组织的成员国集中在亚洲部分地区,在成员国代表性上有较大的提升空间,但作为我国对外开展涉外法治传播工作的组织机构,“中国—上合基地”在涉外法治人才培养过程中的价值应当受到高度重视,其职能应当获得进一步强化与夯实。

(二)从技术培训到理念融通

纵观“中国—上合基地”的发展历程,其现已经从单一的司法技术培训职能,向全面推进中国涉外法治理念方向转化,形成了从技术培训到理念融通的基本格局。“中国—上合基地”司法培训的主要目的是协助上海合作组织成员国培训司法人才,自2015年承办首期涉外培训班以来,“中国—上合基地”全面开展包含涉外律师、政府官员等的警务合作、反恐培训、网络安全、大型安保等主题的培训班。培训学员范围从上海合作组织成员国逐步扩展到观察员国、对话伙伴国以及其他“一带一路”共建国家。截至目前,“中国—上合基地”先后承担了各类线上线下培训班63期,培训学员2291人次,涉及68个国别;其中部级、局级高端班28期,多边研修班16期,培训语言包含俄、英、波斯、蒙四种语言。与此同时,“中国—上合基地”重视“智库建设”“国际论坛”和“跨境法律服务”全面发展,用中国法治理论阐释中国法治实践,打造融通中外的法治新概念、新范畴、新表述,鲜明地展现了法治中国故事及其背后的理论逻辑和实践逻辑,努力推动我国法治理念的铺陈与传播,不断扩大我国的法治影响力。

(三)从人才培养到国际传播

除因应海内外法律市场的需要,涉外法治人才培养的重要落脚点就是中国法治的国际传播。任何传播都需要借助媒介,这种媒介可以是舆论媒体,但更重要的是投身于这一领域的人才,即涉外法治人才。中国法治的国际传播应当分内部与外部两条腿走路,内部即指法学院通过高等教育培养的涉外法治储备军,而外部就是经过如“中国—上合基地”培训的外国官员、学者等。上海政法学院依托平台优势,可以利用“中国—上合基地”资源,为内部培养提供实践机会、国际论坛参与机会等教学资源,同时也可以利用内部教学资源为“中国—上合基地”提供培训资源与智库资源,这种资源的融通将为内外法治人才培养提供源源不断的内生力。大量涉外法治人才的培育,是我国从法律大国向法治强国转变的重要举措,内部人才可以在世界舞台用法律的语言为我国发声和争取合法权益,接受培训的外部人才通过接受中国法律思想,也能够直接和间接地为中国法治向国际传播贡献力量。

五、结语

新时代政法高校的涉外法治人才培养工作正面临前所未有的机遇和挑战,如何把握机遇、应对挑战是每一所政法高校在实际培养工作中需要不断思考和创新的议题。我们认为,要坚持服务“一带一路”倡议,推动构建人类命运共同体,培养既有全球视野又有中国立场,兼具娴熟的跨文化交流沟通能力和国际国内规则运用能力的涉外法治人才这个二维一体的培养目标。同时,涉外法治人才的培养与中国法治的国际传播相辅相成,上海政法学院既有涉外法治教学特长,又依托“中国—上合基地”,两者相向而行、彼此促进,为中国法治的国际传播贡献智力成果并输送人才,形成正向共振的新模式。最重要的是,在培养工作的实践过程中,我们要时刻牢记习近平总书记提出的三个重要命题,即“为谁培养人”“培养什么人”“怎样培养人”,并将其贯穿涉外法治人才培养的“思”与“修”之中,培养牢固确立中华民族情怀和“中国心”,兼具全球视野、中国立场的德法兼修的高素质涉外法治人才。

《政法教育评论》
第1辑,第70~88页

民族院校涉外法治人才培养模式改革研究
——以中央民族大学法学院教学科研建设为例

杨 潇* 宋 玲**

摘 要 近年来,党和国家高度重视法治人才的培养。在此基础上,面对新形势新要求,国家对高质量涉外法律服务人才的需求日益凸显。因此,涉外法治人才培养是当前开展涉外法治建设的重中之重。事实上,我国涉外法治人才培养模式存在数量不足、专业领域分布失衡以及与国际水平相距较大等问题。就中央民族大学而言,要充分发挥民族院校在涉外法治人才培养中的基础性、先导性作用,加强制度设计和资源协同,大力推进涉外法治人才培养的教育改革和要素配置,创新涉外法治人才培养模式,注重学生德才兼备、知行合一的能力及素质的拓展,为探索涉外法治人才培养路径作出积极努力。

关键词 民族高校 涉外法治人才 培养 模式 改革

面对国家的战略需求,当前涉外法治人才的匮乏成为短板。近年来,一些高校已经开始呼吁重视和加强涉外法治人才的培养,积极探索涉外法治人才的培养模式和培养路径,也形成了一些具有推广应用价值的经验。目前,政法

---

* 杨潇,中央民族大学法学院师资博士后。
** 宋玲,中央民族大学法学院院长,教授,博士生导师。

类院校、综合性院校和外语外贸类院校是探索涉外法治人才培养中的主力军和中坚力量。比如,北京外国语大学法学院在“法学 + 外语”涉外法律人才培养的学科发展、人才培养模式、教学模式等方面皆做了一系列有益的尝试。[1]华东政法大学国际法学院涉外卓越法律人才实验班整合学校、国际法学教育、法律职业的“跨国化”资源,为学生提供丰富的国际法实践经验,实现了涉外法治人才法学教育和实践的无缝对接。[2] 西安交通大学法学院作为首批入选的涉外法律人才教育培养基地之一,紧紧围绕“一带一路”倡议,携手20所海内外名校发起成立“新丝路法学院联盟”,促进国际化法律人才培养与国际化法学学科发展。[3]

但是,在探索涉外法治人才培养模式的过程中,我们应该关注到,涉外法治人才的培养“千校一面”,每个学校应结合自身的优势和地区涉外法律实务的普遍需求、生源及师资状况有选择地设置。[4] 为了避免人才培养的同质化,对于涉外法治人才培养目标的设立,要结合学校的院校性质、区位优势、办学特点、经济社会发展需求等多方面的情况,不能一味与其他高校趋同。基于此,作为民族类高校的代表,中央民族大学始终坚持正确办学方向,扎根中国大地,面向人类共同价值观,以校训“美美与共,知行合一”作为构建人类命运共同体理念的重要精神内核。多年来,中央民族大学聚焦国家重大战略需求,服务铸牢中华民族共同体意识和构建人类命运共同体,围绕文明交流互鉴、可持续发展等影响人类社会发展的全球性重大课题,开展高水平人才培养、科学研究、社会服务和国家传播,着力开展文化传承创新、文明交流互鉴领域国际交流合作。

总之,中央民族大学时刻牢记自己的使命担当,体现民族特色,在涉外法治人才培养方面有较长的历史和坚实的基础,值得进一步提升转型,成为涉外法治人才培养的重要基地。在涉外法治人才培养方面,中央民族大学法学院

---

〔1〕 参见王文华:《论涉外法治人才培养机制创新》,载《中国大学教学》2015 年第 11 期。

〔2〕 参见杜承铭、柯静嘉:《论涉外法治人才国际化培养模式之创新》,载《现代大学教育》2017 年第 1 期。

〔3〕 参见杜焕芳:《涉外法治专业人才培养的顶层设计及实现路径》,载《中国大学教学》2020 年第 6 期。

〔4〕 参见杜承铭、柯静嘉:《论涉外法治人才国际化培养模式之创新》,载《现代大学教育》2017 年第 1 期。

也在指导目标、方案设计以及具体实践中形成了一些值得推广的经验,能够更好地结合民族与涉外法治元素,推动和加强成员机构在人才培养、科学研究、学科建设和国际交流等方面的深度实质性合作。

一、民族院校涉外法治人才培养模式改革目标

培养目标是具体方案设计、政策制定的前提,人才培养目标是指"根据一定的教育目的和约束条件,对教育活动的预期结果,即对学生的预期发展状态所作的规定"。[5] "培养目标是教育实践活动的出发点和归宿",[6]培养目标将教育目的具体化,是专业建设的核心内容、教学活动起点和人才培养的依据。明确的培养目标可以为培养工作指明方向,是"教育者开展育德树人实践及理论研究的核心,关系培养思路与培养措施的选择,影响教育观与人才观的确立"。[7] 就中央民族大学而言,法学院以往的法英班模式更像是在推出法学和英语专业的双学位人才。因此,在多次研讨的基础上,我们充分反思法英班培养模式存在的法律与英语相互独立导致的问题,重新理解涉外法治人才的内涵,设计更为科学的指导目标以指导培养方案的实施,找到涉外法治人才培养的新路径,更好地培养助力落实"一带一路"倡议的涉外法治人才。

具体而言,在不断的实践摸索中,我们确立了民族院校涉外法治人才培养模式改革的指导目标,即坚持立德树人、德法兼修,适应建设中国特色社会主义法治体系、建设社会主义法治国家的实际需要,培养具备过硬的政治素质、深厚的家国情怀、高尚的职业伦理、德才兼备,具有扎实的专业理论基础和熟练的职业技能、合理的知识结构,具备依法执政、科学立法、依法行政、公正司法、高效高质量法律服务能力与创新创业能力,堪当民族复兴大任、勇于维护国家统一和民族团结的复合型、应用型、创新型法治人才及后备力量。

在指导目标的基础上,我们进一步制定详细的涉外法治人才培养目标。法学院致力于提供涉外法治人才持续性自我生长所需的基本要素,即法学专业知识、法律职业基本技能、法律职业伦理和法治信仰。比如,一名合格的涉

---

[5] 参见文辅相:《中国高等教育目标论》,华中理工大学出版社1995年版,第16页。

[6] 朱英:《学校培养目标的设计依据及实现路径——以上海市嘉定区M小学培养目标为例》,载《上海教育科研》2023年第7期。

[7] 参见梁绿琦:《高等职业教育研究资料选编》,北京理工大学出版社2010年版,第87页。

外法治人才应具有系统的国内法和国际法知识、跨文化背景下的法律解释和运用能力，包括沟通、协商能力，谈判、辩论技巧，制作法律文书的能力，制定规则的能力，审核、鉴定和有效运用证据的能力以及获取、掌握和应用信息的能力，还应具有良好的法律职业伦理和执着的法治信仰。[8] 总之，在具体培养目标中，我们致力于全球化深入发展和国家对外开放战略的需要，培养富有宽广的国际视野、深厚的家国情怀和人文素养、扎实的法律理论基础，熟悉中国和国际法律规则，熟练运用多种语言，勇于维护国家统一和民族团结的复合型、应用型、创新型涉外法治人才及国际组织的后备力量。

二、民族院校涉外法治人才培养模式改革内容

一定数量的高素质涉外法治人才是成功建设涉外法治和提升我国在全球治理体系中国际影响力的重要保障。因此，中央民族大学以具体目标为引导，对涉外法治人才的培养模式进行了积极的探索和实践。为实现人才的有效增量，法学院涉外法治人才培养从课程体系、教学方法、法律实践等理论层面以及实践层面革故鼎新，施行民族高校涉外法治人才培养模式改革，开展了涉外法治人才国内外协同培养，努力培养一批能够帮助中国融入世界、在世界展现中国的高素质涉外法治人才，各类举措取得突破性进展。[9]

（一）修订培养方案，优化课程安排

与指导目标相结合，培养方案直接决定人才培养规格，法学院科学制定培养方案，充分调研行业对人才培养的需求。其中，课程设置、学制安排、实训要求都围绕培养目标和行业需求进行设计，旨在培养德、智、体、美、劳全面发展，具有良好涉外法律服务职业道德、创新意识和合作精神，具有国际视野、了解国际规则，能够参与国际法律事务和维护国家利益的涉外法治人才。

在2021年修订培养方案的过程中，课程内容方面，我们将原先培养方案中英语专业的课程删除，只保留外教的听力和口语课程，并在涉外法治班的选修课程中提高国际法类课程、法律英语课程、双语法学课程的比例。具体而言，我们独立设计涉外法治班的培养方案，加强双语教学、国际法、国别法、国际组织规则、法律英语等课程建设，设置涉外法治选修课模块，并注重涉外法治班

---

〔8〕 参见霍宪丹：《法律职业与法律人才培养》，载《法学研究》2003年第4期。

〔9〕 类似观点参见张晓君、吴曼嘉：《论国际型法律人才培养》，载《法学教育研究》2013年第1期。

的思政课程安排,增设国情教育、国际政治形势教育、铸牢中华民族共同体意识教育等内容。

具体课程设置和修读建议中,大类培养的通识教育板块包括思政课、基本素养课,以及劳动教育、人文素养、科学素养、艺术素养和创新创业素养等课程。学科基础教育板块针对法学专业人才培养需要,设置习近平法治思想概论、法学导论、法理学、宪法、中国法律史、民法、刑法等学科基础课程;在专业教育中,法学专业核心课程包括专业通开课程和涉外法治班特色核心课程。其中,专业通开课程为法学专业所有学生必修核心课程,涉外法治班特色核心课程为涉外法治班学生必修核心课程;涉外法治班必修专业核心课程除了上述法学班与涉外法治班共同必修的核心课程外,还有法律英语(英文)、涉外文化法(双语)、国际人权法(涉外)、英文基础学术训练与学术规范、国际组织法(双语)、国际私法、国际知识产权法(双语)等课程(见图1)。

在个性化培养中,我们的任务就是要把每一个学生培养成个性突出、能力突出、全面发展的学生。法学院更加注重在个性化涉外法治人才培养上发挥作用,要凝练个性化涉外法治人才培养理念,因材施教,突出大学生个性培养,构建多样化培养体系,实行分类培养,培养大学生和谐个性。为充分对接学生未来发展、满足学生个性化选择,我们设置了本硕贯通课程、跨学科交叉课程、全球胜任力培养课程和行业领域协同育人课程(法律职业生涯规划、法律文书、律师实务、国际商事仲裁案例分析、刑事诉讼案例研习、国际民商事诉讼案例分析),学生可根据未来发展意向选择修读相关课程。比如,拟继续深造学生可选择修读本硕贯通专业选修课程,免试推荐攻读本校研究生的本科生可提前学习研究生课程;拟出国深造的学生和涉外法治班学生可选择修读全球胜任力培养课程,包括全英文科技前沿课程、国际课程、全球胜任力微专业课程,也可通过境外访学进行国际学分转换;拟就业学生可选择修读行业领域协同育人课程,根据未来职业规划选择相应研究方向。对于跨学科交叉课程,学生可根据个人发展需要,选修列表中的课程,也可跨学院选修其他专业设置的专业课程。全校统一调配法学和外语专业的优秀师资承担涉外法治人才实验班的课程授课、专业实践、学业指导以及学术交流等各项工作;各专业老师也具有比较前沿的国际法学理论知识和创新成果,时代眼光和国际视野,对时代和世界发展的趋势具有较强的敏感度,能够更好地提升师资整体教学能力和专业水平。

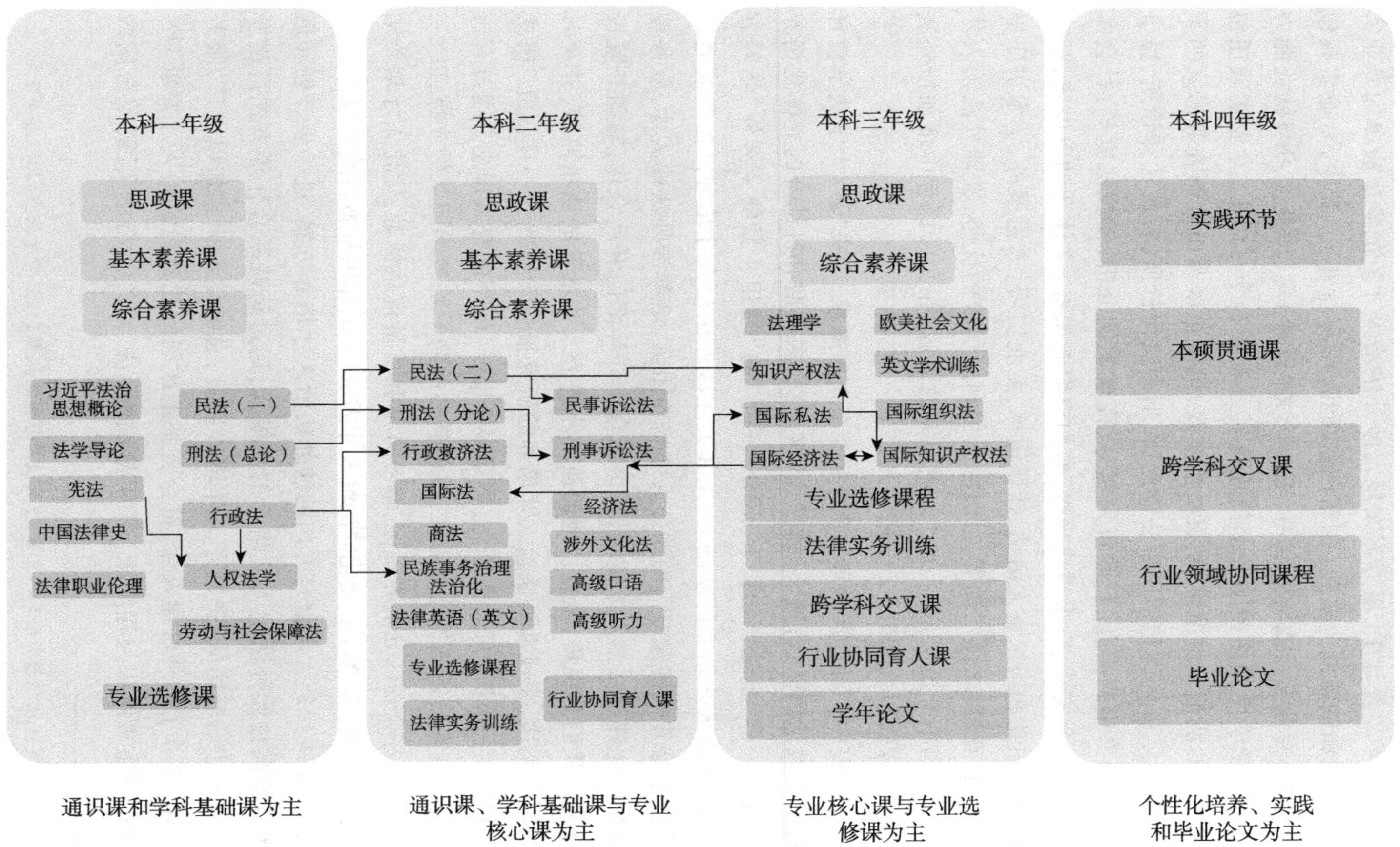

图 1　涉外法治班具体课程设置

在实践环节设计中,培养方案规定涉外法治人才班的学生应参加专业实践、社会实践和创新创业实践(创新创业项目、学科竞赛)。其中,专业实践包括学年论文、专业实习或毕业实习、毕业论文(设计)等,毕业实习与就业能力考查部分要求学生到法律实务部门连续实习至少2个月以上;专业实践还包括学院安排的法治资料搜集、基层法治实践、调研访谈及田野调查等形式的实践活动;法律实务训练包括民事法律诊所、刑事法律诊所、行政法律诊所、民事审判实务、刑事审判实务、行政审判实务、商事案例分析、模拟法庭等;社会实践包括校级社会实践、学术讲座报告、参加志愿者服务、文体活动等内容,学生需要积极参加党和国家重大活动、挂职锻炼、就业实习、志愿服务、学术讲座报告、学科项目竞赛、文体活动等。此外,我们利用学校的优势,在涉外法治人才的第二外国语中开设"一带一路"共建国家的语言,在实务课程中增加涉外法律部门和国际组织的实习。

在此过程中,为回应"法学+"的复合型人才需求,中央民族大学法学教育组建跨学院教学团队,打造"一体三元"多层次、多类型有机结合的立体化培养模式,即在"一体"的法学学科下,区分"三元"的"通用+紧缺+涉外"培养方向,在通用法治人才培养的基础上,尤其关注涉外法治人才培养。法学院通过跨院系合作等方式搭建专门的涉外人才培养团队,培养涉外法律人才,服务首都地区国际化建设法治人才需求,与国际合作处等部门开展合作,与国外院校开展交流。我们多视角、全方位地加强涉外法治人才培养的质量监控,并及时总结问题和规律,完成涉外法治人才培养的研究报告。据此,"一体三元"模式打破了单维度、标准化的育人理念,贯穿多维度、回应型的育人理念。通过有机融合中央民族大学优势与外部需求,以创新型的跨学院教学团队做支撑,以"三元"精准定位并合理区分培养目标、培养方案和质量评估标准,优化人才培养结构,回应国家和首都地区多元化的法治人才需求,也确保因材施教的实现。

总之,中央民族大学修订专门的涉外法治人才培养方案,进一步开创和形成了民族类高校涉外法治人才培养的新模式,通过跨院系合作等方式搭建专门的涉外人才培养团队,提高了人才培养质量,总结培养模式加以推广,服务国家战略,培养了涉外法律人才,符合首都地区国际化建设法治人才要求。[10]我们通过贯通实体法与程序法、国内法与国际法、理论法与法实践,整合国内

〔10〕 参见蒋悟真:《法学教育改革的目标、方向及培养模式》,载《湘江青年法学》2015年第2期。

与国际组织、集聚法律与外语优势，建构涉外法治人才培养共同体，打通涉外法治人才培养的“瓶颈”，提升涉外法治人才的综合实力；法学院群策群力，用各参与主体的专业长板对涉外法治人才的成长予以赋能和加持，合力提升涉外法治人才培养的含金量。

但是，涉外法律知识不仅停留在理论层面，它是务实和实践性的；涉外法治人才必须具备“真刀真枪”处理国际事务的能力。[11] 因此，中央民族大学以培养实验班学生的实务性为基本理念，努力培养学生的涉外法律服务意识，提升学生的涉外法务实践能力。具体而言，在涉外法治人才实验班课程设置上，我们开设了诸如涉外谈判技巧、涉外庭辩技巧、涉外法律文书写作等实务课程，加强涉外法律实务培训；鼓励学生到涉外企业进行法务实践和专业实习的同时，也加强思政育人、协同育人和实践教学，建设涉外法治相关专业项目，以形成学生对涉外法律实务的亲身体验。

（二）开设涉外法治人才实验班，探索法律职业人才培养机制

为深化高等法学教育教学体制改革，探索更为完善的法律职业人才分类培养机制，中央民族大学法学院在尊重法学教育一般规律的前提下，立足民族院校特色，从法学及外语学科中汲取营养，在学科交叉中蓄势赋能，在2021级本科生中开设了涉外法治人才实验班，按照“一流学生＋全校资源＋特殊培养”的组合模式进行培养，把原先的法英班升级为涉外法治人才班，探求新时代涉外法治人才培养的规律与路径。据此，涉外法治人才实验班是为适应“一带一路”倡议下我国参与全球治理体系建设对涉外法治人才的需求，面向法学专业学生设立的特色教学班。它以法学专业人才培养方案为基本依托，通过深化课程体系、教学方式和教学过程改革，培养通晓国际法律规则、善于处理涉外法律事务的涉外法治人才。

法学院涉外法治人才实验班（法学与外语）教学团队倾力打造线下课程，丰富涉外法治人才培养的内涵，拓展人才培养形式，要求法学学生具备专业能力、实践能力与创新能力，并具备独立自主地获取和更新本专业相关知识的学习能力，以及系统的法学思维能力、法律文书处理能力、用法律知识发现问题与解决问题的能力。涉外法治人才尤其需要具备综合运用国内外法律知识解

[11] 参见洪冬英等：《新时代背景下涉外法治人才培养的路径》，载《法学教育研究》2022年第2期。

决涉外法律问题的能力,以及将所学的专业理论与知识融会贯通、灵活地综合应用于专业实务之中的能力。[12] 教学课程要求学生重点掌握个案分析能力、案件归纳整理能力、法律文书撰写能力、法律谈判能力等;紧密结合当前社会的最新需求,运用跨学科知识,开展科研训练和竞赛活动,养成探究性学习和创新性思维习惯,具备突破式创新、渐进式创新、再运用式创新的能力。[13]

涉外法治人才实验班的学生不仅能够掌握必备的研究方法,具有专业的法学思维,还应具有优秀的问题意识和扎实的研究态度,并能够熟练地运用法律解释、法律论证、证据证明等方法解决实务问题和开展研究工作。此外,学生应该了解法学专业及相关领域国内外前沿动态和发展趋势,了解相关主题,能够对研究现状、热点与前沿进行系统梳理、创新研究。不仅如此,学校还通过国际讲座活动,积极引进优秀的法学专家学者,与涉外实验班学生进行结对交流,全方位突破语言、法律知识方面的局限,让涉外法治人才实验班在培养人才过程中真正嵌入"涉外"元素。[14]

据此,我们形成了民族类高校涉外法治人才培养的新格局,法学院老师撰写并发表教学论文多篇,推广与宣传涉外法治人才培养模式的改革内容,更好地将涉外法治人才实验班落实落地,为学生发展提供更多的机会(见表1)。相关的教育教学成果已在《人民日报》《光明日报》《学习时报》《中国民族报》《法治日报》等重要报纸上刊文近百次,也得到新华网、人民网、光明网、中国政府网等国家级网络媒体广泛性的肯定报道。这些教学论文是中央民族大学法学院涉外法治人才培养实践的总结和理论的提升,有利于推动涉外法治人才培养模式在民族类高校中的推广应用,助力形成民族类高校涉外法治人才培养的新格局。在不断地理论与实践探索中,开设涉外法治人才实验班将会更有力地促进涉外法治人才的培养,更好契合国家对涉外法治人才培养的多元化需求,为国家和社会发展贡献智慧。

---

〔12〕 参见霍宪丹:《法律职业与法律人才培养》,载《法学研究》2003年第4期。

〔13〕 参见霍宪丹:《法律职业与法律人才培养》,载《法学研究》2003年第4期。

〔14〕 类似观点参见郭德香:《我国涉外法治人才培养模式探析》,载《浙江树人大学学报(人文社会科学)》2021年第4期。

表1 中央民族大学法学院涉外法治人才培养教学论文

序号	题目	发表刊物	发表日期	作者
1	“双碳”目标下民族高校加强生态文明教育研究	民族教育研究	2023 年 2 月	蒋佳妮
2	民族高校法治人才培养案例的教学运用、反思及设计	法制与经济	2022 年 11 月	唐　勇
3	国家安全教育纳入法学教学的探索	保密科学技术	2022 年 10 月	邵六益
4	民族院校法学双线教学 BOPPPS 模型建构	民族教育研究	2022 年 6 月	张　杰
5	建设系统完备的涉外法律法规体系	学习时报	2022 年 5 月	涂　卫
6	苏格拉底式教学法研究	科教导刊	2022 年 5 月	李秀鹏
7	论“文化遗产保护法”本科教学实例的遴选与适用——以中央民族大学法学院教学实践为例	法学教育研究	2022 年 4 月	郑　毅
8	提升涉外执法司法效能	学习时报	2022 年 2 月	涂　卫

(三)加强思政育人、协同育人和实践教学

除精通外语、具有扎实的法律知识和法律实践能力等外在方面要求，涉外法治人才实验班还致力于培养一大批拥护党的领导、具有坚定政治立场、熟悉我国国情的涉外法治人才。他们肩负维护国家主权、安全及中国公民和企业利益的重任，是彰显国家形象和大国担当的“王牌军”。因此，涉外法治人才首先要对国家、民族和人民怀有深厚的感情，具有正直的职业道德情感、公平正义的职业良心和坚韧不拔的职业道德意志，热爱祖国和人民，热爱自己的涉外法律职业，不忘初心，敢于担当。唯有如此，涉外法治人才才能在复杂的国际法律环境中，在大是大非面前经受住各种考验，始终保持一颗鲜红的“中国心”。[15]

基于此，民族院校涉外法治人才培养模式改革的重要目标是必须坚持以铸牢中华民族共同体意识为思政育人主线，坚持立德树人、德法兼修，传承红色基因，厚植家国情怀，培养政治过关、专业过硬的法治人才。中央民族大学

〔15〕 参见洪冬英等:《新时代背景下涉外法治人才培养的路径》，载《法学教育研究》2022 年第 2 期。

法学教育以坚持和促进平等、团结、互助、和谐的社会主义新型民族关系为指导,以促进各民族交流交往交融为重要目标,以优化教育机制、强化教学效果、深化教学改革为主要路径,确保自己成为铸牢中华民族共同体意识的主阵地。

中央民族大学法学院以教材、课程、项目等作为铸牢中华民族共同体意识的有效载体,坚持将民族团结、共同繁荣等融入日常教学,以特色育人丰富思政育人的内涵。其中的思政实践育人又形成了"围绕基地打造平台、围绕平台设置项目、围绕项目形成团队"的创新实践方法,着眼边疆地区乡村振兴、中华民族共同体文化传承保护等特色命题,强化学生的文化自信与家国情怀。此外,法学院开展了习近平法治思想教学研讨讲座,编写了《法学素养养成手册》,加强法律职业伦理教育;运用本科生导师制,加强了专业的训练和引导,充分利用法学理论、公法学等相关专业课程群的教学资源,融思政于专业,引导学生深刻领会铸牢中华民族共同体意识和实现中华民族伟大复兴对涉外法治人才的迫切需求。

在思想教育实践中,中央民族大学法学院教师荣获2021年北京高校教师教学创新大赛二等奖、中央民族大学教育教学成果奖一等奖、中央民族大学课程思政优秀教学设计评选活动一等奖、三等奖、优秀奖;2023年5月,经教师申报、学院初审推荐、人事处审核、专家通讯评审、部门会评、学校审议及公示等程序,确定立项"课程思政教学团队"39支、"道中华"专项团队15支;法学院申报的"中国法律史""商法""环境资源法学""文化遗产保护法""道中华"专项团队项目获得立项。这些均体现了我们近年来对于课程思政的高度重视与建设成果,法学院也将进一步提升课程思政覆盖的广度、深度和力度,将学生的思想政治培养与法学教育相结合,全面提高人才培养质量。

在注重涉外法治人才思政教育的同时,我们也加强涉外法治人才实验班的实习及社会实践。通过实习实训、以赛带训、模拟虚仿、就业前置、法律诊所、模拟法庭等多元途径,锤炼学生涉外法务实战能力,让书本中的法律知识、纸面上的法律成绩转变成为行动中的法律素养、实践中的法律实力,知行合一,养成"召之即来、来之能战、战之必胜"的涉外"法律战"能力。[16] 具体而言,法学院设置海外讲席、涉外律师及国际讲座、国际仲裁实务课程和国际组

---

〔16〕 参见张春良、敖琪:《论我国涉外法治人才建设效能的提升》,载《新文科教育研究》2023年第1期。

织实习、模拟法庭等活动，在不同涉外法律主题的学术讲座中探讨交流，提升师生共同的法律实践水平。比如，在 2023 年暑假“停课不停学”系列活动中，胡海花律师围绕“如何塑造涉外能力——涉外知识产权律师成长之路”的主题，为大家充分讲解了人才培养、语言提升以及校内资源等方面的知识，从实践的角度完善学生对于涉外法治的认知，帮助学生理解涉外法治的最新趋势以及现实难题，传授成为一名优秀从业者所需的素质与技巧。

同时，学院也要求学生在导师指导下参加学校的“创新创业”项目，每一位学生至少确保主持或主研一项创新项目。2022 年，大学生创新创业训练计划项目结项答辩顺利开展，学生主要围绕研究背景、研究意义、调研过程、研究创新点以及项目成果等方面展开；汇报完毕后由评审老师点评提问，并针对各组答辩情况进行合议打分，最终按照项目结项定级的要求，分别评出国家级、北京市级和校级项目。各组选题贴合时事，研究思路清晰，在阐释我国热点法律问题的同时，也拓展到了国际法律的发展趋势及未来导向，不仅有对乡村振兴背景下民族地区非物质文化遗产活态传承法律保护问题的研究，还有对于智慧法院在民族地区民事诉讼领域该如何长足发展的思考，以及对未成年人个人信息保护与个人权益、公共权益衡平关系的研究。此外，同学们还关注到“碳达峰、碳中和”大背景下我国林业碳汇交易政策法律制度的建设以及司法改革背景下刑事裁判文书说理的充分性等问题；同学们的调研立足民族地区发展、乡村振兴、科技创新等多个领域，聚焦国内国际焦点，认真思考并提出解决问题的办法，充分展现法学院学子崇实笃行、开拓创新的精神风貌。

此外，“青苗计划”是由中央民族大学设立开展的校级学生创新创业训练计划项目，主要面向本(预)科一年级学生，开设“乡村振兴类”“社区治理类”“民族文化传承类”“科技创新发明类”“文化创意类”“其他类”六项申报主题。这些主题均与当前时事热点联结，与国内国际相接轨，为培养涉外法治人才提供了锻炼平台。通过“青苗计划”，同学们培养了学习兴趣、丰富了专业知识、积累了实践经验、开拓了全球思维眼界。“青苗计划”“知识—能力—素质”均衡发展的理念也将不断激励法学院学子们以理论学习为基础，把创新思想付诸行动，努力做勇于探索、不断创新的“民大青苗”。

学术竞赛实践中，中央民族大学法学院也多次组织学生参加“挑战杯”学术作品竞赛、杰赛普国际模拟法庭辩论赛(Philip C. Jessup International Law Moot Court Competition)、全国“理律杯”高校模拟法庭、第二届“万慧达杯”全国高校商标热点问题辩论赛、北京市大学生模拟法庭竞赛等国内外赛事,并荣获第十一届“挑战杯”首都大学生课外学术科技作品竞赛“科技冬奥”赛道北京市级一等奖,第十一届“挑战杯”首都大学生课外学术科技作品竞赛“揭榜挂帅赛道”北京市级一、二、三等奖以及第十一届“挑战杯”首都大学生课外学术科技作品竞赛“红色实践”专项赛北京市级二等奖,第七届中国国际“互联网+”大学生创新创业大赛(北京赛区)一等奖等奖项。

为深入学习贯彻落实党的二十大精神,指导同学们更好地参与社会实践和竞赛活动,中央民族大学法学院于近年寒假期间开展了寒假社会实践活动暨第十届“孝通杯”课外学术科技作品竞赛行前课程。其中,寒假社会实践行前课程由法学院联合中国少数民族语言文学学院、文学院、外国语学院、体育学院共同举办。这些社会实践等系列活动为法学学子提供了全面而具体的指导,以期学生能够把握此次社会实践与竞赛机会,深入基层、认真锻炼,精研学术、开拓创新,以实际行动体悟党的二十大精神,争做堪当民族复兴大任的时代新人。

在升学推免实践中,中央民族大学法学院于2023年7月22日至7月24日举办“文化法学与人权”卓越法治人才夏令营活动,为青年学子搭建法学跨学科、跨专业交流平台,加强青年学生对学术研究的了解。此次夏令营以贯彻《关于加强新时代法学教育和法学理论研究的意见》为宗旨,适应法治建设新要求,加强文化法学等学科建设。夏令营推免招生的主旨在于培养具有人文情怀和国际人权视野,扎实掌握文化法学知识,具有一定的实践能力的创新型、复合型人才;研究方向特色鲜明,内容多元,涵盖法学理论、民法、刑法、国际法、宪法、诉讼法学、民族事务治理法治化等多个专业领域,阐释多学科方法交叉的研究路径,促进夏令营营员对各领域法学理论发展及相关涉外法治文化实践的深入思考。

在不同的实践总结中,我们认为,涉外法治人才培养不仅是高校课程思政及实践教学的任务,应更加科学合理地加强产学研合作,鼓励高校同国内外社会办学力量、社会实务机构开展深度合作,共享优质教学资源。〔17〕在开展涉外法治人才培养的过程中,从国内层面来说,加强了涉外实务部门与高校之间的交流合作,畅通涉外政府部门、涉外企业、涉外律所和高校之间合作的渠道,高

〔17〕 参见洪冬英等:《新时代背景下涉外法治人才培养的路径》,载《法学教育研究》2022年第2期。

校与涉外法律实务部门联合开展人才培养工作,部分实务类课程完全由涉外法律实务部门专家开设,涉外法律实务部门负责安排学生的实习实训工作,将课程教授的知识转化为实务技能,实现从知识到技能的转化;同时,我们也通过聘任或开设讲座等方式,让具有涉外法律实务经验的一线律师或其他相关人员与在校学生进行直接的对话与交流。

从国外层面来说,涉外法治人才培养要主动服务国家对外开放战略,畅通国内高校和国外高层次法学院所合作与交流的桥梁;我们学习了国外教学管理理念,引进教学设备,借鉴教学管理方式,积极开展或参与国际学术研讨会、国际竞赛等,最大程度地将国外优质法学教育资源引入国内高校,充实涉外法治人才教学内容;另外,我们也加强了与国外律师事务所、公检法机关的合作,开拓学生海外实训实习基地,为学生参与涉外法务一线实践、学习涉外知识、提升涉外实务能力提供方便。[18] 2021 年 10 月至 11 月,中央民族大学法学院与北京市康达律师事务所共建教育实践基地,通过设置校外实务导师、开展课题研究、开展校所教学互补等方式开展合作,并访问北京海润天睿律师事务所,为法学院学子提供进入律所实践的机会,进一步推动法学教育与司法实践有机结合,培养出更多复合型法律人才。在中央民族大学 70 周年校庆之际,法学院聘请了部分校友担任法律硕士的实务导师,并与北京岳成律师事务和北京中伦文德律师事务所等签约合作,建立法学院教学实践基地,并设立了奖教金和奖学金,为未来师生与律所的学术交流、就业指导、实习实践等方面提供各种资源平台。中央民族大学法学院与各律师事务所在法律人才培养和引进、法学教育和交流、项目研究、奖学金、学生实践基地等多个领域展开合作,通过优势互补和资源共享,推动法学教育与实践结合,实现共同发展。

2022 年 5 月,中央民族大学领导与教师代表一行赴北京市通州区人民检察院调研交流,双方签订共建协议,揭牌成立“行政检察研究基地”。“检学共建”为高校和检察机关搭建起沟通交流平台,加强检、校两地人才培养,提升法学理论研究与法律实践水平。2023 年 8 月,中央民族大学法学院与北京市门头沟区人民检察院、西藏自治区拉萨市堆龙德庆区人民检察院开展检学共建活动;同年 10 月,中央民族大学法学院与京师律师事务所开展座谈交流活动,

〔18〕 参见洪冬英等:《新时代背景下涉外法治人才培养的路径》,载《法学教育研究》2022 年第 2 期。

就深化协同育人、服务法治实践方面展开研讨,双方努力促成全方位、多领域、立体化共建与合作,力争在法治人才培养(尤其涉外法治人才培养)、法学理论研究和检察实务研究等领域取得更大成绩。

(四)建设"涉外法治"专业项目,构建多元培养格局

中央民族大学法学院牵头申报并成功获批了国家留学基金委文明互鉴国际组织后备人才培养项目,该项目以习近平总书记关于加强和改进民族工作的重要思想和关于促进文明交流互鉴、加强全球治理人才队伍建设、加强和改进国际传播工作等相关重要论述为指导,围绕"文明互鉴",聚焦"中外文化""国际人权"领域,为培养具有全球胜任力的国际组织人才搭建国际协同育人平台,为推动中华文化和中国人权理念的国际传播与交流互鉴提供人才支撑。这一项目成为涉外法治人才培养的重要平台,以加快培养一批具有中国情怀、国际视野和国际竞争力的全球治理人才。

该项目执行期共3年,学校每年可自主选拔推荐法学等专业的10名硕士研究生前往爱尔兰国立科克大学、法国里昂第三大学、美国威斯康星大学麦迪逊校区、英国伦敦玛丽女王大学留学,被推荐人需完成中外方课程,并在项目期间或毕业后一定期限内前往国际组织实习。2023年2月,为进一步做好学校国际组织人才培养工作,给在校生提供更多了解国际组织及赴国际组织实习任职的机会,提升同学们的全球胜任力,中央民族大学法学院分别于2023年寒假和暑假组织学生参加"国际组织实习生预备营"项目。其中,涉外法治人才班同学收获颇丰,反馈参与国际组织预备营项目能够更充分、详细地了解国际文化组织,也更深切地认识到国际组织对高水平人才的需求。

2023年5月,爱尔兰国立科克大学法学院院长马克·普斯蒂(Mark Poustie)教授等人与中央民族大学法学院代表老师针对两校学科建设、科研工作、学者交流、学生培养、合作项目等方面展开自由交流。近年来,中央民族大学法学院与韩国、加拿大、法国、挪威等不同国家和中国台湾地区、中国香港特别行政区等地的法学院建立了持续稳定的交流合作关系,在学者互访、合作研究、交换图书资料和信息以及互派学生等方面取得了累累硕果。中央民族大学法学院在服务国家大局中加快"双一流"建设,深入推进人才培养模式改革,着力提升人才培养质量。未来,学校及学院将以国际组织后备人才培养项目建设为契机,进一步整合国内外资源,扎实做好国际组织人才培养工作。

为服务党和国家外交大局,服务构建人类命运共同体和"一带一路"建设,

构建立体、多元、协同的全球治理人才培养格局，依托教育部中外人文交流中心“国际高层次人才创新实践基地”和国家留学基金管理委员会“文明互鉴国际组织后备人才培养项目”，中央民族大学教务处、国际合作处联合指导法学院承办建设“涉外法治与国际组织”本科微专业项目。该项目以双语教学作为涉外法治人才培养的基本教学平台的同时，还积极拓展国内—海外合作办学、交换生项目和法学学生联合培养项目。在微专业项目的推进中，中央民族大学法学院能够与教育部中外人文交流中心开展更加多元、全面、深入的合作，将涉外法治育人团队的优质课程与中心“全球治理线上课程”国际优质教学内容相结合，创新开展“涉外法治与国际组织”全球胜任力本科微专业项目。其中，全球治理线上课程围绕联合国 17 项可持续发展目标（Sustainable Development Goals，SDGs）构建了一个具有实战性的复合型学科体系，旨在帮助大学生培养国际化思维，了解全球议题与理论知识，为有志成为国际公务员和跨文化人才的大学生提供多元文化学习的机会，提升学员复杂问题解决能力以及领导力、执行力和组织力。

在微专业项目建设中，我们开设了“涉外法治与国际组织”全球胜任力本科微专业课程讲座，比如，“流失文物追索与返还的法律问题研究”“如何理解文化遗产保护的重要性”等。其中，就“流失文物追索与返还的法律问题”而言，主讲教授从文物非法贩运的概念着手，详细解释了返还非法贩运文物的原因，并就博物馆职业道德与文化国际主义的关系等问题进行详细解答。此外，有专家学者围绕“如何理解文化遗产保护的重要性”，从我国文化遗产保护相关法律法规和已加入的国际公约切入，与讲座中各位同学进行探讨，阐释了文化遗产是全球人类不断进步的证明，是人类创造力发展的重要基础。其他相关讲座总结如表 2 所示。

表 2　其他相关讲座主题一览

序号	时间	主讲	主题
1	2023 年 6 月 10 日	刘连炻	数字经济领域热点问题探讨与数据治理能力建设
2	2023 年 6 月 11 日	吕学都	全球气候治理展望及国际化人才需求
3	2023 年 5 月 21 日	王云霞	流失文物追索与返还的法律问题
4	2023 年 5 月 14 日	何成中	如何理解文化遗产保护的重要性

作为“涉外法治与国际组织”全球胜任力本科微专业的承办方,中央民族大学法学院在创新涉外法治复合人才培养模式、服务党和国家外交大局和构建人类命运共同体方面不断探索。总之,微专业通过在全校范围内孵化、培养、选拔,形成跨学科融合、多平台共享、多渠道共育的复合型全球胜任力人才培养新模式,最大限度激发学生学习兴趣和潜能,向文化和人权等领域的专门性和综合性的国际组织和涉外机构输送人才,并广泛引进高质量互动资源,达到即学即用的效果。

近年来,中央民族大学法学院也积极参加国内国际相关项目,着力打造“涉外文化法治”的特色,注重涉外文化交流中的法律问题研究与知识产权保护。比如,法学院成功获批联合国教科文组织“文化遗产法教席”,这一项目旨在通过全球高等教育机构间的网络和结对关系促进国际高等教育知识转化与交流分享,培养中国文化遗产保护事业后备力量,为国内外有志于从事相关研究或实务工作的学生或从业者提供更丰富和广阔的学习、研究和交流平台,促进该学科领域的国际交流合作及在本国的发展。

除了“涉外文化法治”,“人权保障”也是中央民族大学法学院涉外法治人才培养的特色方向,并为微专业项目发展提供条件。法学院承办了4次联合国人权理事会边会,积极参与“文化法制基本理论”“文化法治体系建设理论与实践”等学术研讨会,并进行多项“文化法学与人权”方面的调研活动,组织并参加多项文化法治宣教等培训活动,深度参与以“公正合理国际秩序与人权保障”和“青藏高原生态保护立法与高质量发展”为主题的联合国边会,致力于在国际舞台上发出中国声音。我们在类似国际会议中也更加深刻地认识到涉外法律在稳定国际秩序、规范国际关系、塑造国际规则等方面的重要作用,并积极搭建交流、学习和合作的平台,促进各国之间法律的相互了解,推进涉外法治人才的培养。

综上,中央民族大学法学院开展的微专业等项目建设,有助于国际化人才的培养和人才培养能力提升。从国际化人才培养来讲,项目围绕“文明互鉴”主题,聚焦“中外文化”“国际人权”两个领域,着力增强国际组织后备人才应具备的价值认同和思维方式两种核心素养,突出强化中国化立场与全球化思维,引导学生铸牢中华民族共同体意识和树立推动构建人类命运共同体理念,维护和平、发展、公平、正义、民主、自由的全人类共同价值。

三、民族院校涉外法治人才培养模式改革价值与不足

我们关于涉外法治人才培养模式的改革与创新有利于集中教育力量为学生提供平台、开阔视野、拓宽资源,向文化和人权等领域的专门性和综合性的国际组织和涉外机构输送人才,贡献高校力量,回应时代之需。自2021年项目实施以来,中央民族大学法学院涉外法治人才培养工作得以有序开展,取得了较为丰硕的成果,人才培养工作也初见成效,展现出了较好的实践效果,如外语水平得到提升。根据《中央民族大学学生参加国际外语水平考试奖励办法》,经学生个人申报、学院初审、国际合作处审核,学校为外语水平较高学生发放奖励。2023年全校申报外语奖励共100名学生,法学院就有20人,跃居全校第一,与2022年4人申报的情况相比,法学院在专业改革和各种国际化人才培养中的带动作用得以凸显。

但是,涉外法治人才培养是一个相对较新的领域,在长期的社会实践中,也存在一些问题:其一,未建立成熟的多学科横向合作体系。涉外法治人才培养应该涵盖法律理论、法律实务、国际公约、跨文化交际能力等学科,但是目前学校普遍缺乏跨学院合作的完整的课程体系和细致的教学计划。其二,师资力量相对薄弱。中央民族大学法学院虽然已经开始设立涉外法治人才培养专业,但是教师队伍不够专业。许多教师缺乏实践经验、跨文化交际和国际法律研究方面的科研成果,导致学生的实践能力受到限制。其三,实践机会相对匮乏。中央民族大学法学院与企业和政府的合作网络还未形成,并不能为学生提供更多的涉外法治实践机会。其四,认识缺乏全面性。部分教师、辅导员等还没有意识到涉外法治人才培养的必要性,没有充分重视和有效推进涉外法治人才培养的工作。其五,学生综合素质还需提高。学生需要具备良好的外语能力、团队协作能力、创新能力、沟通交流能力、批判思维等方面的能力,目前这些能力还需进一步提升。

四、结论

中央民族大学涉外法治人才培养模式改革存在新问题和新矛盾,表明涉外法治人才的培养不是一蹴而就的,而是需要长期的探索与实践。在当前百年未有之大变局的时代背景下,尽快为我国培养精通国际法律规则、能够熟练

处理国际法律事务的涉外法治人才,是整个法学界应当承担的重要历史使命。[19] 因此,针对涉外法治人才培养模式的不足之处,我们仍要总结经验教训,继续完善相关体系。

习近平总书记指出,发展是第一要务,人才是第一资源,创新是第一动力。[20] 民族高校是第一科技生产力、第一创新动力、第一人才资源的典型代表之一,我们理应在涉外法治人才培养中继续主动适应新战略,承担高校应尽义务,强化高校使命担当,加强社会协同,将教学与实践、课堂与课外相融合,形成更加细致的教学规划,致力于提升涉外法治人才支撑能力和涉外法治服务水平,为培养高端化涉外法治人才贡献力量。[21]

---

〔19〕 参见王文华:《论涉外法治人才培养机制创新》,载《中国大学教学》2015年第11期。

〔20〕 《习近平、李克强、栗战书、汪洋、王沪宁、赵乐际、韩正分别参加全国人大会议一些代表团审议》,载《人民日报》2018年3月8日,第1版。

〔21〕 参见洪冬英等:《新时代背景下涉外法治人才培养的路径》,载《法学教育研究》2022年第2期。

《政法教育评论》
第 1 辑,第 89 ~99 页

应用型涉外法治人才培养模式的探索与思考*

刘万啸**

摘　要　一定数量和质量的涉外法治人才是涉外法治建设成功的重要保障。在强调新文科学科交叉融合的大背景下,高素质应用型涉外法治人才跨专业培养模式研究具有更加重要的学术价值。随着"一带一路"倡议的实施,涉外法治人才在我国有广阔的需求空间,国家高度重视涉外法治人才的培养。加强涉外法治专业人才的培养和教育是个系统工程,不能一蹴而就,应通盘规划、科学设计并实施。文章分析了山东涉外法治人才现状及存在的主要问题,介绍了山东政法学院涉外法治人才培养探索实践,并提出了关于加强山东涉外法治人才培养的建议。

关键词　应用型　涉外法治人才　培养模式

随着我国经济总量稳居世界第二,我国在全球治理体系中的国际影响力

* 本文系 2022 年山东省本科教学改革研究重大项目"面向打造对外开放新高地的山东省涉外法治人才培养研究与实践"、山东省社会科学规划研究项目"山东省高素质应用型涉外法治人才跨专业培养模式研究"和山东政法学院教改项目"涉外法治人才跨专业培养模式研究"的阶段性成果。本文写作过程中受益于来自山东大学、中国海洋大学、烟台大学、山东财经大学等相关高校提供的涉外法治人才培养的资料,在此深表感谢。

** 刘万啸,山东政法学院经济贸易法学院院长,教授。

也大幅度提高。随着“一带一路”倡议的不断深化和中国参与国际事务的程度不断加深,中国在世界舞台上扮演着越来越重要的角色。与此同时,我国涉外法治建设也面临许多挑战,而涉外法治人才的短缺严重阻碍了我国在解决国际争端、维护中国企业合法权益等方面的步伐。中国不能仅作为国际规则的接受者和适应者,更需要积极参与全球治理,做国际规则的维护者、建设者和引领者,提升在国际事务中的话语权。因此,《中共中央关于全面推进依法治国若干重大问题的决定》明确提出,要建设通晓国际法律规则、善于处理涉外法律事务的涉外法治人才队伍;积极参与国际规则制定,推动依法处理涉外经济、社会事务,增强我国在国际法律事务中的话语权和影响力,运用法律手段维护我国主权、安全、发展利益。在2019年2月召开的中央全面依法治国委员会第二次会议上,习近平总书记指出,要加快推进我国法域外适用的法律体系建设,加强涉外法治专业人才培养。随后,司法部、教育部等13个部门召开发展涉外法律服务业第二次联席会议,研究部署涉外法律服务工作。2023年中共中央办公厅、国务院办公厅印发的《关于加强新时代法学教育和法学理论研究的意见》明确提出,“加快培养具有国际视野,精通国际法、国别法的涉外法治紧缺人才”。一定数量和质量的涉外法治人才是涉外法治建设成功的重要保障。在强调新文科学科交叉融合的大背景下,高素质应用型涉外法治人才跨专业培养模式研究具有更加重要的学术价值。

打造对外开放新高地,是山东省八大发展战略中的一项重要战略。山东全力建设中国(山东)自由贸易试验区,深度融入共建“一带一路”,全力推进中国—上海合作组织地方经贸合作示范区、中日韩地方经贸合作示范区(自贸试验区)建设,整合分散资源,形成统一的“齐鲁号”中欧班列,加快跨国公司领导人峰会永久性论坛、国际医学科学中心建设等,实施优化营商环境等重大行动。设立中国(山东)自由贸易试验区,对加快推进新时代现代化强省建设具有十分重要的意义。山东省作为我国经济大省和传统出口大省,涉外经济贸易和跨国投资活动数量巨大,而涉外法律人才的短缺问题尤为突出,适应山东省地区经济发展的高素质应用型涉外法治人才培养问题必须加快推进。对高素质应用型涉外法治人才跨专业培养模式进行研究,将对加快优秀涉外法治人才的培养,满足社会对涉外法治人才的需求,具有重要的实践意义。

一、山东涉外法治人才现状及存在的主要问题

(一)高素质应用型涉外法治人才严重缺乏

2019年3月司法部公布“全国千名涉外律师人才名单”,全国985名涉外律师入选,山东省仅58名律师入选(其中以涉外业务为主要业务的律师不足20人)。可见,山东省涉外律师的数量和业务能力均远远不能满足客户的需求。2021年9月10日全国政协社会和法制委员会调研组来到山东时召开了“提高涉外执法司法质效”专题调研座谈会,会上省政协、省高级人民法院、省贸促会、省公安厅、省司法厅、省商务厅、省市场监督管理局等多家单位的汇报材料提出,省内各司法机关、相关政府部门的高素质涉外法治人才普遍紧缺,涉外执法司法人员的数量和能力均难以满足实际工作需要。当前山东省高素质应用型涉外法治人才严重缺乏,与山东省作为主要经济大省和对外经贸大省的地位严重不相称。

(二)涉外法治人才培养机制滞后,国际法学科实力总体较弱

省内法学专业人才培养同质化现象严重,各高校的培养计划、教学内容和方式方法等基本上采用相同的模式,没有针对涉外法治人才培养目标设计专门的机制、体系、模式;国际法教学安排和教学内容与涉外法治需要相脱节,课程、教材以及师资队伍建设较为滞后。相比经济发展水平相当甚至稍弱的省份,山东省高校国际法学科的师资力量明显不足,不能满足山东省对高素质应用型涉外法治人才培养的需要,有待于进一步加强;山东省高校国际法学科力量总体不强,相关研究生招生数量也不足,有待于进一步发展。就山东省高校的国际法学博士点而言,只有山东大学和中国海洋大学招收国际法方向的博士研究生,每年招生总数量不足10名;就国际法相关硕士博士等高端涉外法治人才培养的规模来看,这无法满足山东省对高端涉外法治人才培养的发展需求。

(三)涉外法治人才的实践应用能力不足

郭雳教授在《创新涉外卓越法治人才培养模式》中指出,涉外卓越法治人才培养实践面临教学培养体系有待完善、能力训练中对实践性强调不够、体制机制方面存在障碍等三项突出问题。[1] 目前高校教学安排和教学内容与国际法律实务脱节,学生缺少在涉外法律实务部门实习实践的条件和机会,学生的应用能力严重不足;实务部门涉外法治人才的业务能力和素质有待提升。

---

〔1〕 参见郭雳:《创新涉外卓越法治人才培养模式》,载《国家教育行政学院学报》2020年第12期。

二、山东政法学院涉外法治人才培养探索实践

(一)“涉外法治”实验班教育教学改革

1. 教育教学改革背景与培养目标

法学教育的国际化是世界各国法学教育共同面临的重要课题之一。在我国,随着“一带一路”倡议的实施,涉外法治人才在我国有广阔的需求空间,国家高度重视涉外法治人才的培养。基于此,山东政法学院启动设立法学专业“涉外法治”实验班(以下简称法学涉外实验班)的组织论证工作,以法学专业人才培养方案为基本依托,通过深化课程体系、教学方式和教学过程改革,培养通晓国际法律规则、善于处理涉外法律事务的涉外法治人才。法学涉外实验班于2020年9月正式开班,现已招收4届学生。

法学涉外实验班的培养目标是培养厚基础、宽口径、高素质、强能力、国际化的涉外法治人才。通过特色鲜明的课程设置和人才培养模式,培养我国涉外法治建设所需要的,具有健全的人格、良好的素质和崇高的法治精神,具备高尚的职业情操,通晓国际法律规则、善于处理涉外法律事务的应用型涉外法治人才。

2. 教育教学改革内容

(1)制定法学涉外实验班人才培养方案。法学涉外实验班人才培养方案从三个方面强化了课程体系,加强涉外人才必备素质的培养。其一,在专业选修课和实践选修课中均设置了特色专业模块作为必选课。其二,在通识必修课中强化了英语课程,增设了英语口语、英语拓展课程。英语口语课程由外教单独授课,英语拓展课程则通过协商竞争的方式与社会专业机构合作,完全围绕境外留学的语言需求设置课程。其三,人才培养方案还要求学生在大三之前完成不少于3个月的境内外学习交流项目。

(2)强化外语教学。在专业选修课和实践选修课中的必选课模块实施以英语教学为主的外语教学,开设全英语教学课程;增加英语拓展课程,提升学生英语水平。

(3)强化实践教学。将专业集中实习调整为日常实习积累,依托省法律援助中心山东政法学院工作站、省法学会民商事调解中心等机构,组织学生参与法律咨询及法律援助等法律实践活动;依托法律诊所教育中心与各实践实训基地,将实习活动与诊所实训课程进行有机融合。

3. 教育教学改革实施情况

(1)配备专门的教学管理服务团队。法学涉外实验班辅导员由英语水平高或者丰富管理经验的辅导员老师担任,并由长期在国外名校留学的老师担任班主任;学院领导和涉外法治方向的优秀教师担任学业导师,全程掌控法学涉外实验班的发展情况。

(2)为学生提供优质的校外学习机会和条件。组织法学涉外实验班学生参与各项学术活动,包括参加"一带一路"法治服务(泉城)高峰论坛、参加山东省法学会国际法学研究会暨海峡两岸关系法学研究会 2021 年学术年会、每年一度的中日韩自贸区经贸合作促进与法律保障学术会议等。受新冠疫情影响,2020 级学生无法出境学习,学院便利用暑假时间,带领 2020 级同学开展"'一带一路'沿黄西部行"游学活动,访问了甘肃政法大学丝路法学院、西北政法大学国际法学院以及甘肃金城律师事务所、西安永嘉信律师事务所、锦天城(西安)律师事务所、河南昌浩律师事务所、河南文丰律师事务所等开展涉外法律业务的律师事务所,开展了 8 场学习交流活动,完成了 32 课时的校外教学。2021 级法学涉外实验班学生正在组织到境外学习实习的交流活动;此外,法学涉外实验班的学生不定期到相关涉外实践教学基地进行见习实习。

(3)学生取得优异的学习成绩。法学涉外实验班各班平均学业绩点高于同年级学生平均学业绩点。2020 级法学涉外实验班在第七届模拟面试大赛活动中获得最佳组织奖;在 2021 年全国大学生英语竞赛(C 类)中有 1 名同学获得二等奖,2 名同学获得三等奖;2022 年大学生英语竞赛中 2 名同学获得二等奖,2 名同学获得三等奖。2021 级法学涉外实验班在 2022 年度共青团工作中,荣获"活力团支部"称号;在"宪法学""法理学"知识竞赛中,有 5 名同学获得一等奖,1 名同学获得二等奖,3 名同学获得三等奖;在 2022 年全国大学生英语竞赛(C 类)中,1 名同学获得二等奖,多位同学成绩优异;已有两位同学雅思成绩达到 6.5 分。2022 级法学涉外实验班同学积极参加各类竞赛活动,2022 年"BETT"杯全国大学生英语词汇大赛中 1 名同学获得国家二等奖;在 2023 年全国大学生英语竞赛(C 类)中有 1 名同学获得一等奖,1 名同学获得二等奖。

(二)设立国际经贸规则专业

根据教育部 2020 年发布的《普通高等学校本科专业目录(2020 年版)》,国际经贸规则专业为 2017 年批准增设的法学类特设专业,专业代码为 030105T,修业年限 4 年,授予法学学士学位。国际经贸规则专业是山东政法学院新设法学类专业。

1. 专业特色

国际经贸规则专业以我校的优势学科法学学科为背景和支撑,突出学生在国际经贸规则方面的法律知识与实践技能。

(1)创新课程体系。专业课程聚焦国际经贸规则领域,个性拓展课程增强国际经贸争端解决的仿真模拟,选修课程引入其他相关学科的基础知识,以此贯彻复合型人才培养理念。

(2)多样化授课模式。在传统的理论教学、案例教学基础上,加强核心课程的全英文教学、课堂上注重小组讨论,增加学生的书面和口头陈述,同时聘请业内专家授课等多种授课形式。

(3)探索双导师制。强化精英式教学,根据学生个性、特长和发展方向建立校内教师、校外专家共同指导的双导师制。

(4)拓展中外联合培养模式。这包括国际交流生项目、海外游学等。

2. 培养目标

本专业面向国家统筹推进国内法治和涉外法治的战略需求,同时聚焦山东省打造对外开放新高地发展需求,立足山东、辐射全国、兼及海外,以习近平法治思想为指导,以为党育人、为国育才、立德树人为统领,培养德法兼修、明法笃行,能够继承和发扬本校法学专业传统和特色,致力于推动我国涉外法治建设和山东省涉外经贸法律问题解决,掌握扎实的中国法律知识和系统的国际民商事法律制度并熟悉相关领域国际经贸规则,具备处理各类涉外经贸法律问题的专业技能,拥有开阔的国际视野、较好的跨学科知识结构以及良好的跨文化沟通能力和法治国际传播能力,能够在国家机关涉外机构、事业单位涉外部门、涉外律所、涉外企业等从事涉外经贸争端解决、涉外经贸规则检索与翻译、涉外经贸合规审查等工作的高水平应用型涉外经贸法律服务人才。

3. 专业落实情况

山东政法学院的国际经贸规则专业是2021年成功获得教育部备案的专业。面对济南市涉外经贸法律服务人才紧缺的现实,本项目将通过校所合作等方式,联合涉外法律服务能力较强的律师事务所和山东省贸促会等有关单位,面向社会法律服务市场,联合开展国际经贸规则专业人才的培养,促进涉外法律服务队伍快速成长。我校作为山东省内法学办学规模最大的法学专业院校,开设国际经贸规则专业,作为法学类的新专业,非常有必要性。

2021年,根据《关于加快驻济高校科技成果转化 深化市校融合发展战略的若干政策措施》(济政发〔2021〕15号),山东政法学院参加了济南市教育局组织开展了2021年度市校融合发展战略工程项目申报工作,国际经贸规则专业获得50万元资助。

在招生方面,学校于2022年招收40名国际经贸规则专业本科学生。2023级40名国际经贸规则专业本科新生已经录取完毕,于9月2日报到入学。

(三)着手开办山东政法学院律师学院涉外法治精英班

山东政法学院利用本校律师学院这一平台,在省教育厅、省司法厅和省律师协会的大力支持下,与国浩律师事务所等知名律师事务所、中国国际经济贸易仲裁委员会山东分会(贸仲山东分会)、中国国际商会山东商会涉外法律专业委员会等单位共同努力,充分调动学校国际法学学科资源和律师事务所、贸仲山东分会等单位的优秀涉外法治实务人才资源,设立涉外法治精英班,推动山东政法学院与律师行业、国际商事仲裁行业实现产教融合、协同育人;推进涉外法治人才培养关口前移,为社会主义涉外法治工作队伍,特别是律师行业和国际商事仲裁行业培养、储备更多的高素质涉外法治人才,积极服务法治山东和区域经济社会发展。涉外法治精英班将面向法学专业高年级学生、研究生和社会青年律师招生。

1.师资队伍

涉外法治精英班授课师资以知名律师事务所和仲裁等领域的高端实务专家为主,辅之以山东政法学院等高校国际法学科优秀师资。

2.课程设置

律师学院涉外法治精英班将创新国际化实践性培养模式和课程体系,创新教学体系和培养机制,开展系统化、专业化、实践性教学,准确把握理论教学与实践应用的有机结合,突出培养学员处理实际问题、运用法律的实践能力,补齐当前学校法学教育的短板,加强实务部门涉外法治人才实践能力的培养。

三、关于加强山东省涉外法治人才培养的建议

加强涉外法治专业人才的培养和教育是个系统工程,不能一蹴而就,应通

盘规划、科学设计并实施。[2] 作为中国改革开放前沿的对外经贸大省，山东省尤其需要大量高素质应用型涉外法治人才，而现有高素质应用型涉外法治人才的数量和质量远远不能满足山东省对外开放和经济发展的需求。对此，山东省可以在以下几个方面加强涉外法治人才培养。

(一)建立省级涉外法治人才培养协调机制

该协调机制可由省委政法委、省教育厅、省司法厅、省外事办、省商务厅、省财政厅等有关部门参加，由分管教育、政法和外事工作的省级领导作为协调机制的总协调人，统筹谋划，各部门各司其职，相互合作。省教育厅负责支持高校加强普通本科和研究生层次涉外法治人才培养学历教育，支持高校加大国际法学科师资队伍建设的力度，给予高校国际法等法学学科教师更多到境外名校留学的机会。省委政法委负责协调司法厅、省法院、省检察院等司法部门为高校及各部门涉外法治人才培养提供更多实习见习的机会。省司法厅负责支持协调省律协、有关律师事务所与相关高校设立涉外律师(仲裁)学院，协同培养高素质涉外实务法治人才。省商务厅和省外事办等部门负责为涉外法治方面师生提供更多供需信息、挂职锻炼及见习实习机会，设立更多的涉外法治方面的研究课题，让高校师生有更多的参与涉外法治业务和锻炼的机会。省财政厅就涉外法治人才培养项目(如涉外法治特色实验班、涉外法治特色专业、涉外法治人才实践能力提升教育项目等)及涉外法治师资培养提供专项资金支持，支持高校加强高层次涉外法治人才培养。

(二)支持高校加强涉外法治人才培养机制创新探索

山东省应专项系统谋划、设计涉外法治人才培养工作机制，不断完善高校涉外法治人才培养工作，支持省内国际法学科比较强的高校建设涉外法治人才教育培养基地，重点加强涉外法治人才培养，鼓励高校举办各类涉外法治人才特色实验班。

鼓励各高校结合学校自身特点和学科优势，针对山东省涉外法治人才缺乏的现状，确定不同的涉外法治专业人才培养功能定位，加大面向不同法域、不同国家的涉外法治人才培养力度，系统设计并实施好涉外法治人才培养专项计划，推动构建高校—实务部门、国内—海外“双协同”机制，加大国际法、涉

---

〔2〕 参见杜焕芳:《涉外法治专业人才培养的顶层设计及实现路径》，载《中国大学教学》2020年第6期。

外法、国别法等专业人才培养力度;提高双语或全英文课程比重,增设涉外法律课程,培养高素质应用型涉外法治人才或为培养高层次涉外法治人才打基础。

1. 探索涉外法治本科生的具体培养模式

(1)外语与法学双学位班。该班培养的国际型卓越法律人才应具备出色的外语能力,具备国际视野与跨文化交流能力,具有较强的创新能力和国际竞争能力,学生毕业后主要去向是出国深造或者国内读研。适用该模式比较成熟的是山东大学法学院与外语学院联办的,每年从法学院和外语学院新生中各择优选拔15名学生组成的英语与法学5年制双学位班。该班学生修读法学专业和英语专业的相关课程,毕业时可同时获得法学与文学双学士学位。

(2)设立涉外法治特色实验班。面向"一带一路"倡议需要,支持高校与司法厅、教育厅、商务厅等政府有关部门及涉外企事业单位合作,举办法学专业涉外法治人才实验班,实行定单化培养,共建海外实践教育基地,着力培养熟悉"一带一路"共建国家法制的高素质专门法治人才。比如,山东政法学院开设了法学专业实验班,实验班课程体系以现行法学专业课程体系为基础,加强英语学习,增强国际法律规则、外国法的学习,增加开设涉外法律特色课程,实行全英语教学;加强专业实训实践,加强与境外律师事务所、大学和国内社会机构的合作,实施协同育人。学生的发展方向是申请境外大学,进一步修读法律硕士或法律博士。又如,山东财经大学每年从法学本科专业择优招收40名学生组建"涉外经贸法律人才实验班",侧重对学生在涉外经贸等领域及交叉学科领域的培养;实验班在涉外法治人才培养方面的特色主要体现为实施多导师培养模式、强调国际化实践教学环节及运用中英双语及全英文授课等。

(3)支持高校加强国际交流与合作,开展中外合作办学项目。支持国际法学科优势重点高校进一步拓宽与国际高水平大学的合作交流渠道,深化教师互换、学生互派、学分互认、课程互通、学位互授和联授等实质性合作,探索形成灵活多样、优势互补的"国内—海外合作培养"机制,培养具有国际视野、通晓国际规则,能够参与国际法律事务的高层次涉外法治人才。〔3〕 支持学生申请境外大学,进一步修读法律硕士或法律博士,成为具备社会主义法治理念、

---

〔3〕 参见黄进:《完善法学学科体系,创新涉外法治人才培养机制》,载《国际法研究》2020年第3期。

外语水平较高、通晓国际法律规则、善于处理涉外法律事务的高素质应用型涉外法治人才。例如,中国海洋大学法学院与美国亚利桑那大学共同建立了本科层面的法学专业中美合作办学项目;烟台大学法学院与美国西俄勒冈大学合作开设了中外合作办学法学专业。

2. 加强涉外法治人才硕士博士研究生培养

支持山东省高校加强国际法学科建设,扩大国际法学科硕士和博士研究生的培养规模。鼓励有条件的高校积极探索培养法律硕士专业学位研究生(涉外法治方向),在法律硕士研究生层面开设涉外法治人才特色班,提升涉外方向法律硕士研究生培养质量,探索模式创新;特色班的培养模式可参考教育部学位管理与研究生教育司、司法部律师工作局《关于实施法律硕士专业学位(涉外律师)研究生培养项目的通知》(教研司〔2021〕1号)中的法律硕士专业学位(涉外律师)研究生培养项目。发挥高校是法治人才培养的第一阵地作用,实行"高校+行业"的联合培养方式,积极探索"境内+境外"培养机制以及"培养+就业"合作培养模式,培养各方以协议方式明确培养的权利和义务。

(三)支持高校加强与政府机构和法律单位的合作

支持省司法厅及法律实务部门与有关高校建立实施协同育人机制,合作设立涉外律师(仲裁)学院,增设专门涉外法律课程,开展系统化、专业化培训,加强实务部门涉外法治人才实践能力的培养。

1. 开展定期和不定期的涉外业务培训,加强实务部门涉外法治人才实践能力的培养,增进涉外司法执法人员及法律服务人员对国际规则和新型交易业态等相关知识的学习,优化知识结构,提升综合涉外执法司法能力和法律服务能力。

2. 探索省司法厅、省教育厅等政府部门与高校、科研机构等合作开展涉外法治人才学历教育,选拔有潜力的涉外法治从业人员和意向从业人员(包括律师、仲裁员、政府部门的涉外立法执法司法人员、企事业单位的涉外法治从业人员等),实施"涉外精英计划";创新国际化实践性培养模式和课程体系,创新教学体系和培养机制,准确把握理论教学与实践应用的有机结合,突出培养学员处理实际问题、运用法律的实践能力,补齐当前学校法学教育的短板;学生修完规定课程且成绩合格后可以获得毕业证,同时被列入山东省涉外法治人才库,作为涉外法治人才优先推荐;司法行政机关和各级律师协会优化律师事务所考核标准,将拥有"涉外精英"毕业证的律师数量作为加分项或给予更多发展机会,激励律师参与“涉外精英计划”。

(四)加强国际法学科的师资建设和支持力度

法学学科必须加快培育能够立足中国实际、满足国家重大战略需求、回应法律前沿问题的法学领军人才和创新团队,紧跟时代和世界发展的趋势开展理论研究和教学实践。[4] 各高校应进一步采取引育结合的方式,增加国际法学科专业师资,提升师资水平;推进高校法学院系与海外院校的交流与合作,积极利用国际优质法学教育资源,拨付专项财政资金支持引导高校的法学骨干教师积极参与海外学习、进修、学术交流以及研究生海外实习实训和国际赛事带教等活动,开阔其教育教学的视野。

同时,制定财政支持政策,支持高校引进国外高校高水平法学教师,按照引进教师的层次水平给予不同程度的财政支持,向外进行师资发掘,通过聘任兼职教授和客座教授、柔性引进等方式引进涉外法治实务部门专家,通过海外重点引智项目聘请长期和短期的外专和外教。[5] 通过这些举措的实施,切实解决外籍法学教师在华的工作、生活条件及环境问题。

---

〔4〕 参见叶青:《统筹国内法治和涉外法治,坚持全要素法治人才培养》,载《新文科教育研究》2021年第1期。

〔5〕 参见叶青:《统筹国内法治和涉外法治,坚持全要素法治人才培养》,载《新文科教育研究》2021年第1期。

《政法教育评论》
第1辑,第100～115页

我国法学教育视域下涉外法治人才培养的创新思考*

岳树梅**　于良东***

摘　要　涉外法治工作水平提高的痛点、肯綮是涉外法治人才培养。涉外法学教育理论是涉外法治人才培养的实现路径。而涉外法治人才是打造我国法域外适用体系建设的强劲引擎。作为涉外法治人才培养根本遵循的习近平法治思想,其重要内容是统筹国内法治与涉外法治。涉外法治频频出现在人们视野之中,国内掀起了涉外法治人才培养的热潮,因此出现了对涉外法治理解的泛化现象,即将国际法治与涉外法治混为一谈,对国内法治与涉外法治、国家治理和国际治理之间的关系一知半解,这些现象对涉外工作的战略布局造成困扰。因此,探索适合涉外法治人才培养的法学教育模式,应先准确界定涉外法治的内涵,厘清涉外法治与国际法治之间的关系,从而建立并完善与涉外法治人才培养相配套的评价机制与激励机制,为我国培养"精英熟法"的复合型涉外法治人才。

* 本文系重庆市高等教育教学改革研究重点项目"新文科背景下的法学创新人才培养体系研究"(212036)的阶段性研究成果。

** 岳树梅,西南政法大学国际法学院教授,博士生导师。

*** 于良东,西南政法大学国际法学院博士研究生。

关键词 涉外法治 国际法治 评价机制 激励机制 法学教育

法治是国家核心竞争力的重要内容，统筹中华民族伟大复兴战略全局和世界百年未有之大变局，必须坚持统筹推进国内法治和涉外法治。[1] 统筹推进国内法治和涉外法治的难点、肯綮在于涉外法治人才的培养。我国涉外法治人才极度匮乏。目前我国有律师52万名之多，但能够熟练掌握涉外业务的律师只有7000余名，其中可以从事"双反双保"业务的仅有500余名，而能够在世界贸易组织争端解决机制中独立办理案件的仅300余名。[2] 这与我国当前的世界第二大经济体、最大货物出口国、第二大货物进口国、第二大对外直接投资国、最大外汇储备国的经济和政治地位极不匹配。因此，培养一批具有家国情怀和国际视野、通晓国际规则、善于处理涉外法律事务的"精英熟法"专业复合型涉外法治人才刻不容缓。

涉外法治人才培养改革应以习近平法治思想为指导，契合我国涉外法治工作的战略布局，立足长远，放眼全局，扎实进行深入系统性研究。在涉外人才培养领域打造一支高、精、尖的涉外法治人才队伍需要一场深刻而伟大的变革，必须坚持以习近平法治思想为指导，切实领会习近平法治思想关于涉外法治的内涵与外延，坚持用法治思维和法治方式解决在涉外法治人才培养改革中出现的问题，切实保障涉外法治人才培养改革在法治的轨道上推进。然而，随着涉外法治人才培养的兴起，出现了对涉外法治内涵的泛化性理解，将国际法治与涉外法治混为一谈，对国内法治与涉外法治、国家治理和国际治理之间的关系一知半解的现象，对涉外工作的战略布局造成困扰。以上现象对我国涉外法治人才培养也容易造成误导，即"培养什么样的人"定位不准。因此，使用何种模式的法学教育理论进行指导，厘清涉外法治与国际法治的区别是涉外法治人才培养的第一步。

一、涉外法学教育基本理论

尽管中华人民共和国的法学教育经过70多年的发展已经成为全球规模最

---

〔1〕 中共中央宣传部、中共全面依法治国委员会办公室《习近平法治思想学习纲要》，人民出版社、学习出版社2021年版，第117页。

〔2〕 靳昊：《涉外法治人才，你的舞台无比广阔——专访中国国际法学会会长、中国国际私法研究会会长黄进》，载《光明日报》2022年1月15日，第5版。

大的法学教育,但是表面的繁荣无法掩盖内在的困惑和迷失,如何用现有的涉外法学教育理论指导涉外法治人才的培养?如何将社会主义法治理论融入涉外法治人才培养的全过程和各环节?如何完善涉外法治人才培养机制?[3]这些都是新时代涉外法学教育理论面临的新问题。想解决这些问题,首先需要对涉外法学教育的性质定位、目的宗旨、价值理念以及培养模式和管理制度等理论问题进行研究。

(一)性质定位:素质教育抑或职业教育

对于素质教育抑或职业教育的定位问题,不仅是中国法学教育界,更是中国涉外法学教育界关于涉外法学教育要解决的首要问题。[4] 由于涉外法学教育天生具有内在的二重性,即职业型与学术型两者的相互对立,由此而形成了不同的涉外法学教育理论、目标、模式、内容与方法。不同时期涉外法学教育的目标是不同的,中国涉外法学教育可追溯至京师大学堂于1902年颁布的《钦定学堂章程》,该章程在政治科下设政治学、法律学二目。1904年的《奏定大学堂章程》又进一步将法律学列为10种专门学之一,这可谓是中国涉外法学教育的开端。此时的涉外法学教育目的一方面是变法图强,另一方面是对外交涉,这时的国事交涉就是现在所谓的国际公法,民事交涉就是所谓的国际私法。步入改革开放之后,我国涉外法学教育主要以培养涉外法律教学和科研人才为主。进入新时代,中国快速发展,离世界舞台中央越来越近。为顺利推进涉外工作的战略布局,统筹推进国内法治与涉外法治、加快培养涉外法治人才是时下我国涉外法学教育的主要目标。培养"法治人才",尤其是习近平法治思想形成以来,更加注重"涉外法治人才"的培养,与过去经常讲的法学教育要培养"法学人才""法律人才""职业法律人"是有所不同的,这也是习近平总书记在考察中国政法大学时发表的重要讲话中对法学教育正式明确提出的要求。[5]

涉外法学教育究竟是素质教育还是职业教育?该问题本身就充满矛盾,这两种教育追求的内容和方式是不同的。素质教育,首先应该交给学生的是

---

〔3〕 参见韩永红、覃伟英:《面向"一带一路"需求的涉外法治人才培养——现状与展望》,载《中国法学教育研究》2019年第1期。

〔4〕 参见苏力:《当代中国法学教育的挑战与机遇》,载《法学》2006年第2期。

〔5〕 参见黄进:《新时代高素质法治人才培养的路径》,载《中国大学教学》2019年第6期。

使他们学会学习,即传授涉外法学专业的学习方法。其次应当教会他们如何做人,学会做人和学会学习是素质教育最基础的两个问题。而职业教育首先教给人的是职业操守、职业技巧,其应该教会人们在职业上的共同感觉,即职业上的共同尊严,还要教会职业态度及如何履行职业责任义务,这和素质教育是完全不同的。[6]

新中国涉外法学教育兴起之初,关于素质教育和职业教育的争论便开始。然而,关于该争论的答案却并未明确和固定。该争论能够受到学术界和实务界持续不断的关注却迟迟未能得出定论,原因或许同不同时期国家涉外法学教育指导原则的演变有所关联。申言之,通过法律进行有意的社会变迁,是现代社会的一个基本特征。涉外法学教育作为辅助法律效力最大化的工具而获得国家的重视,反映出社会发展过程中的实际需求导向。根据最新《普通高等学校法学类本科专业教学质量国家标准》,该争论的答案可能会更倾向于涉外法学教育是一种职业教育。或者更笼统地讲,涉外法学教育是一种包含和超越一般素质教育的职业教育。[7]

(二)涉外法学教育的宗旨和价值理念

我国著名的法学家和法学教育家孙晓楼曾在其专著《法学教育》中针对法学教育的宗旨与价值理念专门进行了探讨。他认为,教育的目的是培育人才,法学教育的目的就是为国家培育法律人才,涉外法学教育就是培育涉外法治人才。"一国法律教育的得失,有关于国家法治的前途",涉外法治人才的培养由三个要件构成:一要有法律的学问,二要有法律的道德,三要具备国际社会的常识。由此看来,法律人才的标准在于,有了法律的学问才可以认识并改善法律,有了法律的道德才有资格来执行法律,有了国际社会常识才可以恰当地运用涉外法律。[8] 涉外法学教育专指以培养涉外法律人才为目的而进行的系统化、理论化的专门教育,是一种特殊形式的法律教育。涉外法学教育的价值理念在于,以法律人的培养为线索,培育法律人传授、整合与创新法律知识、训练和提升法律技能、养成法律思维方式、培植法律职业道德和法律信仰等方面

[6] 参见徐显明:《法学教育的基础矛盾与根本性缺陷》,载《法学家》2003 年第 6 期。
[7] 参见徐显明、黄进等:《改革开放四十年的中国法学教育》,载《中国法律评论》2018 年第 3 期。
[8] 参见孙晓楼:《法学教育》,中国政法大学出版社 1997 年版,第 6 页。

的素质。

涉外法学教育仅培养司法人才是远远不够的,在法治的轨道上推进国家治理体系和治理能力现代化,统筹推进国内法治与涉外法治决定着我国当前涉外法学教育更加需要培养能胜任立法、司法行政、律师公正尤其是涉外法律工作的专门人才。当然,涉外法学教育的深层次作用还在于培养学生正确的价值观。知识是没有国界的,但是学习知识的人是有国籍的,如果我们把没有法律价值观,或法律价值观不正确,或法律价值观摇摆不定的法律人才尤其是涉外法律人才输送到社会,对社会、对国家都是一种不负责任的态度。倘若社会中的法治精神普遍匮乏,其将成为制约我国推进法治现代化建设中的“绊脚石”。目前法学教育中特别是在涉外法律人才教育上重视法学知识和法律技能而忽视法治精神养成是当前涉外法学教育的误区。

现代涉外法学教育几乎与法律职业密不可分,涉外法学教育的目的大都是培养法律职业者。法学教育的价值归宿与法律职业伦理关怀,是具有终极意义的法律职业伦理。[9] 涉外法治人才培养视域下,涉外法学教育不仅要为法律职业培养后备人才,还要面向全社会培养法治国家的建设者与治理者,培养各行各业所需要的法律人才。[10] 德法兼修是新时代赋予中国涉外法学教育培养涉外法治人才的使命。[11] 习近平总书记在考察中国政法大学时发表的关于“立德树人,德法兼修,抓好法治人才培养”的重要讲话即对法学教育的目的宗旨和价值理念作出了明确的阐释。

(三)培养模式和管理制度动态变化

涉外法学教育培养模式和管理制度是动态的,而非一成不变的。只有从动态的角度研究我国涉外法学教育改革的模式和制度,才能科学地、及时地跟踪中华民族伟大复兴的全过程。

中国的涉外法学教育模式经历了兼收并蓄的过程,[12] 现代涉外法学教育

---

〔9〕 参见周苛文:《法律职业伦理关怀与法学教育的价值回归》,载《法律适用》2014年第4期。

〔10〕 参见焦富民:《“法治中国”视阈下法学教育的定位与人才培养机制的优化》,载《法学杂志》2015年第3期。

〔11〕 参见宋旭东:《新时代中国法学教育的改革与发展——第二届〈法学教育研究〉专题研讨会综述》,载《法学教育研究》2019年第2期。

〔12〕 参见丁凌华、赖锦盛:《中国法学教育的历史及其反思》,载《华东政法大学学报》2007年第4期。

主要是以欧洲大陆法系模式建立起来的。[13] 中国涉外法学教育模式改革应该探索适合我国国情的涉外法学教育新模式，把博雅教育与职业教育相结合作为我国涉外法学教育模式改革的基本目标。尤其是在涉外法治人才教育方面，我国有必要从以培养法学硕士为主转向以法律硕士为主，从以学术型为主转变为以应用型为主。这既是中国参与全球治理中对涉外法治人才的迫切需要，也是法治社会建设对法学教育的必然要求，更是中国特色涉外法学教育模式初步形成的应有特征。[14] 中国涉外法学教育的困境同其教育目标和教育方式培植存在直接关系。在参考大陆法系还是英美法系相应制度的问题上，中国涉外法学教育模式选择曾经摇摆不定。秉承中国教育传统，理性整合两大法系的教育模式，兼顾理性培养和实践培养，规范严格的涉外法学人才培养路径，是解决目前中国涉外法学教育困境的正确途径。值得肯定的是，中国需要在客观地认清文化特征的基础上，探寻一种具有中国特色、取两大法系之精华而又避其糟糠的涉外法学教育制度，来培养契合中国涉外工作战略布局的涉外法治人才。目前学术界比较认可的中国涉外法学教育模式是：以多元化为培育目标，以多轨制为培养方式，以多类型知识建构和多层次学历、学位结构为培育内容，以理论与实践多重组合的教学模式为培育方法，以教育部门的管理、司法部门的指导、法学教育行业协会的自律性管理和法学院校自我管理的四位一体为教育管理模式，以法学教育与统一法律职业资格考试与法律职业为互动的教育就业机制。

新时代，法治中国建设需要大批具备经济、管理知识同时又具备法律知识的综合型涉外法律人才。同时，大批量的职业性法律人才也不可或缺。涉外法学教育的职业性具有鲜明的引导性，是一种包含和超越一般素质教育的职业教育。

二、涉外法治人才与国际法治人才的理论辨析

自习近平法治思想形成以来，特别是习近平总书记强调要坚持统筹推进国内法治与涉外法治，涉外法治建设受到国际法学界的高度重视，“涉外法治”成

---

〔13〕 参见王健：《中俄法学教育交流回顾与展望》，载《中国大学教学》2018 年第 1 期。

〔14〕 参见冀祥德：《论中国法科研究生培养模式转型之必要——从以培养法学硕士为主转向以法律硕士为主》，载《环球法律评论》2012 年第 5 期。

为高频词出现在国际法学理论界与实务界眼中。但是“涉外法治”内涵的认知存在一定的误区,普遍存在将“涉外法治”与“国际法治”混为一谈,对“国内法治与涉外法治”“国家治理与国际治理”间的关系一知半解,甚至出现了“涉外法治”泛化等现象,给涉外工作战略布局造成严重困扰,更有甚者提出用“涉外法学”替代国际法学作为“一级学科”的建议。

(一)涉外法治的内涵

关于涉外法治的内涵,国内学者有两种不同的观点,主要以黄进教授和黄惠康教授为代表。黄进教授在其《习近平法治思想的国际法治意涵》一文中指出,涉外法治从根本上来说是指一个国家运用法治的思维和方式对该国事务的涉外部分进行处理的一种方式,覆盖立法、执法、司法、法律服务的全过程。从一国的视角来看,涉外法治工作处理的是该国事务的涉外部分,其工作的开展需要以该国自己的涉外法律法规为依托。因此,从该角度来看,涉外法治属于该国自己的法治工作。基于国际法上的属人原则、属地原则和普遍保护原则,涉外法治也是国内法治对外的延伸与拓展,但终究属于国内法治的一部分。从世界的角度考察,涉外法治工作处理的是关涉各个国家之间的事务,其开展需要参考所关涉各个国家的法律法规,同时,也不能忽视国际法,因此属于国家之间的法治工作,涉外法治是国际法治从一国角度的表达和表现。黄惠康教授则认为涉外法治在研究方向上多聚焦在人类命运共同体、新型国际关系、以国际法为基础的国际秩序的构建,包括国际贸易和国际投资以及国际商事争端预防与解决等国际法治与国际事务(外交)层面上,其对于我国本身涉外法治体系的建构,如涉外立法、执法、司法、守法、用法和法律服务,则关注较少。

从以上黄进教授与黄惠康教授关于涉外法治的观点可以看出,黄进教授关于涉外法治的理解主要侧重对国内法治体系的建设,且以国内法治为基础。质言之,涉外法治的建设是与国内法治化的程度息息相关的,国内法治的建设直接决定涉外法治的程度。而黄惠康教授则认为涉外法治主要把精力聚焦在人类命运共同体、“一带一路”、国际投资、国际贸易等国际事务(外交)上,并不过度关注自身涉外法治体系化的建设。申言之,涉外法治的主要内容在于国际事务的处理上,与国内法治的建设关系并没有那么密切,涉外法治建设的好坏并不直接决定国内法治化的程度。因此,在构建人类命运共同体的过程中,在参与全球治理的角色定位中,要认真学习贯彻习近平法治思想,准确理解和把握“涉外法治”概念的内涵，厘清“国内法治”与“涉外法治”、“涉外法治”与“国际法治”的相互关系。

(二)国际法治

1. 国际立法民主化

整个世界并没有一个统一的立法机构，国际立法只能通过国家间的同意。因此，民主立法是国际立法的本质属性和必由之路。推进国际立法民主化是大势所趋，习近平总书记指出：“世界上的事情只能由各国政府和人民共同商量来办，这是处理国际事务的民主原则。”“全球事务应该由各国共同治理，国际规则应该由各国共同书写，任何国家都没有包揽国际事务、主宰他国命运、垄断发展优势的权力。”〔15〕

2. 国际执法严格化

天下之事，不难于立法，而难于法之必行。〔16〕长期以来，国际法的软弱性广受诟病，甚至一度引发了国际法是否为法的争论。由于国际社会不存在一个垄断暴力的机构，所以导致一些国家漠视国际法，在国际社会中有法不依、执法不严的现象时有发生，国际法的实施与执行面临严峻挑战。如果不能有效实施国际法，不能严格执行国际法，国际法的生命力将慢慢枯竭，国际法治的权威将被亵渎，国际社会的和平、繁荣与发展也将不复存在。习近平总书记强调“要提高国际法在全球治理中的地位和作用，确保国际规则有效遵守和实施”，〔17〕坚定维护以联合国为核心的国际体系，坚定维护以国际法为基础的国际秩序，〔18〕体现其推进国际执法严格化的主张。

3. 国际司法公正化

司法不仅是维护公平正义的防线，更体现着人类社会文明的程度。由于当今的国际法原则、规则和制度体系仍在发展演变甚至不能满足国际社会之需，同时国际社会立法、执法、司法权力相对涣散，所以国际司法受到的结构性限制相对较少，国际司法能动性具有较大的发挥空间，甚至在一定程度上行使

〔15〕 肖永平：《为国际关系民主化提供规则保障》，载《人民日报》2022年1月14日，第9版。

〔16〕 《张太岳先生文集》卷三八《请稽查章奏随事考成以修实政疏》，明万历四十年唐国达刻本。

〔17〕 《习近平在气候变化巴黎大会开幕式上的讲话：携手构建合作共赢、公平合理的气候变化治理机制》，载《人民日报》2015年12月1日，第2版。

〔18〕 《习近平在联合国成立75周年纪念峰会上发表重要讲话》，载《人民日报》2020年9月22日，第1版。

着“造法”的权力。因此,国际司法在全球治理中扮演着举足轻重的角色。国际司法的公正性也就显得尤为重要。因此,应以国际司法公正化为价值导向推进全球治理体系变革,构建人类命运共同体。

三、我国涉外法治人才培养的反思

早在2011年,教育部提出要培养一批具有国际视野、通晓国际规则、能够参与国际法律事务和维护国家利益的涉外法律人才。[19] 然而,时至今日,我国尚未形成一套完善的涉外法治人才培养机制。

(一)我国涉外法治人才培养现状

高校作为涉外法治人才培养的主阵地,对涉外法治人才培养进行了积极探索,但收效甚微。目前国内高校的培养模式大致上可以分为三种:综合培养模式、特色实验班模式以及专业复合模式。

在综合培养模式下,高校往往仅设置法学专业,注重培养学生的理论功底与实践。采用外语教学,不仅仅是英语,还包括德语和法语,武汉大学即是这种培养模式。采取综合培养模式的高校并没有开设针对涉外法治人才的课程,而是通过利用本校的学术资源来开拓学生的国际视野,为学生未来走上涉外法治之路奠定基础。采取特色实验班的高校针对不同方向进行分班教学,有专业的教学团队,按照培养方案分为理论性人才实验班、实践性人才实验班以及国际化人才实验班,对外经贸大学就是该模式的典型代表。实践性人才实验班的课程设置契合国家法律职业资格考试的要求,理论性人才实验班课程的设置侧重学术研究,国际化实验班课程的设置侧重学生外语能力的培养。专业复合模式下涉外法治人才培养的高校多采取法律加外语的双学位制,上海外国语大学是该模式的典型代表。该模式下,教学团队不仅限于法学院的教师,还包括外语学院的教师。通过法学院和外语学院的双院教学,学生可以同时获得专业的法学教育资源和外语教育资源。[20]

上述三种培养模式有一个共同的误区,即将涉外法治人才培养简单地理解为“法律+外语”(特别是“法律+英语”),这其实是对涉外法治人才内涵的

---

〔19〕 参见教育部、中央政法委员会:《关于实施卓越法律人才教育培养计划的若干意见》,载 http://www.moe.gov.cn/srcsite/A08/moe_739/s6550/201112/t20111223_168354.html。

〔20〕 参见郭德香:《我国涉外法治人才培养模式探析》,载《浙江树人大学学报》2021年第4期。

最大误读。法律英语无疑是涉外法治人才所应必备的技能,但不能简单地将法律英语视同于"法律+英语"。法律英语是英美法国家在普通英语的基础上,在立法和司法的过程中逐渐形成的具有规范约束性的语言变体。〔21〕法律英语在词法、句法以及语篇上都有自己独有的特征,法律英语虽然是以普通英语为基础而发展起来的,但是其要求远远高于普通英语。通晓普通英语的人不一定能看懂、听懂法律英语。因此,无论是何种培养模式,都要注重对涉外法治人才法律英语的培养。

(二)我国涉外法治人才培养的困境

1. 涉外人才评价机制缺乏

涉外人才评价是衡量所培养的涉外法治人才是否符合国家涉外工作战略布局要求的关键,但我国目前并没有一套完整的涉外人才评价机制。国家统一法律职业资格考试可以检测法科专业学生专业知识的掌握程度,但是并不能有效检验涉外法治人才的专业能力水平。国家统一法律职业资格考试主要以考核考生掌握国内法的熟练程度为主,关于国际法学的知识也只有几道题在客观题中,完全不能全面客观地检验涉外法治人才的专业能力。2008 年开始推行的法律英语证书(Legal English Certificate,LEC)为涉外法治人才评价提供了有益探索。LEC 考试是依托中国政法大学和北京外国语大学组织实施的一种专门用途英语水平考试(法律英语考试)。LEC 的推出为从事国际贸易的企业以及律师事务所提供了招聘涉外法律人才的标准,同时也起到了督促国内法律从业者提高法律英语水平的效果。LEC 的考试内容在和美国的律师执业资格考试(Bar Exam)基本保持一致的情况下,又凸显出了法律英语的鲜明特征,且在法律英语考试中根据我国的实际情况增加了翻译测试内容的部分。LEC 考试内容设计科学合理,已经成为涉外法律服务工作人员专业水平的有效证明,得到越来越多的英语国家法学院的承认,并且实践证明,通过 LEC 考试的人员已经对法律英语专业进行了系统性的学习,可以达到《法律英语专业化教学大纲》对涉外法治人才中初级阶段的法律英语语言技能的基本要

〔21〕参见张法连、李文龙:《高校外语教育改革应以市场为导向建设新兴交叉学科——以法律英语学科建设为例》,载《语言与法律研究》2020 年第 1 期。

求。[22] 但是LEC考试目前在我国普及性不高,且组织机构为非政府组织,在国内认可性不高。LEC不像法律职业资格证书一样是从事法律业务的必备证书,从事涉外业务并不必须要求通过LEC考试,这就大大增加了LEC考试普及的难度,也不利于我国涉外法治人才评价机制的完善。

2. 涉外人才培养缺乏激励机制

涉外法治人才培养是一项系统性工程,人才培养具有周期长的特点,不可能一蹴而就。改革开放以来,我国在涉外法治人才培养方面取得了优异的成绩,例如培养出了联合国副秘书长、国际民航组织秘书长、国际海洋法庭法官、世界贸易组织争端解决上诉机构法官等杰出人才,但由于未持续重视涉外法治人才的培养,出现了涉外法治领域人才断层现象。

从国家层面来看,教育体制对涉外法治人才培养的重视度不够。1997年进行学科专业调整时,取消了国际法本科专业,将国际公法、国际私法和国际经济法三个二级法学学科合并在国际法学这个法学一级学科下,成为一个新二级法学学科。[23] 此次调整对国际法的课程进行了删减,不仅对国际法学科进行压缩,甚至取消了国际法专业。国际法脱离了实践、对学科的交叉融合不予重视,不但减少了涉外法治人才培养数量,而且涉外法治人才培养的质量也不尽如人意。

从高校角度来看,高校作为涉外法治人才培养的主阵地,对涉外法治人才培养的积极性未能调动起来。由于国家未给予足够的重视,导致高校培养涉外法治人才的积极性不高。加之涉外法治人才培养无论是从教材、实训还是语言等方面都需要较大的财力投入,对一般地方高校而言难以承担。

从招生情况来看,社会对于地方高校培养涉外法治人才的支持力度不大、认可度不高,地方高校在涉外法治人才实验班招生计划中经常出现名额用不完或者接受调剂等现象,并且地方高校培养涉外法治人才缺乏有利的氛围和土壤。

---

〔22〕 参见张法连:《涉外法治专业人才培养需要厘清的几个问题》,载《新文科教育研究》2021年第4期。

〔23〕 参见教育部学位管理与研究生教育司1997年颁布的《授予博士、硕士学位和培养研究生的学科、专业目录》。

3. 涉外人才就业门槛高

涉外法治人才的主要就业途径为涉外律师、涉外国家政府机关部分、跨国公司法务、高校科研单位以及国际组织。上述就业途径前景看似非常广阔,但门槛要求高,非一般本科生所能达到。

其一,涉外律师。党的十九届四中全会提出要加强涉外法治工作,建立涉外法务工作制度。[24] 司法部为响应党中央对涉外法治工作的全面战略布局,开展了建立涉外律师人才库工作。将全国千名涉外律师信息采集入库,以方便相关部门和企业查询使用。司法部将涉外律师人才专业分为国际经济合作、国际贸易、跨境投资、金融与资本市场、能源与基础设施、海商海事、跨国犯罪与追逃追赃、知识产权及信息保护以及民商事诉讼与仲裁九个领域。按照司法部的计划,到 2022 年我国的涉外律师队伍进一步壮大,三年内我国的涉外律师数量翻一番。目标是在上述涉外 9 个领域包括管辖权和豁免权方面培养政治素质过硬、具有国际视野、通晓国际规则的涉外律师队伍。[25] 由此可以看出,涉外法治人才前景非常广阔,然而司法部关于涉外律师的入库门槛较高。司法部要求涉外律师入库条件为:具有 8 年以上涉外法律服务工作经历;熟练掌握至少一种外语,并可以将其作为工作语言且需要满足下列条件之一:(1)担任过我国政府部门的法律顾问并提供涉外法律服务(不少于 3 年),或者曾多次协助政府部门处理国际政治、经济相关法律问题;(2)作为主办律师多次为中外企业重大涉外经济活动提供非诉法律服务(不少于 10 件)并取得良好效果;(3)作为主办律师多次代表中外企业在重大涉外民商事纠纷中提供诉讼代理服务(不少于 10 件)并取得良好效果;(4)作为主办律师多次办理重大涉外法律事务(不少于 3 件),对维护我国国际声誉、促进我国企业走出去发挥重要作用或挽回重大经济损失;(5)具有涉外诉讼、仲裁、调解工作经历(不少于 3 年),或具有行政机关涉外部门工作经历(不少于 3 年)。从上述司法部要求的条件可以看出,刚毕业的学生乃至毕业 7 年之内的学生是无法从事涉外法律服务的。

---

〔24〕 参见《中国共产党第十九届中央委员会第四次全体会议文件汇编》,人民出版社 2019 年版,第 61 页。

〔25〕 参见《司法部 2021 年部门预算》,载中华人民共和国司法部 2021 年 3 月 25 日,http://www.moj.gov.cn/pub/sfbgw/zwxxgk/fdzdgknr/fdzdgknrczzj/202103/t20210325_349531.html。

其二,涉外国家政府机关部门。以2022年国家公务员考试招考岗位为例对涉外法治人才需求进行分析。2022年中央国家行政机关招收岗位320个,其中54个招考职位中,涉及涉外法律人才仅有6个职位共计招收42人次,部分为外交部、商务部、中国人民银行、国务院港澳事务办公室以及国家外汇管理局;2022年中央党群机关招收岗位172个,其中46个招考职位中仅有3个职位共3人次招收涉外法律人才,分别为全国人大常委会、中国侨联和中国贸促会。此外,中央国家行政机关参照公务员法管理事业单位,中央国家行政机关省级以下直属机构在2022年拟招收的法律岗位中并未明确为涉外法律人才设置岗位。

其三,跨国公司法务。以华为公司为例进行分析,通过华为公司官网可以看出,华为公司有专门的涉外律师岗位,而且待遇比较丰厚。实习期间涉外律师会被派往国外一个月到两个月,实习期满后直接派驻在国外,工资翻3倍。但是准入门槛比较高,目前华为公司的社会招聘岗位中没有涉外律师,只在校园招聘中设置有涉外律师岗位,要求应届法律/法学硕士,通过国家统一法律资格考试者优先,英语流利,可作为工作语言,如会小语种(法、德、西班牙、俄语等)者优先。

其四,国际组织。以联合国为例进行分析。根据联合国秘书长古特雷斯在2019年4月的报告显示,截至2018年年底,在联合国秘书处及以上职类供职的中国籍人员人数在169人至229人为宜,而实际上供职的中国籍人员人数只有89人,离最低的169人数还有80人之差。印度籍人员适当数量为46人至62人,而印度籍人员实际供职62人,达到其最高限度。英国籍人员适当数量为83人至112人,而英国籍实际人员123人,已经超过其上限。根据1979年联合国大会通过的关于举办竞争性招聘考试决议的规定,联合国招聘工作人员的主要方式为国家竞争考试,对象为P1、P2级初级业务官员。秘书处根据各成员国所在地域分配名额的供职数,通过选拔考试的求职者将会进入国际职员后备人员库,当职位出现空缺时由秘书处从后备人员库中进行选聘。联合国职位中适合涉外法治人才岗位的为P类&D类(Professional and higher categories)全球招聘,要求本科以上学位,有工作经验,精通英语或法语。P类(专业人员类)主要通过联合国青年专业人员考试(Young Professionals Programme Examination, the YPP examination)和国别名额进入后,再通过内部竞争制度进入D类(Director 高级管理人员)。虽然门槛不高,但一般需要外交部的外派,由此可见,联合国的工作对于本科涉外法治人才来说也是可望不可即的。

其五,高校科研单位。目前全国高校有法学博士点的有55个,每年招录近5000名法学博士生,毕业近3000人。已在法学一级学科下设置国际法学二级学科博士点36个,二级学科硕士点86个。按照涉外法治人才培养方案培养的涉外法治人才想要进高校科研单位,基本要求获得博士学位。

从上述涉外法治人才目前就业途径分析可以看出,虽然涉外法治人才就业前景广阔,但门槛较高,一般的本科生基本上难以达到上述就业要求,涉外法治人才就业门槛普遍偏高的现象与传统经济学中利己主义的理性经济人假设是冲突的,这也是高校涉外实验班招收不满学生的原因所在。

四、我国涉外法治人才培养完善的进路

古人云:“得其人而不得其法,则事必不能行;得其法而不得其人,则法不能济。人法兼得,而天下之治成。”[26] 法治是人类政治文明的重要成果。我国正在走向世界舞台的中央,积极参与全球治理,面临世界百年未有之大变局,国际竞争愈演愈烈。要想承担起世界和平的建设者、全球发展的贡献者和国际秩序维护者的重任,法治是关键,培养一批具有家国情怀、国际视野,通晓国际规则,善于处理国际事务的涉外法治人才队伍刻不容缓。

(一)完善涉外法治人才培养评价机制

单凭国家统一法律职业资格考试无法全面客观对涉外法治人才水平进行评价,前文已述,在此不再赘述。LEC考试内容设计科学合理,充分体现了法律英语独有的特征,对涉外法治人才的法律英语能力可以进行有效的检测,且得到越来越多的英语国家法学院的认可。因此,应对LEC考试进行改革,参照英语四级、六级考试,由教育部负责组织LEC考试,将LEC考试和国家统一法律职业资格考试作为涉外法治人才的职业资格考试,统一纳入涉外法治人才评价体系中。法律英语与法律职业资格考试相结合形成具有中国特色的涉外法治人才评价机制,从而提高社会对涉外法治人才培养的关注度和支持度,激发学生成为涉外法治人才的热情。

---

〔26〕 中共中央宣传部、中央全面依法治国委员会办公室:《习近平法治思想学习纲要》,人民出版社、学习出版社2021年版,第127页。

(二)建立涉外法治人才培养激励机制

涉外法治人才培养的高成本投入、周期长等特点与传统经济学中利己主义的理性经济人假设是相冲突的,激励性规制理论解释了通过法律建立成本补偿机制是有效的。而且,目前法律的功能正在发生转变,由约束为主转向重视激励作用。

1. 加强对国际法学科建设的重视

如果说1997年学科专业调整时将国际法学专业的本科设置取消是由于当时的中国参与全球治理程度不高,以国内发展和治理为主,那么现在中国与世界的关系已经不可同日而语,中国已经走向世界舞台的中央,中国已经成为国际社会不可分割的一部分,中国对世界的影响也从未像今天这样全面、深刻,世界对中国的关注也从没有像今天这样全面、深切。中国提出的"一带一路"倡议和人类命运共同体对全球影响空前。中国要对全球继续作出更大的贡献,必须加强涉外法治人才培养,而国际法学科对涉外法治人才培养的重要性是不言自明的。因此,恢复国际法学一级学科,在高校设置国际法学本科专业,增加国际经济法、国际公法、国际私法、国际商法等硕士、博士授予点,增加涉外法治人才方向的硕士、博士推免指标,提高对国际法学科建设的重视程度迫在眉睫。

2. 利用产业政策引导促进涉外法治人才培养

就业是抑制学生选择涉外法治人才培养的重要因素。虽然涉外法治人才的就业前景非常广阔,但是由于就业门槛高使学生可望而不可即,学生参与涉外法治人才培养的积极性不高。因此,应积极利用产业政策出台激励措施,对选择涉外法治专业的学生给予额外的学业奖励,扩大奖学金的覆盖范围;拓宽涉外法治人才的就业途径。2021年12月30日,司法部印发了《全国公共法律服务体系建设规划(2021~2025)》,明确规定加强涉外法治教育引导,健全法律顾问和公职律师制度。建议利用这一契机在我国公职律师队伍中接纳涉外法治人才,在公职律师队伍中设置专门的涉外法治律师服务岗,一方面可以解决涉外法治人才的就业问题,另一方面可以激活法治政府建设的时代伟力。

3. 鼓励地方高校依托自身优势打造特色涉外法治人才

我国对涉外法治人才需求不但量大,而且类型也多。我国在参与全球治理中根据不同的目标提出了不同的倡议,因此需要的涉外法治人才也是多类型的。目前我国高校在涉外法治人才培养方面的设置同质化较严重,更多地是从“术”的层面探讨如何培养，而缺乏从“道”的层面进行分析。因此，在涉外法治人才培养时也应注意避免千篇一律的培养模式，地方高校应依托自身所处地理优势培养独具特色的涉外法治人才。如地处新疆的喀什大学可根据自身所处的“五口通八国、一路连欧亚”的地理优势，着重培养服务于中巴经济走廊的涉外法治人才；西南政法大学可依托自身所处的独特优势，培养服务于中国与东盟的涉外法治人才。

五、结语

当前，世界经济治理体系和规则正处于重大调整期，国际竞争异常激烈，全球经济秩序正在重塑，我国要积极有效参与全球治理，推动国际经济新秩序的形成和发展，在全球治理中发出中国声音、融入中国元素、贡献中国智慧，这离不开具有家国情怀、政治素养良好、法学功底扎实、逻辑思维缜密的涉外法治人才。同时，我们也要清晰地认识到涉外法治人才的断层现象是由于长期缺乏对涉外法治建设的充分重视。涉外法治人才培养是一项周期长、投入大的系统性工程，不可能一蹴而就。涉外法治人才培养应该立足长远、放眼全面，加快完善我国涉外人才评价机制和涉外人才激励机制，加强社会的关注度，提高学生的积极性，使涉外法治人才既要“引得进来”，又要“送得出去”。

法学教育前沿研究

《政法教育评论》
第1辑，第119～129页

新文科背景下法学教育高质量发展的问题及其对策

岳彩申*

摘　要　新时代新文科对法学教育发展提出了跨学科融合、创新思维、数字化能力等新要求，这需要法学学科专业转型升级、法学教育与“四新”建设紧密结合并进一步智慧化，还需要法学教育更进一步促进学生的全面发展。但是，当前法学教育仍存在学科专业建设步伐未能紧跟时代发展、教学体系智慧化程度不够及法学教育协同发展体系尚未建立等问题。对此，我们可以通过推动“大思政”育人体系落实落地、法学学科专业创新升级、法学教育智慧化转型和建立法学教育协同发展机制等举措，解决法学教育高质量发展的问题。

关键词　新文科　法学教育　高质量发展

一、新文科对法学教育的全新要求

新一轮科技革命和产业变革的发展，人工智能、大数据等现代信息技术的广泛应用，对新时代新文科提出了新的要求。作为新文科建设重要内容之一的法学教育也应紧跟时代潮流，在新文科发展建设的整体理念指导下，为培养

---

* 岳彩申，西南政法大学副校长，教授，博士生导师。

适应时代发展需求的法治人才做出努力。教育部、中央政法委在《关于坚持德法兼修实施卓越法治人才教育培养计划2.0的意见》中指出,要建立起凸显时代特征、体现中国特色的法治人才培养体系。“中国建设‘新文科’的核心要义是要立足新时代,回应新需求,促进文科融合化、时代性、中国化、国际化,引领人文社科新发展,服务人的现代化新目标。”[1]“新文科与传统文科相较,它的精髓和灵魂就在于创新。它应秉持新理念,适应新时代,确立新使命,赋予新内容,运用新方法。”[2]新文科对法学教育提出了跨学科融合、创新思维、数字化能力等要求。法学教育需要积极响应要求,将法学和其他学科交叉融合,丰富学生的思维,培养学生信息技术的应用能力和国际化视野。

(一)法学学科专业需要转型升级

随着社会的发展,法学教育所面临的问题和挑战不断增加,对法学教育提出了新的要求。科技的快速发展已经对法律行业产生了深远的影响。人工智能、大数据等新技术在法律领域的应用不断增加,对法治人才也提出了新的要求。提升法学教育的质量和水平,就要推动法学学科专业转型升级以适应社会需求和法律发展的要求,培养出更加优秀、全面的法治人才。“只有有效回应时代的重大关切,引领法治发展方向,法学研究的成果才能够体现出它的科学属性、理性价值和社会意义。”[3]近年来,经济全球化要求法治人才需要具备国际沟通能力和国际视野。习近平总书记指出,“要把拓展执法司法合作纳入双边多边关系建设的重要议题,延伸保护我国海外利益的安全链,要加强涉外法治人才建设”。[4] 随着经济全球化和贸易全球化,不同国家不同地区的交流日益频繁,国际贸易不断增加,涉及的跨国人员和资金日益增多,需要涉外法治人才帮助个人或者企业处理国际法律纠纷,促进国际关系的良好发展,为我国经济发展保驾护航。党的十八大以来,面对新兴领域蓬勃发展所带来的法律问题,我国先后出台了《国家安全法》《网络安全法》《生物安全法》等相关法律,但目前的法学教育中很少涉及这些法律问题。法学教育应当重视这些新型法律问题,不断更新教育内容和教学方法,以培养适应新时代的法律人

[1] 樊丽明:《“新文科”:时代需求与建设重点》,载《中国大学教学》2020年第5期。

[2] 徐显明:《新文科建设与卓越法治人才培养》,载《中国高等教育》2021年第1期。

[3] 杨宗科:《论“新法学”的建设理路》,载《法学》2020年第7期。

[4] 习近平:《坚持走中国特色社会主义法治道路 更好推进中国特色社会主义法治体系建设》,载《求是》2022年第4期。

才。这些新兴领域带来了新的法律问题和挑战,需要深入研究和理论构建。面对这些新兴领域,应当设置专门的专业和课程,这些课程应涵盖新兴技术、新兴产业、环境保护等方面的法律问题,为新兴领域的法律问题提供解决方案。同时,应鼓励师生积极参与前沿研究,促进学术研究和实践经验结合,推动法学理论在新兴领域的发展。

(二)法学教育需要与"四新"建设紧密结合

2019年"六卓越一拔尖"计划2.0启动,计划指出要大力发展新工科、新医科、新农科、新文科,建设高水平本科教育。"四新"建设注重学科之间的交叉融合,在"四新"建设中,新工科、新医科、新农科、新文科在发展过程并不是各自为营,它们之间存在互相关联、互相促进的关系。"新农科、新医科与新文科均为新工科具体应用的作用范围,也都为新工科的发展提供了新契机、新情境与新场域。新文科更强调一种回归知识整体性的努力。"[5]法学教育作为新文科建设的重要部分,应当与新兴领域紧密结合,培养适应时代发展的复合型法治人才,并为各个领域的发展提供法律支持和指导,同时这也有助于推动法学教育的创新和发展。在"四新"建设过程中会出现许多新的法律问题,比如新工科建设所带来的网络安全问题、新医科建设所带来的伦理问题、新农科建设所带来的环境问题。针对这些问题,法学教育应该结合"四新"建设的实际需求,探索新兴学科方向,如数字经济法、网络安全法等。法学教育只有与"四新"建设紧密结合,才能为"四新"建设提供法律支持和人才支持,促进科技发展、经济增长、人才培养等方面的良性互动。

(三)法学教育需要进一步智慧化

随着科技的发展,我国的法治建设已经进入了信息化时代,法学教育应当适应法治建设对信息化法治人才的需求。2018年教育部、中央政法委发布了《关于坚持德法兼修实施卓越法治人才教育培养计划2.0的意见》,指出要"发展'互联网+法学教育',适应教育信息化与法治建设信息化的新形势,推动法学专业教育与现代信息技术的深度融合"。2015年最高人民法院提出了"智慧法院"的概念,提出将司法工作和现代化信息技术相结合。2018年最高人民检察院出台了《关于深化智慧检务建设的意见》,提出要全面实现检察工作数

[5] 李立国、赵阔:《从学科交叉到交叉学科:"四新"建设的知识逻辑与实践路径》,载《厦门大学学报(哲学社会科学版)》2022年第3期。

字化、网络化、应用化、智能化。人工智能、大数据等现代化信息技术已经被运用在各种司法工作中。法学教育应当适应司法工作的趋势,将专业教育与信息技术融合,着力培养高素质法治人才。现代信息技术为智慧化法治教育提供先进的教育技术和手段,打造了全方位、个性化的教学环境和教学体系,使法学教育更加灵活高效,不仅提高了学生的学习效率,还能培养学生的数字化思维。"智慧法学教育既包括教育基础设施的智能化、信息化,也包含教育理念与方式的转型升级。"〔6〕智慧法学教育注重教学与科技的深度结合、教学过程中的数据分析以及提供个性化的学习方式和内容。传统的教学方式主要是课堂讲授,但由于课堂时间、教育资源的限制,学生在课堂上能够接收的知识比较局限,缺乏师生互动,学生只是被动地接收知识,不利于发挥学生的主观能动性。将现代信息技术和课堂教学相结合,能够有效解决这些问题。例如,运用3D投影技术建立模拟实践环境,进行实践课程的教学;运用在线学习平台,提供随时随地的学习环境;通过录制课程视频、师生在线讨论等方式,促进学生与教师之间的交流;运用大数据建立法学教育资源库,并开放获取,让学生可以自由获取学习资源;实行智慧化教务管理,对学生的学习状况进行实时监测和评估,并为学生提供个性化教学方案。

(四)法学教育需要更进一步促进学生的全面发展

现实生活中的法律问题往往是复杂的,不仅涉及法律层面,还需要了解政治、经济、伦理等多个方面。全面发展的法学生应具备跨学科的素养和综合分析能力。法学教育应该树立创新型、复合型、应用型的人才培养目标。"现有课堂教学模式不足以应对超大规模国家面临的复杂社会治理,学生了解的书本知识和法条原理对多元社会中实现法治缺乏足够应对之技能。"〔7〕在信息化时代,法学教育除教授法律知识外,还应当培养学生的信息化技能,在人工智能出现之后,经验性知识的重要性逐渐降低。法学生应当了解信息技术,学会使用现代化工具。推动跨学科人才培养,创新型法律人才需要不仅局限于法学领域的知识,还应具备其他学科的综合素养,如科学技术、经济学、信息技术等,这种跨学科素养使他们能够将不同领域的知识融合应用于法律实践中。

---

〔6〕 张海鹏:《智慧法学教育:数字化时代法学教育的革新》,载《法学教育研究》2020年第2期。

〔7〕 易军:《法学教育的"田野"——法学田野教学的意义、实践及课程预设》,载《法学教育研究》2022年第1期。

法律与科技、经济等领域的交叉研究和实践已经成为当今社会的热点，掌握数据安全、网络法律、人工智能法等新兴领域的知识，并能利用信息技术工具解决法律问题是时代的要求。“新法科建设要求法学教育以社会需求为导向，尽快打破学科壁垒，创新交叉融合机制，从‘小交叉’有基向‘大交叉’转型升级，从研究方法创新向学科设置＋创新发展，重点围绕国家安全、人工智能、社会治理等新兴领域培育交叉学科，服务于全面依法治国的战略需求，为经济社会发展提供强有力的智力支持和复合型高素质法治人才支撑。”〔8〕为了培养法学生的综合能力，课程设置应该更加多元化，除了基础的法学课程外，还应包括经济学、管理学、伦理学等相关学科的内容，拓宽学生的知识面，培养学生的综合能力。此外，我国法学教育一直以来重视法律理论知识传授，重理论、轻实践，在教学过程中理论和实践脱节，导致学生在进入工作岗位后对法律的理解还只是停留在理论层面，难以应用于实际工作中，所以法学教育应该重视实践课程的设置，将理论教育与实践教育相结合，促进学生的全面发展。

二、新文科背景下当前法学教育存在的问题

（一）学科专业建设步伐未能紧跟时代发展

当前新文科发展背景下，对法学学科提出了更高、更新的要求，传统法学学科已经不能完全适应当前经济社会高速发展的要求。其一，新兴科技革命的发展，对法学学科提出紧跟科技的要求。例如，人工智能作为新鲜事物的出现，带来一系列相关法律问题，亟须人工智能法学的规范与监管。其二，国家和地区经济社会发展的新需求对法学学科提出新要求。例如，当前我国对涉外法治人才的大量需求造成相关缺口，涉外法治相关学科专业建设的范围和建设水平都无法满足现阶段涉外法治人才培养的要求。其三，法学内部传统学科的升级有待加强。“法学学科理论体系落后和脱离于法治实践发展，没有反映法治建设理论创新、制度创新、机制创新、实践创新的最新成果，不能科学合理地解释和说明法治发展道路和规律，既不能满足法治实践的发展要求，也不能够促进自身的科学化发展。”〔9〕面对新技术、新形势的变化，传统法学学

〔8〕 刘艳红：《从学科交叉到交叉学科：法学教育的新文科发展之路》，载《中国高教研究》2022年第10期。

〔9〕 杨宗科：《论“新法学”的建设理路》，载《法学》2020年第7期。

科也需要进一步转型升级,探索发展文化法学、国家安全法学、区际法学等新文科内部的新兴方向。"我国现行的'理论法学+部门法学'的传统法学学科体系,已滞后于社会变革和法治实践,甚至在一定程度上成为法学学科体系完善的障碍。"[10]其四,法学与新工科结合程度不够。结合当前法学教育与法学研究的发展趋势来看,法学与新工科的交叉、融合成为必然趋势,但现阶段我国法学教育在这方面存在明显短板。

(二)教学体系智慧化程度不够

法学教学体系既包括教师的教学理念、教学方法等系统,也包括教学硬件等设施。目前来看,高校法学整体教学理念仍然有待迭代升级,"我们生活在一个社会、经济和文化各个方面因受技术驱动而急剧变化的数字化时代。但相较而言,我们的法学教育在某种程度上却仍然处于'工业化'时代"。[11] 法学教育的教学方式仍以传统教学方式为主。例如,课堂教学阶段对 OBE(Outcome-based Education,成果导向教育)教学理念、新技术应用存在不足。部分教师将信息化等同于智慧化、现代化,将使用教学软件、教学 App 片面等同于教学方式方法的革新。

此外,部分高校法学教育配套资源体系不完善。新文科背景下法学教育的发展在传统以常规教材为主的情况之外,对教育教学资源提出了更高的要求。当前我国法学教育配套的资源体系仍然不健全,其一,新形态法学教材建设尚未广泛铺开。随着科技的发展,传统纸质形式教材已经不能完全满足师生使用需求,依托信息技术、移动互联网的新形态教材应运而生,新形态教材在人与教材的交互性、展示的多元性方面相较传统纸质教材有极大的优势。目前各大高校针对新形态教材已经开始布局,但尚未在全国范围内广泛建设和使用。其二,法学知识图谱等新技术建设力度不足。"四新"建设对信息技术的要求相比过去变得更高,知识图谱是现阶段比较重要的技术形式。所谓知识图谱就是将各学科专业的知识进行系统化划分,并以思维导图的形式呈现,知识图谱对于打破过去以单一学科为对象的教学有较大帮助,有助于促进学科的交叉融合。目前已经有部分高校开始试点建设法学知识图谱,但尚未

---

[10] 刘艳红:《从学科交叉到交叉学科:法学教育的新文科发展之路》,载《中国高教研究》2022年第10期。

[11] 张海鹏:《智慧法学教育:数字化时代法学教育的革新》,载《法学教育研究》2020年第2期。

形成覆盖所有法学学科的高质量、成体系的知识图谱。同时各高校进行知识图谱建设时缺乏校际沟通，一定程度上存在贪大求全的情况，没能充分发挥各自学校的优势集中建设相应学科的知识图谱。其三，微课、慕课等线上教育资源的系统性不足。依托一流课程双万计划，经过若干年的发展，法学教育系统内部已经建立起数量可观的微课、慕课等线上资源，并且在慕课西行、线上线下混合式教学方面取得了显著成效。但快速发展的微课、慕课资源背后存在资源松散以及资源不智能的情况。"我国现有的主要慕课平台包括中国大学MOOC、学堂在线、好大学在线、果壳网MOOC学院等，早在2016年，我国大陆教师建设的已上线慕课课程就已高达700余门，各主要慕课平台积累了大量的课程，其慕课质量则有待考查。"[12]由于微课、慕课资源往往是依托课程建设，并且制作微课、慕课对教师的精力投入、资金投入都比较高，所以一门课程建成之后往往缺乏后期进一步的深入建设和发掘，呈现出点状分布的特点，尚未能结合成完整体系。同时，大量建设的线上微课、慕课资源实际有效利用率有待进一步提升。由于相关资源零散分布于各大平台、网站，学生使用存在一定不便。如何进一步将零散的线上微课、慕课资源统筹整合，并进行技术化处理，使其更加智慧化，推动法学相关教学资源从信息化向智慧化更进一步，是摆在法学教育高质量发展面前的重要问题。

（三）法学教育协同、均衡发展的体系尚未建立

近年来，我国的法学教育实现快速发展，部分头部法学院校在法学教育和科研水平方面相比过去有了长足进步。尽管我国法学教育的整体水平有所发展，但全国范围内法学教育仍然存在发展不平衡的状况，突出表现为法学教育发展的区域差异和不平衡。从我国法学院校发展水平来看，北京以及东部地区如上海法学教育资源丰富，法学教育水平远超其他地区；我国中西部地区，尤其是西部地区法学教育水平还有较大的提升空间。全面推进依法治国对我国法治人才培养提出了更高的要求，中共中央办公厅、国务院办公厅《关于加强新时代法学教育和法学理论研究的意见》指出，要积极支持西部地区法学院校发展，实现法学教育资源合理配置。西部地区在地理位置、经济发展水平、高等教育资源等多方面存在限制，目前从西部地区法治人才培养的整体质量

---

〔12〕 龙卫球、初殿清、吉冠浩：《数字化协同法学教育的理念及其展开》，载《中国大学教育》2023年第3期。

和数量来看,尚不能满足国家对法治人才的需求。西部地区法学教育发展水平与东部发达地区有较大差距,在西部地区内部,法学教育水平不均衡现象同样十分明显。根据公布的第四轮法学学科评估结果来看,重庆、四川、陕西发展水平相对较高,新疆、西藏、宁夏、甘肃等省份有待加强。与此同时,我国高校法学教育协同发展的体制机制尚未建成。“我国很多高校虽然开设了法学专业,但师资力量相对较弱。基于此,可以探索校际合作的方式,通过资源丰富的高校对资源较弱的高校对口帮扶,助力学生培养。”〔13〕实现教育在全国范围内的均衡发展,既需要各高校的不懈努力,也需要建立高校间协同发展的体制机制,借此发挥高校间教育教学资源的融通共享,充分发挥优势教育教学经验的示范引领和带动作用。当前我国法学教育距离整体协同的高质量发展阶段还有较长的前进道路。

三、新文科背景下推动法学教育高质量发展的举措

当前新文科建设背景下,进一步推动法学高质量发展,需要抓住新文科建设给法学教育带来的变化和契机,在突破固有思维限制的基础上,从推动“大思政”建设到完善法学学科专业体系、构建法学教育协同发展体制机制等多方面共同发力。

(一)推动“大思政”育人体系落实落地

新时代法学学科专业的发展遇到前所未有的变化,既有科技发展进步带来的人工智能、大数据、算法等新兴技术事物,又有中国面临百年未有之大变局背景下带来的全新国家与经济社会发展的新需求,法学教育也因此面对前所未有的新挑战。在复杂多变的国际政治形势以及人与科技结合越来越紧密的科技背景下,突出人的价值,落实立德树人根本任务的重要性愈发凸显。因此,推动我国法学教育高质量发展,首先就要推动“大思政”育人体系深入开展,从价值引领、理想信念等方面确保高素质法治人才培养的发展方向。“构建‘大思政’育人格局,需要高校以系统性整体性发展理念,加强顶层设计,上下凝聚共识,统筹协调,充分发挥各个体系的功用,形成合力,整体推进。”〔14〕

---

〔13〕 黄锡生、王中政:《新文科与法学教育的现代化转型》,载《法学教育研究》2022年第1期。

〔14〕 叶安胜、赵倩、周晓清:《新时代背景下“大思政”育人格局的构建与探索》,载《中国大学教学》2021年第7期。

落实“大思政”育人体系，首先要坚持以习近平新时代中国特色社会主义思想为指导，落实好习近平法治思想进教材进课堂进头脑工作。

此外，落实“大思政”育人体系还要深入推进法学课程思政建设。推进法学课程思政建设，一要进一步完善课程思政相关的顶层设计和规范指导。“当前，不少院校的课程思政取得了长足发展，不少教师开始主动探索课程思政建设，但与此同时，各教师之间缺乏沟通与联动，课程思政‘散点式’发展的现象也较明显，课程体系没有形成。”[15]各高校应加强法学课程思政建设的联动性，并将课程思政建设纳入教学考核的重要指标。目前全国还没有建成统一的法学课程思政建设标准和课程思政教学指南，政法院校应该密切合作，科学研究，尽快制定适合在全国范围内适用推广的法学课程思政建设标准、法学课程思政教学指南以及法学课程思政示范案例集等文件，助推各大高校法学课程思政建设的标准化、精准化。二要提高广大法学教师对课程思政认识的重视程度。“课程思政中的思政，指的既不是思政课中的理论教育，也不是时政教育，而是以培养兼具奉献与创新精神的社会主义建设者与接班人为目标的价值教育。”[16]部分法学教师对思政教育这一内涵还没有清晰的认知，导致在教学过程中忽视思政教育。实践中发现，部分高校课程思政建设存在表面化、形式化的问题，授课教师对课程思政的融入缺乏系统思考，学校对课程思政建设的有效度缺乏相应监督。后续应增强教师队伍对课程思政的重视程度，提高教师推进课程思政建设的理论水平；同时，通过学校培训、教师发展中心培训、教研室以及教学团队培训等方式，强化教师课程思政融入的方式方法教育，充分发挥课程思政润物细无声的功能。三要重视数字思政建设。各高校应该依托各自学校、地区的文化资源，打造高校法学课程思政资源库，推动课程思政的数字化建设和转型。法学院校成立课程思政联盟，推动课程思政教学资源共享。

（二）推动法学学科专业创新升级

法学作为实践面向的科学，要主动关注时代变化，对接经济社会发展需求，推动学科专业不断优化升级。一要优化法学内部学科结构，分门别类推动法学二级学科升级。对二级学科的发展应该坚持整体统筹、分类发展、特色建

---

〔15〕 李蕉、方霁：《高校课程思政体系化建设的路径探析》，载《中国大学教学》2022年第11期。

〔16〕 李蕉、方霁：《高校课程思政体系化建设的路径探析》，载《中国大学教学》2022年第11期。

设的原则,避免学校内部"一刀切",校际之间"一窝蜂"的情况。根据中共中央办公厅、国务院办公厅印发的《关于加强新时代法学教育和法学理论研究的意见》相关要求,对法理学、法律史学等基础学科,与宪法学、行政法学、刑法学、民商法学、诉讼法学、经济法学、环境与资源保护法学、国际法学、军事法学等学科分类建设,分类管理。同时,依托各高校基础,结合地区经济社会发展需求,聚焦相应领域,积极探索建立社会治理法学、科技法学、数字法学、气候法学、海洋法学等新兴学科。二要促进法学与其他专业的交叉融合。新文科建设要求"要以新的思路和跨界模式,探索建设适应引领时代发展的新专业(新方向),培养创新型专业人才"。[17] 具体到法学教育而言,法学由于其包容性与广泛的应用性,天然与人文社科以及自然科学有紧密联系。要推动法学教育与工科有效融合,尤其要注重法学与新科技的连接。"必须站在自然科学与人文社会科学大交叉的宏观视角上统筹技术、人、社会三者的关系,研究对算法、人工智能技术进行法律规制或者制定人工智能产业发展政策。"[18]

(三)推动法学教育智慧化转型

当前我国法学教育在实现信息化方面已经取得了突出进展,但信息化与教育的智慧化、现代化还有较大距离,因而需要进一步推进法学教育从信息化向智慧化转型升级。其一,各高校要加强智慧化基础设施建设,提高硬件水平。学校应该为智慧化教学提供必要的智慧教室、智慧视频设备,以硬件条件保障智慧教学开展。其二,各高校要强化对教师群体的智慧化教学能力培训,引导教师教学理念转型升级。目前部分教师群体对智慧化教学了解程度不够,教学理念无法与当前教育教学发展的前沿要求相匹配,教学方法手段传统。学校要加大教学方法培训力度,支持鼓励教师群体进行智慧化教学,充分融合线上、线下教学资源,通过虚拟教研室、虚拟仿真实验室等手段进一步增强教学成效。其三,推动学校管理智慧化。法学院系应充分发挥法学专业在规范管理领域的优势,积极协助学校学院建章立制,依托规范与现代信息技术的结合,强化对课堂教学、学生发展等多领域的智慧化管理。

(四)建立法学教育协同发展机制

高校法学教育的高质量发展离不开校内各单位、校际之间的协同与配合,

---

[17] 樊丽明:《"新文科":时代需求与建设重点》,载《中国大学教学》2020年第5期。

[18] 刘艳红:《从学科交叉到交叉学科:法学教育的新文科发展之路》,载《中国高教研究》2022年第10期。

尤其是在新文科建设背景下,法学教育对文科与文科、文科与工科等要求日益提升,单纯靠一所学校难以真正推动法学教育实现质的提升。建立法学教育协同发展机制,其一,要进一步扩大高校法学教育联盟的作用和影响力。目前,全国各地围绕院系特点、区域位置等因素形成了多种法学教育联盟,要充分发挥这类法学教育联盟的带动作用,实现在教育资源共享、师生互派等方面的深度开放。其二,通过校际协同发展促进我国法学教育资源的东西平衡。充分利用东部地区在法学教育资源领域的优势,通过扩大资源开放程度、接收交换生、开放各类实验室等方法,促进法学教育资源共享。其三,西部地区探索建立法学教育协同创新组织。实现法学教育高质量发展要充分考虑区域内部的均衡发展,西部地区要依托国家西部大开发战略、成渝地区双城经济圈建设,促进区域内部教育资源的流动。

《政法教育评论》
第1辑,第130~142页

适应法治发展新要求,推动体育法学学科建设*

袁　钢**

摘　要　体育法学学科建设的定位、意义、理论和特点等都是体育法学研究的根本性问题,是建构体育法学理论体系的基础问题。体育法学学科建设符合新型交叉学科的定位,回应社会发展的现实需求。关于体育法学学科属性,主要有从属和独立两种观点。基于领域法学相关理论,体育法学学科建设适应法治建设新要求、有助于推进学科交叉融合、有助于培养高素质涉外法治人才。

关键词　体育法　领域法学　部门法学　交叉学科　涉外法治

如果询问一名大学的法科生是否知道体育法学这门课程,恐怕得到的结果并不会令人满意,因为截至2013年在开设法学专业的高等院校中只有中国政法大学在本科阶段开设了体育法学这门课程。[1] 上述内容反映出,即使我国早在1995年就已经通过了《体育法》,但是体育法学课程并未在全国的法学

* 本文系教育部人文社会科学规划项目"我国体育法律规范域外适用的挑战与应对研究"(项目编号:22YJA890034)的阶段性成果。

** 袁钢,中国政法大学法学院副院长,教授,博士生导师。

〔1〕 韩勇:《在路上:中国体育法学向何处去?》,载《体育与科学》2014年第6期。

院校展开，究其原因是体育法学的学科地位在法学范畴内一直处于悬而未决的状态。那么，更进一步追问，为什么体育法学的学科地位会处于这种状态？这其实与我国传统法律体系下的部门法或法律部门的划分有着密切的联系。而已有体育法学学科地位的研究都是从传统部门法角度去寻求一席之位，但结果却不尽如人意。我们经过分析认为，基于传统部门法研究范式所固有的弊端，传统部门法并不能为新兴的体育法学提供学科地位归属的支撑。

2023 年 2 月，中共中央办公厅、国务院办公厅印发了《关于加强新时代法学教育和法学理论研究的意见》（以下简称《意见》），《意见》明确指出："适应法治建设新要求，加强立法学、文化法学、教育法学、国家安全法学，区际法学等学科建设，加快发展社会治理法学、科技法学、数字法学、气候法学，海洋法学等新兴学科。"虽然体育法学并未被列为新兴法学学科，但不可否认的是，随着体育强国和健康中国国家战略的实施，体育法学得到了快速发展。因此，本文将研究体育法学提出的现实背景，试图突破原有的部门法研究范式，依据晚近提出的领域法学研究范式去论证体育法学的学科地位及推进路径。

一、体育法学学科建设的定位与意义

（一）体育法学学科建设符合新型交叉学科的定位

需要说明的是，体育法与体育法学是两个不同的概念，但是两者又有着十分密切的联系。论证两者的关系需要从部门法与法学学科的关系出发。法律部门一般又称部门法，现有的法理学教科书一般将部门法理解为：对一个国家现有法律规范依据特定的标准进行划分，具有相同调整对象或调整方法的法律规范的统称。法学学科是我国 13 种一级学科门类之一，在法学一级学科之下又有 10 个二级法学学科，这些二级法学学科的划分深受部门法划分的影响。回到体育法学与体育法的关系，体育法学着眼于学科角度，学界普遍认为体育法学属于法学范畴；体育法则是从部门法角度出发进行阐述，虽然体育法是否能够成为一门独立的部门法存在争议，但想要论证体育法学学科的地位，就要论证体育法在整个法律体系中的学术地位归属。同时，体育法与体育法学在某些领域并不能明确划分。基于体育法与体育法学的密切关系，体育法学学科地位归属影响着体育法的研究发展，而体育法学学科地位的归属又取决于体育法的学术地位归属。

体育法学是体育与法学结合形成的跨学科领域的新兴交叉学科，相关研究从20世纪80年代开始。体育法学的研究是伴随着我国第一部《体育法》草案的启动而逐渐展开的。体育法研究的第一篇文献的题目为“体育法学”,文章主要对体育法学与体育法的关系、创建体育法学的意义、体育法学研究的内容这三部分内容进行阐述。[2] 研究之初学界就对体育法学是什么、体育法学性质以及体育法学学科归属的问题进行论证,这也表明该问题是体育法学研究最根本的问题,同时该问题也是构建体育法理论的基础性问题。关于体育法学研究阶段的具体划分,有三阶段划分说和两阶段划分说。三阶段划分说为:改革开放初期的逐渐起步(1980年至1995年)—《体育法》促进下的广泛开展(1995年至2005年)—研究组织推动下的日趋繁荣(2005年至今)。[3] 两阶段划分说为:体育法学形成与初步发展(1984年至20世纪末)—由法解释学向法社会学转变(21世纪初至今)。[4] 这两种观点在学界有着广泛的影响。对此,我们认为无论是三阶段划分说还是两阶段划分说都值得商榷。前述划分节点主要是依据历史进程中的标志性事件,这种划分方法无可厚非。只是在体育法学的学科性质和地位归属等基本理论问题都处于悬而未决的状态下,对一个新兴交叉学科的研究阶段以此进行划分其合理性与科学性是有待考究的。

关于体育法概念的界定,学界认识基本一致,只是在《体育法》颁布前后的概念界定略有不同。在《体育法》颁布之前,主要是石刚、谢香道、利子平[5]等学者在其文章中阐述体育法学的基本概念,即体育法是将法律调整应用到体育领域的科学,是一门研究体育法规的科学。《体育法》颁布之后,王孟林、[6] 于善旭、[7] 董小龙、郭春玲[8]等学者在其文章中进一步阐述体育法学是体育学与法学的结合,是一门新兴的交叉学科,法学范畴涵摄体育法学。[9] 作为体育学与法学相结合的交叉学科,关于体育法学的基础学科学界是有争议的。

---

[2] 参见石刚:《体育法学》,载《体育教学与科研》1984年第3期。

[3] 参见于善旭:《改革开放以来我国体育法学研究的进程与评价》,载《河北师范大学学报(哲学社会科学版)》2012年第6期。

[4] 参见韩勇:《中国体育法学研究:从法解释学到法社会学》,载《体育科学》2010年第3期。

[5] 参见谢香道、利子平:《体育法学初探》,载《南昌大学学报(哲学社会科学版)》1987年第3期。

[6] 参见王孟林:《体育法学初探》,载《北方论丛》1996年第2期。

[7] 参见于善旭:《我国体育法学研究的现状与展望》,载《天津体育学院学报》1997年第2期。

[8] 参见董小龙、郭春玲主编:《体育法学》,法律出版社2018年版,第3~4页。

[9] 参见卢元镇主编:《体育人文社会科学概论高级教程》,高等教育出版社2003年版,第349页。

一种观点认为,既然体育法是体育学与法学的结合,那么体育学自然而然应当成为体育法学的基础学科;另一种观点认为,体育学与法学是两个不同的学科,其调整对象、研究方法等都不同,体育法学以体育法为研究对象更加注重法学层面,所以体育学不应当是体育法学的基础学科。

(二)体育法学学科建设回应社会发展的现实需求

《意见》明确指出:"立足建立健全国家治理急需、满足人民日益增长的美好生活需要必备的法律制度……充分运用法治力量服务中国式现代化。"因此,"加快发展新兴学科"不是为了扩大学科阵地而创新,而是要充分适应法治建设新要求,积极回应社会发展新需要。

首先,体育法学不仅符合新兴学科定位,还符合社会发展的现实需要。《中华人民共和国国民经济和社会发展第十四个五年规划和2035年远景目标纲要》(简称"十四五"规划)明确提出,到2035年建成体育强国,并在"全面推进健康中国建设"一章的第五节专门论述"建设体育强国"。《体育强国建设纲要》亦明确指出,要"推进体育领域法治和行业行风建设"。《"十四五"体育发展规划》明确指出,要"坚持依法治体"。因此,2035年体育强国目标的实现离不开完善的法治保障,体育法学的学术归属、学术研究等可以有效地推动体育领域的法治建设。

其次,从健全国家治理的角度来看,《"十四五"体育发展规划》明确指出:"贯彻落实习近平法治思想,加快建设中国特色社会主义体育法律规范体系,以体育立法引领体育改革,用法治方式推动体育发展,提高体育部门依法行政能力,引导体育社会组织依法自治,重点推动基层体育治理,形成政府、市场、社会协同治理体育新格局,不断推进体育治理体系和治理能力现代化。"体育治理是国家治理在体育领域的具体实践,必然由体育政府组织、体育企业组织和体育非营利组织共同参与,采用多元治理、利益相关者治理、网络治理、整体性治理、多中心治理等多种方式协同完成,创造并满足体育需求,建设有中国特色的社会主义现代化体育强国。[10] 中国体育治理体系和治理能力现代化是国家治理体系和治理能力现代化的重要组成部分,两者是局部与整体相互依

---

〔10〕 参见钟秉枢、韩勇等:《论新发展阶段我国职业体育俱乐部的规范化发展》,载《体育学研究》2022年第6期。

存的关系。[11] 因此,在推进体育治理体系和治理能力现代化的进程中,重点是通过推动体育事业均衡、充分发展促进基层体育治理。

最后,从满足人民日益增长的美好生活需要的角度来看,人民群众是发展体育事业的参与者和建设者,也是体育事业发展成果的享有者。《体育法》第2条将"坚持以人民为中心"列入体育工作方针,鲜明地体现了党全心全意为人民服务的宗旨和以人民为中心的发展思想,要求在体育工作中把人民作为发展体育事业的主体,坚持人民在依法治体中的主体地位,真诚倾听百姓呼声,真实反映群众愿望,真正满足人民体育发展需求。积极落实全民健身国家战略,构建更高水平的全民健身公共服务体系,特别是要持续加强公共体育场地设施力度,切实解决群众"健身难"的问题;要高度重视青少年体育工作,树立"健康第一"的教育理念,深化体教融合,促进青少年健康发展;要聚焦人民群众多层次、多样化的体育需求,深化供给侧结构性改革,不断提升体育产品服务供给质量和水平,让人民分享体育发展成果,享受体育带来的健康和快乐,形成健康文明的生活方式,实现人民群众对美好幸福生活的追求。[12]

二、体育法学学科建设的从属和独立

学界虽然关于体育法学属于法学范畴的观念基本得到统一认识,但关于体育法学属于法学范畴的哪一领域或者部门并未得到统一回答。要回答该问题,必须回答体育法在整个法律体系中的地位。关于体育法地位的论述有以下几种理论:体育行政法论、教科文法律部门论、综合体育法论、行业法论以及独立体育法部门论,主要包含从属学科和独立学科两种观点。

(一)从属学科的主要观点

1.体育行政法论

体育行政法论的主要观点是将体育法归属到行政法部门,[13] 在一定程度上认同体育法调整对象的多样性和复杂性。这种理论在《体育法》颁布初期得到一些学者的认同,并不乏相关文章对其进行论证。我们认为,该理论的形成

---

〔11〕 参见杨桦:《深化体育改革推进体育治理体系和治理能力现代化》,载《北京体育大学学报》2015年第1期。

〔12〕 参见张勇、王瑞连主编:《中华人民共和国体育法释义》,中国法制出版社2022年版,第7页。

〔13〕 参见汤卫东编著:《体育法学》,南京师范大学出版社2000年版,第10~11页。

与1995年《体育法》制定历史背景密切相关。1995年《体育法》颁布时,我国正处于由计划经济体制向社会主义市场经济体制转型过渡时期,而《体育法》草案是在20世纪80年代草拟的,所以《体育法》不可避免地具有计划经济时期行政管理的特点。例如,1995年《体育法》第2条:"国家发展体育事业……",第7条:"国家发展体育教育和体育科学研究……",第11条:"国家推行全民健身计划……",第24条:"国家促进竞技体育发展……"。在《体育法》法律责任一章中虽然只有6个法律条文,但是每一个法律条文都规定了相应的行政责任,并且在第47条、第48条专门规定行政责任。这些条文反映出由国家调控体育活动,在体育活动中表现出强烈的行政色彩。这种强烈的行政色彩正是将体育法归属到行政法部门的依据所在,但是这种支撑依据是脆弱的。即使《体育法》规定的内容具有浓厚的行政管理色彩,但是正如前述所言,体育法调整的对象是比较复杂的,相应地,其调整的关系也复杂多元。诚然,行政管理关系在《体育法》刚颁布时期占比较大,但还是存在民事关系和刑事关系。行政法部门的调整对象是行政法律关系,并不能涵盖体育法领域的民事关系和刑事关系部分,这种简单地将体育法归属到行政法部门是不合理的。随着体育法研究的深入,学者们提出应当抛弃《体育法》是体育法学中的基本法、管理法的观点,《体育法》应当是"体育事业促进法",[14]《体育法》应以保障公民体育权利为核心[15]等观点。在公共事务社会化管理和"放管服"改革的大背景下,全国性单项体育协会管理体制改革必然选择法治化改革路径。作为独立民事主体,全国性单项体育协会必须与运动项目管理中心脱钩,与体育行政部门建立契约型合作关系。[16] 此外,还有中国足球协会与国家体育总局脱钩,中国篮球协会与国家体育总局篮管中心脱钩。这些理论研究与体育管理体制改革对体育法应归属到行政法部门的观点造成冲击。

2. 综合体育法论

综合体育法论认为,体育法只是运用已有的部门法规则调整体育行为的

---

〔14〕 参见田思源:《我国〈体育法〉修改理念分析——兼论〈体育事业促进法〉的制定》,载《法学杂志》2006年第6期。

〔15〕 参见田思源:《〈体育法〉修改的核心是保障公民体育权利的实现》,载《天津体育学院报》2011年第2期。

〔16〕 参见袁钢:《全国性单项体育协会改革的法治化路径》,载《体育科学》2019年第1期。

结果,并没有形成一个系统完善的“体育法”法律体系。[17] 这种理论与“体育法仅是采用其他实体法领域基本的法律概念,并将其运用到体育行业”[18]的观点颇为相似。无论是国外还是国内这种观点,都是质疑体育法存在最主要的理由,认为体育法是拼接而成的,没有独立的“内核”,是法律适用不同领域的产物,这种以领域来划分法律并没有实际意义。我们认为,这种观点是值得商榷的,因为认为体育法是法律适用不同领域的产物以及是已有实体法的拼接,这样的观点没有认识到体育较之于其他传统部门法以及其他新兴交叉学科所不具有的特殊性。这种理论只是将已有法律部门的法规机械地应用到体育领域来解决体育纠纷,并没有认识到体育自治在体育纠纷中发挥的作用,即充分认识到司法途径解决体育纠纷与体育自治解决纠纷的相互关系。体育自治与司法介入之间的权衡是体育法发展的重要因素。司法过度“介入到体育非法律纠纷中,使得具有高度自治传统的体育行业的私权领地行将崩溃,同时也是违背内部救济用尽的原则”。[19] 加之,体育纠纷一般会涉及体育运动本身的性质及其规则的专业性内容,所以在司法实践中关于体育纠纷的案件司法机关一般都会慎重考量。此外,从国际视角出发,国际奥林匹克委员会、国际体育仲裁院、世界反兴奋剂机构以及国际单项体育联合会共同构建了现阶段国际体育法律秩序。这些国际体育法律秩序的制定较多地依据体育行业规则以及各单项体育联合会的章程,且国际体育法律秩序并不是单一的国际公法性质或者国际私法性质,它是具有国际公法与国际私法以及软法性质的全新的体育法律秩序。这些法律秩序正是国际奥林匹克委员会以体育自治为基础力求构建的独立国际体育法律秩序。由此可见,体育法并不是机械地适用已有的实体法来解决体育领域的法律问题。

3. 行业法论

基于体育已经成为在生活中占据重要地位的行业、体育行业自身的特殊性,以及体育行业涉及众多传统部门法,无法将其归入某一法律部门,所以体

---

〔17〕 参见郭树理:《体育纠纷的多元化救济机制探讨》,法律出版社2004年版,第2页。

〔18〕 Micheal J. Cozzillio & Mark S. Levinstein, *Sport*, *Law*: *Case and Monterials*, Carolina Academic Press, 1999, p. 7.

〔19〕 茅铭晨:《介入与止步——司法权在体育纠纷中的边界》,载《北京体育大学学报》2014年第1期。

育法是独立的法律部门,属于行业法范畴。[20] 这种理论是依据晚近提出的行业法理论,为体育法的学术归属提供了新的研究思路。行业法与下文要采用的领域法表述有相似之处,两者都是晚近提出的一种新的法学研究思路,都是针对传统部门法研究范式弊端,但是两者也各有不同。行业法是以行业为划分依据,但并不是所有已经出现的法学学科都已经形成一个行业,如海洋法。所以,我们认为体育法是行业法这种观点值得商榷,因为有些领域并不能使用行业进行描述,如海洋、社会等。这样一些新兴交叉学科无法用行业法界定其学术地位,如海洋法。如果将体育法归属到行业法,其理论的弊端会影响体育法的发展。此外,行业法并未明确提出针对的对象。最后,行业法并没有具体阐述与传统部门法的关系。

(二)独立学科的主要观点

已有研究表明,关于体育法独立法律部门地位的论证主要是从以下几个角度出发:第一,"从我国体育法的现实调整对象及其法律渊源上考察,都具备其相对独立性"。[21] 第二,"体育法能够成为独立的法律部门,最根本的原因在于体育法调整对象的特殊性。体育法的调整对象是现有部门法所无法涵摄的,体育关系的多元决定着调整对象的复杂特殊"。[22] 第三,"体育"在社会生活中的影响力是促使体育法成为独立法律部门的重要因素,同时,国际和国内形成的相对独立的规则体系是体育法成为独立法律部门的基础性条件。此外,体育法可以成为独立法律部门是因为其调整对象的特殊,该特殊表现在体育法律关系主体之间的权利义务并不能够完全由传统部门法理论予以涵摄。有些法律关系既不是民事法律关系,也不是行政法律关系,如裁判员与运动员之间的权利义务关系。[23] 学界关于部门法划分标准的基本认识是该法律调整对象,同时辅之以调整方法。[24] 虽然传统部门法研究范式会造成部门法之间的封闭,进而出现严重的学科壁垒以及其并不能为新兴的交叉学科提供学术归属等问题,被相关学者诟病,但是部门法研究的思路在中国法学领域已经颇

〔20〕 参见周青山:《论体育法的行业法属性》,载《武汉体育学院学报》2017 年第 11 期。

〔21〕 朱琳:《论我国体育法独立部门法地位的确立》,载《贵州民族学院学报(哲学社会科学版)》2005 年第 4 期。

〔22〕 梁发龙、刘华:《体育法学刍议》,载《武汉体育学院学报》1994 年第 2 期。

〔23〕 参见肖永平、钱静:《体育法法律地位的重新审视》,载《学习与实践》2014 年第 3 期。

〔24〕 参见吴祖谋:《法学概论》,武汉大学出版社 1988 年版,第 72 页。

有影响,完全摒弃是不可能也是不明智的。我们这里并不过多地论证部门法划分的弊端。上述对体育法独立法律部门地位的论证都是从传统部门法调整对象的角度出发的,论证内容值得商榷。

首先,仅从体育在社会生活中所发挥的重要影响力,以及国际与国内已经形成相对完善的法律规范体系规制体育去论证体育法的独立法律部门地位是远远不够的。体育自身的影响力并不能直接作用于体育法是独立法律部门的论证上,体育法是以体育法律关系为调整对象,而不是直接以体育自身为调整对象。国际与国内已经形成相对完善的法律规范体系只是从外在层面上的论证。所以,为了科学合理地论证体育法独立法律部门的地位,就必须进行更多的证明,而不能仅从法律影响体育的发展角度出发论证。

其次,有些体育法的调整对象并不能归入任何一个现有法律部门,所以体育法调整的对象就具有特殊性,应当成为一个独立的法律部门。事实上,如果根据上述的逻辑,现有的法律部门不会只有7个,众多与法学相结合的新兴交叉学科都可能成为一个独立的法律部门。因为我们完全可以依据新兴交叉学科研究对象的特殊性,进而将其界定为独立的法律部门。例如,娱乐法中的主持人与艺人之间的关系既不属于民商事关系,也不属于行政管理关系,所以娱乐法也应当成为独立的法律部门,该逻辑对任何一门新兴的交叉学科如教育法、卫生法、体育法、互联网法、娱乐法、传播法、财税法、金融法、海洋法、航天航空法都是可以适用的,甚至一些传统部门法中的法律都可能脱离已有的传统部门法成为一个新的部门法,这样就会出现部门法泛化的现象。

再次,我们承认体育法调整的对象具有一定的特殊性。该特殊性可能无法在已有传统部门法的调整对象中寻求依据,这更多地是传统部门法研究范式的弊端所造成的。关于新兴交叉学科调整对象的特殊性能够使其成为独立法律部门的标准或依据并没有明确,且作为新兴交叉学科其所调整的对象并不是单一的,它必然会与传统部门法调整对象有交叉,这也间接阻止其成为独立法律部门。所以,我们认为,体育法调整对象特殊性的程度是否可以支撑体育法独立法律部门地位是值得考究的。

最后,从调整方法的角度来看,体育法的调整方法有民商法部门调整方法、行政法部门调整方法、刑法部门调整方法、体育仲裁、体育自治等方法。除体育自治外,其余调整方法都未脱离出传统部门法调整方法的范围。新兴交叉学科调整方法有着与调整对象相同的困境,其调整方法并不是单一的,虽具有一定的特殊性,但也有传统部门法调整方法。而且,体育行业自治调整方法在体育法所占的比例是否足以使体育法成为独立的法律部门也是值得商榷的。

我们需要为体育法再寻找新的理论指导体系,以解决该问题。领域法学是晚近提出的全新法学理论,它区别于传统的部门法划分,是我国法学理论研究的新成果。我们将从领域法学的角度去论证体育法的学科属性。

三、体育法学学科建设的理论和特点

(一)体育法学学科建设理论:基于领域法学

领域法学,是以问题为导向,以特定经济社会领域全部与法律有关的现象为研究对象,它是新兴、交叉领域"诸法合一"的有机结合,与传统部门法学同构而又互补。[25] 我们认可领域法学理论,并对此进行四点解释。第一,以问题为导向。问题导向是领域法学研究范式中的核心内容,问题来源的领域是开放和宽广的。它可能来自传统的法律部门,也有可能来自新兴的交叉学科,甚至是跳出法学范畴在政治学、经济学以及社会学中出现问题在体育法中予以反映。以问题为导向的领域法学重视法律实践中问题的解决,所以领域法学对于问题解决途径的多样性就有一定的要求,不仅是传统法律途径的解决即"诸法合一",还更加注重非诉讼纠纷解决机制以及各个领域内特殊的纠纷解决方式。第二,领域法学研究对象是领域法现象。作为新兴交叉学科其研究对象是复杂多样的,因为其是不同领域与法学的结合,自然研究对象不再局限于已有的传统部门法研究对象,而是扩展到整个领域内。第三,领域法学研究方法的多元。研究对象的多样复杂影响领域法学研究方法的多元,既有传统部门法研究方法,又包含领域内特殊的研究方法。第四,领域法学解决了新兴交叉学科一直未能解决的学术归属问题。

基于传统部门法研究范式的弊端,一些新兴交叉学科并不能简单地归属到某一法律部门,且众多新兴交叉学科现阶段并不能成为独立法律部门,这时领域法学的价值就彰显出来。体育法也是如此。体育法具有交叉性、复合性、多元性、复杂性、开放性的特质,其调整对象体育关系本身就具有多元复合性,

---

[25] 参见刘剑文:《论领域法学:一种立足新兴交叉领域的法学研究范式》,载《政法论丛》2016年第5期。

所以体育法是领域法,体育法学是领域法学的一项子学科。

首先,从领域法学所针对的领域定位来讲,是交叉学科、新兴学科。体育法是体育与法学的结合,它研究的领域包括体育管理法律制度:学校体育管理、社会体育管理、竞技体育管理、体育科技管理。社会体育法律制度包括全民健身的法律制度、锻炼标准制度、国民体育测定和监测制度。学校体育法律制度包括学生伤害事故中的法律责任。竞技体育法律制度包括运动员和裁判员权利义务关系、运动竞赛的基本法规制度。体育社团、体育产业、体育知识产权和体育纠纷解决机制研究包括内部处理和调解、体育诉讼、体育仲裁。最高人民法院发布《关于审理走私、非法经营、非法使用兴奋剂刑事案件适用法律若干问题的解释》中兴奋剂入刑的问题。

其次,领域法学以问题为导向。体育法在初期的研究文献多是沿用传统法学的研究模式套入新兴的体育法,虽然这样能够快速地丰富体育法的研究成果,但其科学性与合理性值得商榷。而随着体育法的不断发展,体育法逐渐转向具体问题的研究上。例如,结合侵权法的内容研究学校体育侵权案件以及结合劳动法的内容研究运动员的转会合同问题等,更侧重于对体育纠纷问题的解决,契合领域法学的以问题为导向。

再次,领域法学不只是涉及单一法律部门领域,它是多元的。正如刘剑文教授在《论领域法学——一种立足新兴交叉领域的法学研究范式》一文中所阐述的"诸法合一"。不可否认,体育法涉及许多不同的实体法,正是基于体育法调整对象的复杂、广泛、多元、特殊,其所适用的实体法也是多元丰富的。第一,合同法。合同法在体育商业领域扮演着重要的角色,它包括体育赞助合同、运动员代言广告合同等。体育商业化运作模式的快速发展深刻影响合同法在体育领域的广泛适用。第二,劳动法。疫情期间欧洲各足球俱乐部以及中超关于球员降薪问题无疑绕不开劳动法。第三,侵权法。体育侵权纠纷是体育纠纷中的一种,主要表现在学校体育中以及社会体育中的体育侵权行为。第四,行政法。这里更多涉及体育主管部门与各单项协会以及俱乐部、运动员之间的体育行政管理关系。当然,除了上述内容还包括知识产权法、刑法等。

最后,领域法学是包容性和开放的。体育法法律位阶之上有宪法,同时又有其他法律处理纠纷,既担负体育强国重任又要兼顾体育权利保障,是一个兼顾各法律部门以及其他学科的体育法规范体系。综上,体育法是领域法,体育法学是领域法学的一项子学科。

（二）体育法学学科建设的特点

体育法学作为法学的一个新兴学科,在其学科构建过程中有三个明显的特点:学科建设适应法治建设新要求,学科建设推进学科交叉融合,学科建设培养高素质涉外法治人才。

第一,体育法法学学科建设适应法治建设新要求。《体育强国建设纲要》明确提出,要坚持依法治体。《"十四五"体育发展规划》明确提出,要完善中国特色社会主义体育法律规范体系,提升依法治体水平。依法治体涉及完善体育法律规范体系、全面加强法治政府建设、推进体育法治宣传教育、健全体育纠纷解决和法律服务机制等四个方面。此外,依法治体还体现在完善反兴奋剂长效机制、加强体育行业作风建设以及推动基层体育治理等方面。有学者研究发现,我国体育强国建设征程中体育法治存在体育法制体系不完善、重点领域的"放管服"不彻底,执法机制不畅通,体育部门协同治理能力不强、监督体制不完善、体育纠纷解决机制不健全等问题。统筹推进体育强国建设的进程中,应当完善体育法律法规、巩固法治政府成果、推进法治宣传教育、健全体育纠纷解决机制,加强组织保障落实机制。[26]

第二,体育法学学科建设推进学科交叉融合。体育法学作为一个新兴的领域法学学科,对相关代表性文献进行深入研读和体系化研究是构建学术和理论体系的有效途径。在《体育法》修订后由高等教育出版社出版的《新编体育法学》一书从体育与相关领域的关系,结合体育法律实务,设置"体育与社会"(含体育与历史演进、体育与政策演进、体育与法律规制),"体育与治理"[含体育与权利(力)、体育与纠纷解决、体育与反兴奋剂]、"体育与经济"(体育与竞争秩序、体育与产权保障、体育与市场运行、体育与劳动就业、体育与暴力行为、体育与民事侵权、体育与安全保障)等编。[27] 该书作为体育法学的基础性研究,为后续体育法学的学术和理论体系建构起到了铺垫作用。

习近平总书记指出:"只有以我国实际为研究起点,提出具有主体性、原创性的理论观点,构建具有自身特质的学科体系、学术体系、话语体系,我国哲学

〔26〕 参见马宏俊:《体育强国建设中依法治体的路径研究》,载《成都体育学院学报》2022年第2期。

〔27〕 参见马宏俊主编:《新编体育法学》,高等教育出版社2023年版,第1~8页。

社会科学才能形成自己的特色和优势。"[28]学术体系是任何一个学科的根基和基础,学科体系和话语体系需要与学术体系互为支撑、相互融通。[29]要推进体育法学的发展,关键任务就是根据体育法学交叉学科,领域性学科的特点,构建体育法学的学术体系和理论体系。

第三,体育法学学科建设培养高素质涉外法治人才。一个学科要实现可持续发展,离不开人才培养体系的建立和完善。体育法学学科的不断发展,一方面,需要加强体育法学学术梯队建设,以理论研究为体育法学发展提供有力支撑;另一方面,要培养专业的涉外体育法治人才,在实践中将体育法学相关理论和知识运用于实际问题的解决,并以此反哺体育法学的发展。由于体育纠纷具有专业性、时效性、多样性与复杂性等特点,因而体育纠纷的解决需要专业涉外体育法治人才参与解决,其中专业的体育律师是涉外体育法治人才的重要组成部分。《意见》指出,加快培养具有国际视野,精通国际法、国别法的涉外法治紧缺人才。因此,要创新体育专业律师的培养机制,例如,明确培养目标、知识结构和专业素养;提升外语能力、实践能力和综合能力;坚持依法治体、权利保障和合作机制。[30]

四、结语

体育法学术地位归属问题和体育法学学科归属问题非常具有学术研讨价值,这个问题涉及体育法研究的正当性问题,是建构体育法学理论体系的基础问题。本文通过剖析我国体育法发展历程,论证我国体育法在中国特色社会主义法律体系下的学术地位归属,解决体育法发展进程中的基础问题,确立体育法在法律体系中的地位,完善中国特色社会主义法律体系。领域法学的出现为论证体育法地位问题提供了理论支持。本文提供了一种论证体育法地位归属的新思路,旨在解决体育法发展和体育法学学科发展的根本问题。体育法在领域法的研究范式下取得进一步的发展。

---

[28] 《习近平主持召开哲学社会科学工作座谈会强调:结合中国特色社会主义伟大实践　加快构建中国特色哲学社会科学》,载《人民日报》2016年5月18日,第1版。

[29] 参见付子堂、张永和等:《优化法学学科体系　创新发展法学理论研究体系》,载《西南政法大学学报》2023年第2期。

[30] 袁钢:《推进我国体育专业律师队伍建设》,载《中国律师》2022年第2期。

《政法教育评论》
第1辑,第143~159页

法学硕士研究生"四位一体"科研创新训练模式的探索与实践*

——以西南政法大学法学院为例

张吉喜** 吕明辉***

摘 要 传统法学硕士研究生培养模式存在科研创新意识薄弱、科研创新能力有待提高、科研创新激励机制尚需优化、科研创新成果展示平台欠缺等问题。为解决上述问题,提高法学硕士研究生的培养质量,西南政法大学法学院分别从科研创新意识、科研创新能力、科研创新激励机制和科研创新成果展示平台等四个方面进行突破,开展法学硕士研究生的科研创新训练工作,逐步凝练成法学硕士研究生"四位一体"科研创新训练模式。该模式通过数年的推行,取得了良好的人才培养效果。

关键词 法学硕士研究生 科研创新训练模式 多师同堂、专题研讨式教学法

---

* 本文系2019年重庆市研究生教育教学改革研究重点项目"法学硕士研究生'四位一体'科研创新训练模式的实践与探索"的阶段性成果。

** 张吉喜,西南政法大学法学院教授,博士生导师。

*** 吕明辉,西南政法大学法学院博士研究生。

2020年9月,教育部、国家发展和改革委员会、财政部联合发布的《关于加快新时代研究生教育改革发展的意见》中强调"完善科教融合育人机制,加强学术学位研究生知识创新能力培养"。学术学位硕士研究生的培养肩负着教育发展、高层次人才培养和科技创新的重要使命;除此之外,法学硕士研究生的培养还承担着传播法律知识、弘扬法律精神、涵养法律道德的重要任务。[1]在新时代背景下,西南政法大学站在国家战略的高度,始终坚定不移地走中国特色社会主义法治道路,坚持社会主义办学方向,立足中国实际,努力加快完善法学教育体系。[2] 法学硕士研究生是法学研究型人才培养的关键途径,[3]西南政法大学法学院长期以来格外重视法学硕士研究生的培养质量,在系统考察并全面分析法学硕士研究生科研创新状况的基础上,创造性推出并实践了法学硕士研究生"四位一体"科研创新训练模式。"四位一体"科研创新训练模式,是指从科研创新意识、科研创新能力、科研创新激励机制和科研创新成果展示平台等四个方面开展法学硕士研究生的科研创新训练工作。"四位一体"科研创新训练模式是一套逻辑严密的完整体系:培养科研创新意识是科研创新的前提,强化科研创新能力是科研创新的关键,健全科研创新激励机制和科研创新成果展示平台是科研创新的保障。下文将首先分析西南政法大学法学院法学硕士研究生"四位一体"科研创新训练模式的实施背景,继而阐释法学院实施该模式的核心内容与创新性举措,最后考察该模式的实施成效。

一、推进法学硕士研究生"四位一体"科研创新训练模式的背景

高校是创新型人才培养的主阵地,研究生则是高层次创新人才中的主力军。但随着法学教育的迅速发展,法学生人数呈几何倍增,其速度远超过师资力量的增长和教学设施的更新,再加上高校固守传统教育模式,[4]时下的法学硕士研究生培养已经悄然改变了为国家法学教育和法学研究输送专业的学术

[1] 参见王利明:《关于法学教育教学改革的四点建议》,载《中国大学教育》2010年第11期。

[2] 参见付子堂、张永和等:《优化法学学科体系　创新发展法学理论研究体系》,载《西南政法大学学报》2023年第2期。

[3] 参见孙笑侠:《法学教育的制度困境与突破——关于法学教育与司法考试等法律职业制度相衔接的研究报告》,载《法学》2012年第9期。

[4] 参见胡弘弘、谭中平:《法律硕士(法学)研究生的培养目标与定位》,载《中国高教研究》2011年第11期。

性人才的初衷。固有模式无法实现对法学硕士研究生进行严格学术训练的需要。〔5〕法学硕士研究生科研创新意识淡薄、科研创新能力不足已成一个不容忽视的问题,〔6〕网络上甚至逐渐掀起“学硕退场”的质疑。这与传统法学硕士研究生培养模式存在科研创新意识薄弱、科研创新能力有待提高、科研创新激励机制尚需优化、科研创新成果展示平台欠缺等问题密切相关。因此,以这四个方面为切入点分析“四位一体”科研训练模式的实施背景。

(一)研究生科研创新意识较为薄弱

科研创新意识是进行科研活动、产出创新成果的不竭精神动力,是培养高层次研究型人才的前提和基础。尽管法学硕士研究生的培养模式一直处于改进过程中,但大部分硕士研究生的科研创新意识仍较为薄弱,具体表现为以下三个方面:其一,部分研究生志不在学术,缺乏进行科研创新的内在驱动力。相当部分学生攻读硕士研究生的初衷在于获得高学历文凭,作为3年后选择工作的“敲门砖”,科研创新被视为不必要且“吃力不讨好”的活动。相当部分研究生对科研活动的态度懈怠,行为准则是对于影响按时毕业的科研任务,偷工减料,能少做就少做;对于不影响按时毕业的科研任务,无动于衷,能不做就不做。其二,被动接受知识的惯性一直延续到了硕士研究生阶段。目前,大学本科法学教育是以老师讲授知识为主,学生基本处于被动接受知识的状态,而法学硕士研究生的教学仍未摆脱这种灌输式教学模式。硕士研究生的课程教学中,教师在课堂上仍将大量时间用于知识的单向传授,研究生被动学习各类法律条文、典型案例,缺乏充分的时间和机会提出问题和互动讨论。〔7〕因此,延续到研究生阶段,很多学生存在着不同程度的路径依赖,依旧以被动接受型模式获取法律知识,难以甚至无法适应主动探索型、自主创新型的学习方式,更遑论科研创新意识。其三,部分硕士研究生普遍缺乏质疑和批判精神,唯现有权威观点马首是瞻。对于存在分歧、需要探讨的学术问题,大部分法学硕士研究生的惯常做法是阅读从中国知网下载的权威论文,简单摘录论文作者的

〔5〕参见冀祥德:《论中国法科研究生培养模式转型之必要——从以培养法学硕士为主转向以法律硕士为主》,载《环球法律评论》2012年第5期。

〔6〕参见鲁祖亮、左小小、黎俊宏:《强化研究生科研创新能力培养的实践与探索》,载《湘南学院学报(社会科学版)》2021年第1期。

〔7〕参见韩立新、何赛:《法学硕士研究生混合式教学模式的问题与对策》,载《航海教育研究》2023年第1期。

观点直接作为个人观点。正如德国法学家默勒斯对于法学教育培养标准的观点:“优秀的法律人必须理解法律,必须能够将法律作为整体而适用,最重要的是要能够对法律进行批判、分析与质疑。”[8] 独立思考之于科研创新的意义不言而喻,这种对他人观点的简单肯定和复制行为,只能起到基础的知识填充作用,明显缺乏质疑和批判精神,缺少独立思考的科研创新意识。

(二)研究生科研创新能力有待提高

科研创新能力的前提在于具备敏锐的问题意识和相对独立的问题分析能力,这是法学硕士研究生自主开展学术研究的重要条件。法学硕士研究生的问题意识和分析能力往往受到课程体系、教学方法、思维模式、教育理念等因素的限制和影响。[9] 传统的法学硕士培养模式偏重于知识讲授,很多法学院校还是采取理论灌输的授课形式,与本科教育模式并无二致,课堂上全程互动少、呈现填鸭式教学样态,整体倾向于专业理论知识的单维度考核。[10] 因此,当前许多法学硕士研究生的文献阅读和写作训练颇为有限,对于如何发现问题、研究问题感到十分迷茫,缺乏学术研究的系统训练,更谈不上提升科研创新能力。此外,法学内各二级学科之间壁垒森严,实体法与程序法学科各自单独培养研究生,在课程设置和教学等方面缺乏必要的知识融合,导致程序法学的研究生缺少解决问题所需的实体法知识体系,实体法学的研究生同样欠缺科研创新所需的程序法知识内容。可见,法学硕士研究生科研创新能力的培养缺乏常规化的路径。即使拥有科研创新意识,如果没有相应的科研创新能力,也无法取得有价值的创新科研成果。当然,科研创新能力包含实践能力,实践能力的培养不足也是科研创新能力来源匮乏的重要原因。法学是一门实践性、应用性极强的学科,法学的理论研究离不开实践的支撑,法学硕士生的培养也离不开实践教学这一重要环节。[11] 法学硕士研究生科研创新能力的匮乏与其实践能力的缺失不无关系。

---

〔8〕[德]托马斯·M.J.默勒斯:《法学方法论》(第4版),杜志浩译,北京大学出版社2022年版,第10页。

〔9〕参见林仕尧:《法学硕士研究生实践能力培养的内涵与路径探究》,载《学位与研究生教育》2015年第7期。

〔10〕参见赵吟:《商法方向硕士研究生培养模式的探索与创新》,载《中国法学教育研究》2020年第4辑。

〔11〕参见吴献萍、余天:《法学硕士研究生实践教学新模式的构建——以湖南高校为例》,载《当代教育实践与教学研究》2019年第21期。

(三)研究生科研创新激励机制尚需优化

依据科研创新激励机制对学生的影响方式,可将科研创新激励划分为物质激励和精神激励这两类。物质激励包括科研创新项目资助、优秀科研成果奖励等,精神激励如优秀科研成果评奖、颁发荣誉证书等。对于硕士研究生而言,物质激励和精神激励同样重要,不可或缺。精神激励能够赋予学生一定的成就感和荣誉感,从而激励科研创新的积极性;物质激励能够为学生提供从事科研活动的经费,通过物质保障推动持续性的科研活动。长期以来,与大部分法学院校类似,西南政法大学法学院每一年度都为硕士研究生设立年度科研创新项目,但科研激励机制仍存在诸多不足:其一,对于未受科研创新项目资助的科研成果缺乏奖励与资助。囿于学校所设立的年度科研创新项目数量有限,部分硕士研究生虽然积极申请年度科研创新项目,但未能如愿获得立项,这些研究生努力钻研产出的科研成果缺乏必要的物质与精神激励,难以保证开展持续性的科研活动,也不利于鼓励更多的研究生开展学术研究。其二,科研项目种类过于单一。仅设有年度科研创新项目,其他类型科研项目严重不足,硕士研究生一年仅有一次机会申请科研立项,激励措施的多元化匮乏。其三,缺少科研成果的评奖评优活动,硕士研究生产出科研创新成果缺乏精神激励。其四,对于硕士研究生参加校外学术交流的关注度不足。部分硕士研究生通过科研成果获得出席相关学术会议的机会,但由于学校、学院和导师都难以解决其出席会议所产生的各种费用,而最终不得已选择放弃,严重制约硕士研究生对外学术交流和科研产出的积极性。

(四)研究生科研创新成果展示平台单一

目前,法学硕士研究生产出科研成果后,对外展示成果的唯一途径是向相关学术期刊投稿以望公开发表,从而对外展示个人成果和学术观点。虽然“是金子总会发光”,高质量的研究成果大多能在相应学术期刊上公开发表,但是对于那些观点尚不太成熟或由于篇幅、选题等原因,未向相关学术期刊投稿或投稿受挫的硕士研究生,学校未能提供展示研究成果的多元化平台。研究生的科研热情受挫,科研的持续性难以保持,学术观点的对外交流严重不足,也难以进一步完善相应科研成果。在传统媒体和新媒体融合发展的情形下,硕士研究生亟须多元化的科研创新成果展示平台,通过对外交流、碰撞学术思想,激发进一步科研创新的灵感与思路。

二、提升法学硕士研究生科研创新意识和科研创新能力的举措

经过对上述背景的剖析,可见传统法学硕士研究生培养模式不适应科研创新训练的需要,因而西南政法大学法学院全盘考虑科研创新意识、科研创新能力、科研创新激励机制和科研创新成果展示平台四个方面,开始对法学硕士研究生科研创新训练模式展开“四位一体”式探索。人才培养中真正值得思考的问题是如何培养研究生的创新精神、创新能力、创新潜质,〔12〕法学院针对硕士研究生科研创新意识薄弱、科研创新能力缺乏的状况,推行了以多师同堂、专题研讨式教学法为核心的一系列创新性举措。

(一)充分发挥导师在提升研究生科研创新意识和能力上的作用

2020年教育部颁布《研究生导师指导行为准则》规定:“研究生导师是研究生培养的第一责任人,肩负着为国家培养高层次创新人才的重要使命。”据此而言,研究生导师是对法学硕士研究生进行科研创新训练的第一责任人,研究生导师的日常指导是研究生科研创新训练的重要途径。西南政法大学法学院以此为准则,不断压实研究生导师对法学硕士研究生的指导职责,在督促研究生导师加强对研究生的个别化、因材施教式指导外,倡导研究生导师每月至少召集本人所指导的所有研究生召开一次研讨式交流会(seminar),〔13〕引导研究生及时学习本学科国内外的发展新趋势,尽早接触本学科的前沿课题和最新学术成果,介绍和探讨最新的学术观点。另外,法学院定期召开研究生代表座谈会,了解研究生导师对法学硕士研究生的指导情况,并向导师提出各方面改进建议。对未全面履行指导职责的研究生导师,法学院坚持以灵活多样的方式进行工作提醒。

(二)实施研究生课程改革,推行多师同堂、专题研讨式教学法

目前法学研究生教育与本科生教育相混淆的现象,本质上是研究生教育本科化的表现,不符合研究生教育规律与发展要求。〔14〕法学硕士研究生的教学方法和课程模式需要实现学生之间、师生之间的理论与实践互动。大家经常谈及的是美国法学院校推行的案例教学法,教师与学生之间根据案例互相

---

〔12〕参见徐显明、黄进等:《改革开放四十年的中国法学教育》,载《中国法律评论》2018年第3期。

〔13〕seminar源于拉丁文seminarium,原意为培育幼苗的“苗床”,是欧美大学流行的一种教学和学术交流方式。

〔14〕参见赵忠令、邵波:《防止本科化倾向,实施研究生教育结构性扩招》,载《中国高等教育》2003年第20期。

问答、互相辩论,培养学生对于判例的分析能力和理解能力。[15] 西南政法大学法学院积极探索研究生课程改革,在部分专业必修课中创造性推行多师同堂、专题研讨式教学法。接下来以“中国刑事诉讼法总论”课程为例,对该教学法进行介绍。

“中国刑事诉讼法总论”的课程模式可以概括为“五要素 + 五环节”。

“五要素”是指多师同堂、专题研讨、刑事一体、硕博贯通和动态考评这五大核心要素。第一,多师同堂是指每次课程一般由 3 名教师(分别为主持人、主讲人和点评人)同时在场授课,分工负责,特别是广泛吸收法学实务专家担任点评人参与课堂教学。第二,专题研讨是指围绕事先精心选择的课程专题,由师生共同研讨,以研究生的专题发言为主。每个专题的负责教师从兼顾前瞻性、理论性和实践性出发,编写阅读文献和研讨提纲,提前向学生公布。第三,刑事一体是指刑法专业与刑事诉讼法专业的硕士研究生混合编组,同堂上课,教学内容、教学时间、教学方式、考核要求完全相同。第四,硕博贯通是指博士研究生分散编入各硕士研究生的课程小组中,共同参与课程研讨和专题发言,但考核存在阶梯式要求。在每个专题授课前,研究生需要阅读大量必读文献和选读文献,并通过小组内部激烈讨论,针对授课提纲拟定发言提纲。第五,动态考评是指以课堂研讨提纲/PPT、读书报告或研究综述以及期末论文三个部分为考核依据,以过程式、动态性考核为主。

“五环节”具体分为引导性讲授、主题发言、评论发言、交流发言和总结评论等五个部分具体流程。第一,引导性讲授是指由主讲教师简要介绍本专题的相关知识背景,概述本专题讨论的主要问题,设定专题讨论的范围,明确研讨中需要特别注意的事项,且教师的讲授限于引导性、质疑性、评论性和总结性的专业内容。第二,主题发言是指由主持教师当堂随机抽点研究生依次进行发言,全面阐述本小组关于研讨议题的基本观点及理由。每位研究生主题发言结束后,需要接受老师和其他研究生的质疑与提问,并现场回答。第三,评论发言是指在主题发言环节结束后,由评论教师就研讨情况发表评论意见,

---

〔15〕 案例教学法有助于训练学生的法律思维和逻辑分析能力,但是也存在学习系统性不足、耗时太多、复杂烦琐、加剧学业负担等弊端。参见孟涛:《美国法学教育模式的反思》,载《中国政法大学学报》2017 年第 4 期;参见聂鑫:《美国法学教育模式利弊检讨》,载《环球法律评论》2011 年第 3 期。

明确已经取得的观点共识,简要回答研究生在主题发言中的提问,指出研讨中的不足和需要进一步重点研讨的问题,合理引导研讨方向。第四,交流发言是指根据研讨提纲和评论情况,由研究生进一步展开自由发言,展示观点和学术争辩。第五,总结评论是指由主讲教师对师生讨论中涉及的学术问题进行归纳和拓展,对引导性讲授内容进行补充,进一步解答研究生关于专题的疑问,对需要进一步研究的学术问题和需要进一步阅读的学术著作予以提示。

当然,根据不同课程的特点,多师同堂、专题研讨式教学法的具体方案稍有不同,如"民事执行法"课程由民事诉讼法教师、民事实体法教师和法官共同组成教师团队,实体法老师与程序法老师同堂授课。总的来说,多师同堂、专题研讨式教学法并非单纯的教学方法改革,而是教学理念、教学内容、教学组织方式、考核考评机制的系统性优化,既激发了法学硕士研究生课堂参与的积极性,也有针对性地提升了法学硕士的科研创新意识和科研创新能力。其一,注重对法学硕士研究主动性的培养,促使其积极进行课前准备、课中发言和课后总结,改变以往被动学习的局面。通过阅读文献和小组讨论,展示针锋相对的多种学术观点,增强法学硕士研究生的学术积淀,促使其深入思考和产生疑问;以课堂师生、生生互动讨论的形式外化研究生对相应学术问题的思考和心证,师生、生生以及师师之间针对相关问题各抒己见并进行争辩,有助于研究生形成和完善个人的学术思路。其二,课堂上以研究生发言和师生、生生、师师互动讨论为主,实现平等、真实、有效的学术讨论,以学术观点的交锋碰撞培养研究生的思辨能力和批判精神。通过发言和研讨,在互动教学中碰撞出思想的火花,也为硕士研究生们将来从事课题研究提供灵感,鼓励研究生独立思考形成自我观点,"不唯书、不唯上",培养创新性的思维习惯。其三,坚持实体法与程序法融合的理念,有效改变了法学硕士研究生缺乏必要知识融合的状况。如"中国刑事诉讼法总论"采取刑法专业与刑事诉讼法专业的硕士生混合编组,"民事执行法"采用民事实体法和民事程序法教师共同上课。通过打破实体法与程序法之间的学科壁垒,有效实现了实体法与程序法知识、理念的系统性融合,提升法学硕士研究生的全方位学术创新能力。其四,理论与实践紧密结合。课堂上不仅有来自学校的老师,还有源自实务部门的学者型法官、检察官和律师等,他们参与课堂讲授、解决疑难问题,并与研究生们展开平等研讨,其角色是法学实践的引导者而非灌输者,为学术创新带来了实践的面向。

(三)推行法学硕士研究生学位论文预选题制度

法学是一门实践性颇强的学科,诸多真正值得研究的问题都源于司法实践。而学位论文作为研究生科研创新的核心体现,为了使研究生的学位论文在创新性上有实践的源泉,专业实习在学位论文的创作中发挥着无可替代的作用。因此,西南政法大学法学院推行了学位论文预选题制度,促使法学硕士研究生通过专业实习进行选题调研,为核心科研创新成果提供实践源泉。具体而言,首先,硕士研究生应在导师的指导下确定毕业论文的意向选题,并针对相应选题撰写文献综述(文献综述原则上不得少于5000字)。文献综述需要经导师审阅和签字确认,并由法学院教学办公室和各教研室对研究生的毕业论文预选题和文献综述进行审查、备案。其次,由学院根据研究生意愿和实习基地情况安排集中专业实习,硕士研究生带着论文撰写中的问题投入实习,根据预开题程序通过的选题收集实证研究的相关资料,展开充分调研,同时带队指导教师也会督促研究生围绕论文选题展开研究。导师组在学位论文正式开题时,也应当考虑硕士研究生是否针对预开题时通过的选题进行了充分全面的调研。

(四)改革法学研究方法论课程的授课方式

与本科阶段注重专业知识的积累不同,法学硕士研究生的培养教育着眼于理论研究能力、法学思维能力、科研创新能力和法律实践能力等,以硕士生熟练运用法学专业知识独立分析、研究和解决问题为培养目标。[16] 因此,硕士生对法学研究方法的掌握是独立从事科研创新的重要工具。研究生课堂教学不仅传授法学专业知识,还向硕士研究生传授法学研究方法和科研技能,培养和训练研究生的科研能力,使其逐步具备独立从事科研的能力和掌握从事法学研究的方法。[17] 通过推进多师同堂、专题研讨式教学方法,法学硕士生的文献阅读量大幅度增加,科研创新意识和科研创新能力得以提升。但是,科研创新活动还需要研究生掌握恰当的研究方法。"法学研究方法论"课程是法学硕士生的专业必修课,但是长期以来该课程并没有受到应有的重视。西南政法

〔16〕 参见韩立新、何赛:《法学硕士研究生混合式教学模式的问题与对策》,载《航海教育研究》2023年第1期。

〔17〕 参见秦建荣、蒋万庚:《论法学硕士研究生课堂教学质量评估体系的构建》,载《高教论坛》2009年第6期。

大学法学院通过改革该课程的授课方式,安排在社会科学研究方法和本学科研究方法方面有造诣的老师接力授课,提供环境推动甚至“迫使”研究生探索研究方法,[18]让其系统掌握社会科学和本学科的常用研究方法,培养“法眼看世界”的专业视角。

三、完善法学硕士研究生科研创新的激励机制

在法学硕士研究生科研创新的激励机制方面,西南政法大学法学院针对以往的制度性缺漏,健全和完善物质激励与精神激励措施,构建全方位、多元化的科研激励机制体系,从而更有效地助力法学硕士研究生开展科研创新活动。

(一)设立多元化的院级科研创新项目

在重庆市教育委员会和西南政法大学层面资助研究生科研创新项目的基础上,法学院扩大了对研究生科研创新项目的资助范围,加大了对研究生科研创新项目的资助力度,以科研创新项目引导法学硕士研究生协同合作、展开科研创新。硕士研究生可以科研项目为依托,有效平衡基础研究与前沿创新。

其一,年度项目。西南政法大学法学院每年会定期开展研究生科研创新项目的立项和结项工作。法学院所有的研究生均有资格申报,每生每年只能申报一个年度项目或参研两个年度项目,每一项目的参加人(主持人除外)不超过3人。年度项目的资助经费在项目结题后,一次性拨付。结项条件是至少以“西南政法大学”为第一署名单位公开发表一篇与所申报的项目相关的学术论文。[19] 同时,申请人公开发表了两篇以上与所申报项目相关的学术论文的,适当增加项目经费。是否符合结项条件,由法学院学术委员会根据研究成果的学术贡献、社会贡献等情况予以认定。

其二,基地专项。为了充分发挥各研究基地在法学硕士研究生培养中的作用,西南政法大学法学院设立研究生科研基地专项项目。法学院所有研究生均有资格申报,每生每年只能申报一个基地专项项目。立项和结项一并进行,申请人参考课题指南确定选题后即自行开展研究,以研究成果申请,成果

---

〔18〕 参见何美欢:《理想的专业法学教育》,载《清华法学》2006年第3期。

〔19〕 发表在“学术声誉不佳”的刊物上的论文不能作为结项成果。论文所发表的刊物是否属于“学术声誉不佳”的刊物,由学院予以认定。

形式为期刊论文。申请人以课题指南中的研究基地为第一署名单位，公开发表与该研究基地研究方向密切相关的学术论文，经法学院学术委员会根据研究成果的学术贡献、社会贡献等情况予以认定后，给予其一定的研究经费资助。

其三，特别任务专项。根据人才培养和社会发展的需要，西南政法大学法学院设立了特别任务专项。如为庆祝中国共产党成立100周年，法学院设立研究生科研创新专项课题。申请人要以马克思列宁主义、毛泽东思想、邓小平理论、“三个代表”重要思想、科学发展观、习近平新时代中国特色社会主义思想为指导，以展现百年来党带领人民不懈奋斗的光辉历程为目的，结合自己的学术专长和研究基础进行选题，选题要体现鲜明的时代特征、问题导向和创新意识。立项评审和结项鉴定合并进行，申请人确定选题后即自行开展研究，以研究成果申请结项。结项须符合下列情形之一：(1)以“西南政法大学”为第一署名单位公开发表期刊论文或报纸文章。公开发表期刊论文1篇或报纸文章1篇(字数不少于2000字)。(2)在“西政法府”微信公众号上发表文章。研究生根据要求撰写提交3000字左右的文章一篇，经法学院组织专家评审，认为达到结项的学术水平的，推荐到“西政法府”微信公众号上发表。根据上述两种不同的结项方式，分别给予申请人相应的研究经费资助。

(二)出台优秀科研成果奖励制度

西南政法大学法学院于2017年出台《西南政法大学法学院研究生优秀科研成果奖励办法》，适用于法学院在读研究生以西南政法大学名义发表的第一作者或独著期刊论文(与导师合著、排名第二，且无其他作者的，视为独著)。研究生本人主持的法学院相关项目成果除外(项目经费低于奖励标准的，奖励额度为奖励标准与项目经费之间的差额)。

(三)将参加科研活动和取得科研成果纳入综合考评计分依据

研究生的综合考评结果由德育考评、智育考评和拓展性素质考评三个部分组成，是对学生综合表现的评价，是开展研究生评奖评优等工作的重要依据。西南政法大学法学院将研究生参加科研活动和取得科研成果作为智育考评的主要依据。其一，对于研究生公开出版的学术著作和公开发表的学术论文按照《西南政法大学学术著作分级认定办法》确定的级别进行计分。在合法内部刊物上发表的论文，在国家级网站、省部级网站和学校网站公开发表的论文，也分别计算相应的分值。其二，研究生参加学术会议并作报告的，根据国际学术会议和全国学术会议两种类型分别计分。如果论文作为全国性专业学会或研究会年会、其他全国性学术会议、省部级专业学会或研究会年会以及其他省部级学术会议上作主题发言使用,另行根据会议类型分别加分。其三,对于科研获奖,根据国家级成果奖,省部级成果奖,全国性专业学会、研究会成果奖,省级专业学会、研究会成果奖以及校级学术成果奖等不同级别和一等奖、二等奖、三等奖、优秀奖等不同等级分别计分。其四,对于科研项目,首先计算立项分,计分依据是国家级、部级、省级、厅级和校级等不同项目级别和重大项目、重点项目、其他项目等不同项目类型。为了鼓励研究生积极推进项目研究,还专门设置了结项分,结项分的计算依据与立项分的计算依据相同。其五,研究生参加论文竞赛也纳入计分依据,根据国家级、省部级和校级等不同竞赛级别以及一等奖、二等奖、三等奖和优秀奖等不同获奖等级分别计算。

(四)实施其他激励性政策

为了进一步强化法学硕士研究生在实习过程中的问题意识,鼓励研究生在实习过程中撰写调研报告或实证研究类论文,西南政法大学法学院推行实证研究类论文写作和竞赛制度。法学院要求各研究生在专业实习过程中,根据学位论文意向选题,在导师、实习单位指导老师和实习带队老师的指导下至少撰写一篇实证研究类论文(个案分析报告、类案分析报告或具有实证研究内容的论文均可),字数不少于10,000字,需经导师审阅并签字。然后,各实习带队老师按照不高于30%的比例推荐优秀成果参与院级优秀成果评选,学院组织专家评选出院级优秀成果,对作者予以通报表彰,并颁发证书。在法学院学生科研创新项目立项评审中,优先资助上述获奖研究生以获奖成果为基础申报的项目。通过推行实证研究类论文写作和竞赛制度,进一步鼓励研究生在专业实习中将理论与实践结合,提高科学调研能力与论文写作能力。另外,法学院专门出台相关制度,资助硕士研究生积极参加校外各类学术交流,为参与校外相关学术论文竞赛以及参加校外学术研讨会的研究生提供政策性资助,报销相应差旅费,进一步激发法学硕士研究生的科研创新动力。

四、创建法学硕士研究生科研创新成果的多元化展示平台

为拓展法学硕士研究生的科研成果展示渠道,增加对外学术交流机会,西南政法大学法学院坚持创建多元化成果展示平台,更广泛地展示法学硕士研究生的各类科研创新成果,提供对外交流的学术渠道。

(一)推行硕博论坛制度

西南政法大学法学院坚持推行硕博论坛制度,为法学硕士生的科研创新成果提供及时展示与完善的交流平台。硕博论坛是由博士研究生、硕士研究生们定期组织开展的专题学术论坛,用以交流研究生们最新的科研成果,并加以研讨。硕博论坛的参加人员主要包括以下四类:(1)主讲人。主讲人是主讲硕博论坛在读博士研究生、硕士研究生(1人)。(2)交流人。交流人是针对主讲人的主讲内容进行提问、学术批判的研究生,由主讲人的非同门在读博士研究生、硕士研究生(3~4人)担任。(3)点评嘉宾。点评嘉宾是针对本次论坛的所有发言进行评析、总结的校内外专业教师或实务专家(2人以上),原则上为本场论坛主讲研究生的导师和主讲人推荐的青年教师。(4)参与人。参与人是除主讲人、交流人、点评嘉宾之外的参与本次论坛的其他任何人员,主讲人的硕、博研究生同门原则上需要参与本场论坛,在自由交流环节参与论坛的提问与交流讨论。为了鼓励硕士研究生积极主讲硕博论坛,民事诉讼法学硕士研究生和刑法学硕士研究生的培养方案明确要求,硕士研究生在申请学位前必须参与硕博论坛不少于3次。硕博论坛制度作为法学院研究生学术活动的品牌,为营造法学研究生的学术氛围起到了重要作用,硕士研究生可以通过硕博论坛展示个人的创新性研究成果,且硕博论坛以批判、交流为主,也为硕士生进一步完善科研创新成果提供了平台。

(二)出版学术辑刊

西南政法大学法学院积极鼓励和推动所属的各科研基地主办相应学术辑刊,为法学硕士研究生的各种科研创新成果提供了充分展示与交流的平台。如量刑研究中心主办的《量刑研究》(主编为石经海教授),比较民事诉讼法研究中心主办的《司法改革论评》(主编为唐力教授),证据法研究中心主办的《证据法学论丛》(主编为潘金贵教授),诉讼法与司法改革研究中心主办的《刑事司法论丛》(主编为闫召华教授)。以《司法改革论评》2020年第1卷为例,该卷共发表法学硕士研究生独著或与导师合著的科研创新成果达5篇。

(三)鼓励科研基地创建微信公众号和网站

随着数字化时代的深入发展,西南政法大学法学院也积极创建数字化成果展示平台。法学院所属的科研基地中,共有7个科研基地创建独立的微信公众号,分别是"新型犯罪研究中心"(由重庆市新型犯罪研究中心主办)、"执行与破产研究"(由执行研究院主办)、"民事程序纵横"(由比较民事诉讼法研究中心主办)、“证据与刑辩论坛”(由证据法研究中心主办)、“量刑法学研究”(由量刑研究中心主办)、“刑检研究中心”(由刑事检察研究中心主办)和“禁毒智库研究”(由国家毒品问题治理研究中心主办)。此外,特殊群体权利保护与犯罪预防研究中心、量刑研究中心、刑事检察研究中心、国家毒品问题治理研究中心(毒品犯罪与对策研究中心)等还建立了独立的学术网站。这些科研基地的微信公众号和网站同样是硕士研究生展示科研创新成果的重要平台,以证据法研究中心的微信公众号“证据与刑辩论坛”为例,该微信公众号长期推送相关法学硕士研究生的学术文字,获得了一致好评,达到相当好的展现与交流效果。

五、推进法学硕士研究生“四位一体”科研创新训练模式的实践效果

现代法学教育承担着培养高素质法治人才的重任,在构建法律职业共同体、推进法治现代化进程中居于基础性、先导性地位。[20] 西南政法大学法学院探索实施的法学硕士研究生“四位一体”科研训练模式为现代法学教育开拓了新的模式路径,将科研创新意识、科研创新能力、科研创新激励机制和科研创新成果展示平台一体化融贯于法学硕士全过程培养中,取得了良好的人才培养实践效果。

(一)形成了重视学术研究的良好氛围

通过分析实证研究类论文写作和竞赛情况以及院级学生科研创新项目的按时结项情况,可以管窥法学硕士研究生科研创新意识的提升与重视学术研究氛围的形成。

第一,研究生实证研究类论文写作和竞赛的成果斐然。2019 年春季研究生专业实习中,经各实习带队老师推荐和专家评审,共评选出 3 篇专业实习优秀科研成果。2020 年春季,由于受新冠疫情影响,研究生专业实习采用替代方案,在做好疫情防控的同时,最大限度地实现专业实习的目标,西南政法大学法学院发布“关于在 2020 年春季实习研究生中开展学术论文竞赛的通知”,经各实习带队老师推荐和专家评审,共评选出 26 篇专业实习优秀科研成果和 49 篇获奖学术论文。在 2021 年、2022 年和 2023 年的春季研究生专业实习中,经各实习带队老师推荐和专家评审,分别评选出 40 篇、38 篇、34 篇专业实习优秀

---

〔20〕 参见黄文艺:《论习近平法治思想中的法学教育理论》,载《法制与社会发展》2023 年第 3 期。

科研成果。可见,在“四位一体”科研训练模式的推行下,法学院硕士研究生的科研创新意识、论文写作能力等均有增强。

第二,研究生院级科研创新项目的按时结项率逐步提升。由于科研创新意识与能力的不足,以往研究生院级科研创新项目的按时结项率偏低,例如2017年按时结项率不足50%。自从法学院全面推行“四位一体”科研创新训练模式以来,院级科研创新项目的按时结项率逐步提升,2019年按时结项率为54.6%;2020年至2022年的按时结项率均达到60%以上。研究生科研成果产出率提升,结项后获得更多资助和激励,可以激励硕士研究生展开进一步的科研创新,形成良性循环。

(二)公开发表的科研成果数量远超兄弟学院

公开发表的科研成果数量,是法学硕士研究生科研创新能力的最佳注脚。西南政法大学法学院的法学硕士研究生招生规模与民商法学院、经济法学院、行政法学院相当,但在逐步推行“四位一体”科研创新训练模式以来,通过中国知网检索可见,法学院法学硕士研究生公开发表学术论文的数量每一年度均多于民商法学院、经济法学院和行政法学院(详见表1)。需要说明的是,2020年、2021年和2022年法学院硕士研究生的发表论文数量略有下降,其他兄弟学院也存在类似情形,主要原因在于受新冠疫情防控的影响,采取线上教学方式,客观上影响了研究生进行学术论文写作和投稿的条件。总而言之,在同等条件下,经过“四位一体”训练模式,法学院法学硕士研究生的科研创新能力显著增强,科研成果不断产出。

表1 法学院法学硕士研究生与兄弟学院法学硕士研究生公开发表学术论文数量

单位:篇

学院	年度发文数量						
	2016	2017	2018	2019	2020	2021	2022
法学院	182	187	167	186	153	119	100
民商法学院	112	120	106	121	104	89	95
经济法学院	113	92	105	107	91	82	59
行政法学院	96	78	90	83	81	79	80

注:相关数据来源于中国知网检索,为不完全统计。

(三)学位论文质量得到提高并持续保持

作为重要学术风向标的硕士学位论文水平是法学硕士研究生学术水平和科研创新能力的最直接体现。理论上说,衡量研究生学位论文质量的指标至少包括匿名评阅成绩、答辩成绩、各级优秀学位论文数量等。但这些指标中,只有匿名评阅成绩是最为客观的,较少受主观性和机制性因素的影响。与匿名评阅成绩不同,答辩成绩往往会考虑情面因素和推荐各级优秀学位论文的需要,优秀学位论文的数量也是将推荐名额分配到学院和各专业的。因此,以学位论文匿名评阅成绩的变化来考察学位论文质量的变化是较为可信的,就此比较西南政法大学法学院2019届至2023届法学硕士研究生学位论文的匿名评阅成绩,这5届法学硕士研究生学位论文均有两位评审专家进行匿名评阅,分别打出成绩。主要选择以下两项指标来比较这5届法学硕士研究生的学位论文质量:其一,匿名评阅成绩平均分的分布情况。通过统计2019届至2023届法学硕士研究生学位论文的匿名评阅成绩,从总体上看,"四位一体"科研创新训练模式的实践过程中,法学院5届法学硕士研究生学位论文的匿名评阅成绩呈现出稳步提高的趋势,高分段学位论文的数量逐渐增加。其二,评阅为不合格成绩的学位论文数量。[21] 从表2的统计数据可以明显看出,"四位一体"科研训练模式推行以来,法学院法学硕士研究生学位论文中不合格的数量不断下降,从反面证成法学院法学硕士研究生学位论文质量的提升。

表2　法学院法学硕士研究生学位论文匿名评阅情况

年度	平均分为90分以上的人数	平均分为80~89.9分的人数	平均分为70~79.9分的人数	平均分为60~69.9分的人数	不合格论文的人数
2019届	4	113	73	6	6
2020届	9	118	45	4	5
2021届	16	123	32	4	0

〔21〕 根据2022年修改前的《西南政法大学学位授予工作规定》,只要有一位专家的评阅成绩低于60分,即为不合格论文,不能进入答辩程序。根据2022年修改的《西南政法大学学位授予工作规定》,仅1名专家给出"不同意答辩"评阅意见,其余评阅意见均为"良好"(75分)以上的,经2名专家复评且评阅意见为"同意答辩"的,仍然可以进入答辩程序。虽然进入答辩程序的情形发生变化,但是不合格成绩的标准没有变化。

续表

年度	平均分为90分以上的人数	平均分为80~89.9分的人数	平均分为70~79.9分的人数	平均分为60~69.9分的人数	不合格论文的人数
2022届	15	128	30	3	2
2023届	9	147	28	4	2

六、结语

"四位一体"科研创新训练模式是西南政法大学法学院多位院领导、诸多老师和硕博研究生们集体智慧的结晶。西南政法大学法学院通过实施"四位一体"科研创新训练模式,取得了颇为显著的法学硕士研究生培养效果。中共中央办公厅、国务院办公厅印发的《关于加强新时代法学教育和法学理论研究的意见》对新时代提高法治人才培养质量提出了要求、指明了方向。未来,我们将根据新时代法治人才培养的要求,在前期成功经验的基础上,进一步提炼、深化,使法学硕士研究生科研创新训练模式更具科学性、系统性和周延性,努力为法治中国建设培养更多高素质法治人才。

《政法教育评论》
第1辑,第160~175页

基于课题培养法科学术硕士生科研创新能力研究

——以A市B高校为分析对象

杨青贵*

摘　要　立项研究课题或参与课题研究是高等院校培养法科学术硕士生科研创新能力的主要且可行方式。A市B高校经多年实践探索,在基于课题培养法科学术硕士生科研创新能力方面形成了较为成熟的做法,取得了显著成效,但仍面临结项率不高、实质参与不够、潜力挖掘不足、系统性偏弱、事后监管乏力等普遍性问题。这就需要采取协同推进的思路,靶向法科学术硕士生科研创新能力培养需求,把握基于课题培养法科学术硕士生科研创新能力的影响因素和可为环节,从体系协调、全程监控、培养体系、激励措施、评估评价等方面形成适应性改革方案。

关键词　学术硕士　科研创新　实践探索　靶向改革　协同推进

一、问题的提出

党的十八大以来,我国不断加强研究生科研创新能力培养工作。教育部、国家发展改革委、财政部《关于加快新时代研究生教育改革发展的意见》提出,

* 杨青贵,西南政法大学经济法学院副教授,硕士生导师。

“坚持创新引领,增强研究生使命感责任感,全面提升研究生知识创新和实践创新能力”。教育部、国家发展改革委、财政部《关于“双一流”建设高校促进学科融合 加快人工智能领域研究生培养的若干意见》将通过课题培养科研能力作为培养学术硕士生科研创新能力的重要方式,并提出了培养研究生科研创新能力的具体要求。《中国教育现代化2035》明确提出,“着力提高研究生的创新能力和实践能力”。在此背景下,各省、自治区、直辖市将培养学术硕士生科研创新能力作为研究生分类培养的重要内容,加大培养力度。例如,《重庆市高等教育事业发展“十四五”规划(2021～2025年)》将“培养学生创新实践能力”作为加大高素质人才培养的重要目标。

创新能力作为个体运用已有知识和材料,掌握相关学科的前沿知识,开展创造性活动的能力,核心在于有所突破、有独到见解,具体表现为产生某种新颖独特、有社会价值或个人价值的思想、观点、方法和产品的能力。〔1〕学术型硕士研究生科研创新能力就是通过相关理论和方法的学习而形成新的思想、观点、方法以及成果的能力。〔2〕科研创新能力同样是法学(学术型)硕士研究生(以下简称法科学术硕士生)〔3〕培养的基本要求。影响法科学术硕士生科研创新能力培养的因素较多,〔4〕如个体、导师(导师研究基础)、同辈群体(同学压力)、课程教学、科研课题项目、学术论文撰写、学术活动、科研硬件设施、科研激励制度和毕业遴选制度;同学关系、导师指导、外部专家、政策感知和个人主动性;〔5〕科研志趣、科学家级导师、高水平前沿性科研课题、合作竞争的团队、高影响因子论文的发表、物质激励、团队激励、跨学科交流。〔6〕

在前述因素影响下,法科学术硕士生科研创新能力培养面临创新动力和能力不足、相关制度协调性弱、科研创新培养方式局限、发表率低且高水平成

〔1〕参见颜建勇、陈寿灿:《培养和提升研究生创新能力的路径选择》,载《理论月刊》2007年第7期。

〔2〕参见高红贵、江月亭、黄耶:《影响学术型硕士科研创新能力培养因素的实践探索——基于湖北省7所部属高校的调研数据》,载《绿色科技》2016年第5期。

〔3〕参见邢会强、沈安琪、张龄方:《法学硕士研究生〈经济法总论〉课程的定位与教学改进》,载《财经法学》2017年第6期。

〔4〕参见尚志红:《论普通高校文科研究生科研能力的培养》,载《大学教育》2020年第5期。

〔5〕参见赵玉、侯俊华:《学术型研究生创新能力驱动因素及提升路径研究——基于江西高校的调查》,载《重庆高教研究》2019年第1期。

〔6〕参见谢梦、王顶明:《研究型大学拔尖创新博士生培养激励机制——L院士课题组案例研究》,载《高等工程教育研究》2016年第1期。

果偏少、[7]原创程度不高[8]等突出问题。在此背景下,国内许多高校积极开展法科学术硕士生科研创新能力培养探索,挖掘出以主持课题和参与课题为主要模式的科研创新能力培养模式。基于课题培养法科学术硕士生科研创新能力这一模式对既有问题具有较强的回应性,并已逐步成为法科学术硕士生科研创新能力培养的主要方式。经多年的实践探索,我们有必要深入剖析、反思和提升基于课题培养法科学术硕士生科研创新能力实践。为此,亟须立足法科学术硕士生科研创新能力培养的目标,选择具有代表性的高校相关实践探索为分析对象,着力探索基于课题培养法科学术硕士生科研创新能力的靶向改革方案。

二、基于课题培养法科学术硕士生科研创新能力的目标定位

当前,基于课题培养法科学术硕士生科研创新能力的实践模式较多,但亟须在充分实证研究之基础上,明确基于课题培养法科学术硕士生科研创新能力的目标指引、基本定位,为进一步探索提升法科学术硕士生科研创新能力提供方向指引。基于课题培养法科学术硕士生科研创新能力作为法科学术研究生培养的重要形式,其基本目标仍然源自法科学术硕士生的培养目标。法科学术硕士生的培养目标是"以培养具有一定法律实务技能之学术型人才与具有较高理论素养之应用型人才为基本目标,使学生成为具有较高法学理论素养,掌握坚实的法学基础理论和系统的法学专业知识,具有从事法学理论研究的能力,具备良好的法律职业道德和心理素质的高层次法学专门人才"。[9]在研究生分类培养的模式下,具有从事法学理论研究的能力也就成为培养学术型硕士研究生的重要目标。相应地,可将基于课题培养法科学术硕士生科研创新能力的目标确定为:以科学需求为导向,将基于课题培养法科学术硕士生科研创新能力作为实现教育现代化的重要内容,围绕国家、社会、研究生、家长、高校等多元主体对法科学术硕士生科研创新能力培养的科学需要,培养法

[7] 参见耿有权等:《我国学术型研究生培养模式运行状况的调查研究——基于全国14所重点高校问卷数据》,载《研究生教育研究》2011年第6期。

[8] 参见邓旭、马一先:《新时代我国教育政策执行问题的新思考》,载《高教研究与实践》2019年第12期。

[9] 参见《法学(学术型)硕士与法律(专业学位)硕士的区别》,载中国研究生招生信息网,https://yz.chsi.com.cn/kyzx/other/201511/20151120/1510094174.html。

科学术硕士生科研创新意识,增进创新能力,促进创新成果产出及其社会转化,以培养符合新时代中国特色社会主义建设需要的高端法治人才。

立足经验与问题的双重关照,[10]基于课题培养学术硕士生科研创新能力的基本要求归纳为:其一,基于课题培养法科学术硕士生的科研创新意识,提升科研创新能力,以及发现和解决问题、资料检索与分析、逻辑论证、语言表达等方面的能力。其二,将法科学术硕士生科研创新能力培养聚焦法学研究方法、法学研究范式、法学思想观点等多方面。[11] 其三,促进法科学术硕士生科研成果的产出,尤其是取得有创新性的法学研究成果。[12] 其四,通过科研创新能力培养,增强法科学术硕士生创新激情(观察力、质疑力和想象力)、创新实践(关注力、动手力和拓展力)、创新素养(领导力、沟通力和协同力)。[13] 根据上述目标和要求,可从宏观、中观、微观三个层次归纳出基于课题培养法科学术硕士生科研创新能力的基本功能。宏观上,基于课题培养法科学术硕士生科研创新能力的功能定位必然服从教育现代化这一国家部署及其相关要求;中观上,基于课题培养法科学术硕士生科研创新能力的功能定位应当是着力推进学术硕士生科研创新能力培养的科学需要;微观上,可将基于课题培养法科学术硕士生科研创新能力的功能定位为提升基于学术硕士生个体差异的科研创新能力。

三、基于课题培养法科学术硕士生科研创新能力的实践探索

A 市 B 高校是一所以法学为主,培养体系覆盖本硕博的高等院校,其法学学科在全国第四轮学科评估中被评为 A 级以上。该校通过按年度开展省级、校级课题立项以及促进学生参与课题研究等方式,开展了有关基于课题培养法科学术硕士生科研创新能力的大量实践探索,在国内高校尤其是法学院校中具有较强的代表性。通过分析该校相关实践,可管窥基于课题培养法科学术硕士生科研创新能力的国内实践现状。

---

〔10〕 参见莫洪宪:《创新型法学博士研究生培养模式探索》,载《法学杂志》2013 年第 1 期。

〔11〕 参见张蕾:《地方高校研究生学术创新能力培养途径》,载《继续教育研究》2019 年第 1 期。

〔12〕 参见吴照云:《对研究生学术创新能力培养的几点思考》,载《学位与研究生教育》2007 年第 11 期。

〔13〕 参见张建林:《基于创新能力的研究生培养机制改革探索》,载《中国高教研究》2008 年第 3 期。

（一）基于课题培养法科学术硕士生科研创新能力的主要做法

1.将研究生科研项目纳入人才培养方案

人才培养方案是研究生培养的主要依据和基本指引。将基于主持或参与课题培养科研创新能力作为人才培养方案的基本内容,是实现学术硕士生科研创新能力培养的重要路径。实际上,基于课题等方式培养法科学术硕士生科研创新能力,已经被纳入A市B高校研究生培养管理体系中。该校硕士研究生培养管理办法明确规定,坚持“学术学位硕士研究生与专业学位硕士研究生实行分类培养、分类管理”,强调“重视对硕士研究生进行系统性的科研训练”,并鼓励将以基础研究形式所确定的兼具较深学术研究内涵、较大实际应用价值的课题,作为学术学位硕士研究生学位论文选题。在此基础上,该校各法学二级学科均直接或间接将基于课题培养法科学术硕士生科研创新能力作为相应人才培养方案的重要内容。

2.搭建多层次的研究生科研项目体系

目前,A市B高校已经形成以省级研究生科研创新项目和校级学生科研创新项目为主,以校内院系、学科、研究基地自设研究生科研项目为补充的多层次研究生科研项目体系。同时,引导、鼓励法科学术硕士生通过参与教师(包括导师)主持课题的方式提升自己的科研创新能力。自2014年起,A市制定省级研究生科研创新项目管理指南,面向全市研究生按年度招标立项省级研究生科研创新项目。B高校研究生管理部门按照省级研究生科研创新项目年度工作安排,负责校内申报、初评以及日常管理等具体工作。在校级学生科研创新项目方面,该校于2016年制定校级学生科研创新项目管理办法,设博士生项目、硕士生项目和本科生项目,按年度面向全校本硕博学生(非毕业年级)公开招标。三类校级项目资助经费分别为1万元、0.5万元、0.2万元。在结项要求方面,有具体量化指标。其中,硕士生项目结题应发表公开出版著作或1篇CSSCI期刊论文或校定特定等级智库成果或经验鉴定合格的1.5万字以上研究报告。

3.加强对研究生科研项目的监督管理

A市省级研究生科研创新项目由A市教育行政主管部门全面负责省级研究生科研创新项目的监督管理工作,B高校研究生管理部门具体负责“本单位研究生科研创新项目的申报和管理工作,并为项目的实施提供必要的条件”;B高校科研管理部门全面负责校级学生科研创新项目的监督管理工作,校内院系作为培养单位负责项目申报工作并为项目实施提供必要条件。在此框架下,研究生科研创新项目的监督管理覆盖了立项到结项的全过程。以具体的法科学术硕士生主持项目为例,有关全过程监督管理的具体措施体现为:其一,覆盖项目全过程的指导制度。省级和校级两类研究生科研项目在申报阶段,要求确定课题指导老师(从立项情况来看,法科学术硕士生主持的项目基本上都是自己导师担任课题指导老师),且要求要得到指导老师的签字同意,由课题指导老师全流程指导。其二,严格立项和结项管理。近年来,监督管理部门更加重视课题产出,强调课题结项成果管理。两类课题都注重立项管理,通过严格的专家评审等方式,严把课题质量关;在结项管理方面,省级研究生科研创新项目每年度发布结项通知并列出待结项课题名单,强调课题结项管理。

4.注重引导参与教师主持的科研项目

法科学术硕士生参与教师尤其是导师主持的科研项目,对于培养法科学术硕士生科研创新能力的重要价值实质上不低于法科学术硕士生主持承担项目。A市B高校将参与教师主持的课题作为培养法科学术硕士生科研创新能力的重要方式。调研发现,法科学术硕士生参与教师主持课题的类型覆盖了国家级、省部级、厅级、校级以及横向课题,具体承担基础资料收集整理、立项或结项材料撰写、阶段性成果写作、结项成果写作等课题研究涉及的各方面工作。这一培养模式既能提升导师与学生的指导互动质量,也可以立足导师专业方向从而促进参与课题的法科学术硕士生及时掌握相关领域前沿动态,形成相对稳定的研究方向。

(二)基于课题培养法科学术硕士生科研创新能力的实践效果

当前,无论从学校、师生重视程度,还是从实际效果来看,基于课题培养法科学术硕士生科研创新能力已经成为重要的培养模式。法科学术硕士生主持课题又成为通过这一模式培养科研创新能力的主要形式。通过多年的实践,A市B高校开展的基于课题培养法科学术硕士生科研创新能力工作取得了突出成效。

1.研究生科研项目立项量大

A市B高校法科学术硕士生规模庞大。2015年以来,该校学生科研创新项目和省级研究生科研创新项目成为法科学术硕士生申请主持或参与课题研究的主要渠道。大致从2017年起,两类项目分别增加了年度立项数量。得益于此,该校法学专业硕士研究生主持立项的省级研究生科研创新项目从2014年的6项、2015年的8项、2016年的11项,增加到2017年的28项、2018年至2020年的每年30项、2021年的49项、2022年的48项。此外,该校设立的校级学生科研创新项目中,立项的法学专业硕士生项目自2017年起每年均在90项以上。不难发现,立项研究省级、校级项目成为该校法科学术硕士生科研创新能力培养的主要方面。

2. 研究生科研项目覆盖面大

从2017年以来的立项数据来看,法科学术硕士生主持立项项目多且绝大多数项目都建立了由法学专业硕士研究生构成的课题组。在2017年至2019年立项的校级学生科研创新项目中,法学专业硕士研究生主持立项277项,其中由法学专业硕士研究生组成课题组的项目有235项,占比达85%。在2014年至2022年立项的校级学生科研创新项目全部组建有课题组,该校法科学术硕士生参与的课题在总立项中占比超90%。法科学术硕士生主持项目的课题组成员完全实现了该校法学院系、二级学科全覆盖,且法学各二级学科呈现出均衡分布态势。例如,校级学生科研创新项目的主持人分布在全部法学院系和法学二级学科硕士学位授权点,且各二级学科中法科学术硕士生主持立项的比例在近年均有较大幅度提升。省级研究生科研创新项目的主持立项情况也有所类似,且该校法学二级学科的每个年级均有学术硕士生立项。

3. 科研项目完成率增速明显

从统计数据来看,该校法科学术硕士生主持立项的省级和校级课题完成率大体呈递增趋势。截至2020年7月31日,该校法科学术硕士生主持完成的省级研究生科研创新项目中,2014年度立项项目完成2项,完成率为33%;2015年度立项项目完成5项,完成率为63%;2016年度立项项目完成7项,完成率为70%;2017年度立项项目完成16项,完成率为57%;2018年度立项项目完成6项,完成率为20%;2019年度立项项目完成7项,完成率为23%,其中有2项为提前结项。结合最新数据不难发现,该校法科学术硕士生主持完成的省级研究生科研创新项目数量、完成率在总体上均正向增长。该校法科学术硕士生主持完成的校级学生科研创新项目结项率也总体上呈现正增长趋势。这显示出基于课题培养法科学术硕士生科研创新能力越来越受到学校、学院、导师和学生的关注和重视。

4. 科研项目成果质量较高

科研项目对于主持人及课题组团队具有成果导向作用。该校具体确定了校级学生科研创新项目中硕士生项目的结题要求,并根据具体情况予以适当调整。省级研究生科研创新项目则根据申报时提交的研究任务作为结项验收依据。分析发现,该校法科学术硕士生主持完成的校级科研创新项目、省级研究生科研创新项目所形成的研究成果质量普遍较高。从法科学术硕士生主持完成的2014年至2019年校级学生科研创新项目来看,多个项目成果在CSSCI来源期刊、CSSCI扩展版、北大中文核心期刊等刊物发表。其中,有1篇论文被《人大复印报刊资料》全文转载。这些成绩的取得在很大程度上显示出以科研项目引领法科学术硕士生科研创新能力培养的必要性、可行性和有效性。

5. 科研创新能力培养达到预期效果

加强研究生科研创新意识和创新能力的培养是基于课题提升学术型硕士研究生科研创新能力的重要指向。主持课题、参与课题研究仍然是培养学术学位硕士研究生学术创新能力行之有效的办法。从调查来看,法科学术硕士生主持的科研项目立项后,大都按照研究计划推进研究工作,达到了设立研究生科研创新项目的初衷。绝大多数的法科学术硕士生通过主持研究项目,有效培养了自己以及课题团队的协调配合、沟通交流等方面能力。在课题选题方面,法科学术硕士生主持立项的项目大都是在指导教师指导下从学科领域中具有前沿性、重要性的命题中选题,并在课题立项评审乃至结项评审中得到了专家的评审把关。这有利于培养法科学术硕士生的科研创新敏感性、科研创新意识。相关项目在学科知识覆盖、项目完成率、成果产出、对未来发展支撑等方面均达到科研创新能力培养的预期。

6. 参与教师主持项目成效显著

法科学术硕士生参与教师主持的课题不仅可以提升导师与学生的指导互动质量,还可以聚焦法科学术硕士生的专业方向展开深入研究。该校相当高比例的法科学术硕士生参与到了教师主持的各类课题中,且取得了较好的培养效果。问卷发现,被调查的法科学术硕士生认同参与教师主持项目成效显著的占比超过80%,没有实质参与过老师课题的比例仅为17.24%。法科学术硕士生不但积极参与教师主持的课题项目,而且其在课题项目研究中的表现获得了课题主持老师的肯定。在调研问卷中,被调查的法学专业研究生导师对法科学术硕士生参与自己课题研究工作表现情况的满意度占比达83.34%。

四、基于课题培养法科学术硕士生科研创新能力的现实困境

当前,开展基于课题培养法科学术硕士生科研创新能力工作仍然存在一定的现实障碍,影响目标要求和功能定位的有效实现。从影响因素来看,主要包括"主持人的时间精力""主持人的知识储备""主持人的协调能力""课题研究方案的科学性""课题组成员参与积极性"等。

(一)法科学术硕士生主持课题的结项率不高

结项率不仅反映出课题研究的基本情况和取得成效,更是在很大程度上体现了基于课题培养法科学术硕士生科研创新能力的实施效果。"重立项、轻结项"是各级各类科研项目共同面临的现实问题。该校法科学术硕士生主持的科研项目同样存在结项率不高的问题,在很大程度上制约了基于课题培养法科学术硕士生科研创新能力的目标和效果。对比省级和校级两类项目的结项要求,省级研究生科研创新项目的结项难度明显低于该校校级科研创新项目。据此,也可大体推断出:法科学术硕士生主持的校级科研创新项目的结项率比法科学术硕士生主持的省级研究生科研创新项目结项率低。

(二)法科学术硕士生对课题实质性参与不足

参与课题研究仍然是基于课题培养法科学术硕士生科研创新能力的重要方式。无论是参与教师主持的课题,还是参与学生主持的课题,当前仍然存在实质参与课题不够的问题。问卷调查发现,作为调查对象的课题负责人反馈课题组中法科学术硕士生极少参与项目的,占比达到75%。究其原因,除知识储备不足、专业能力不够、项目主持人协调能力欠缺外,法科学术硕士生普遍认为唯有继续攻读博士研究生才需要在硕士阶段加强科研创新能力培养训练,而选择报考博士研究生的比例极低,故而相当多的"学术硕士生更加侧重实务性,以便能够在毕业后找到合适的就业岗位"。[14] 特别是当遇到实习实践机会与公务员、事业编考试或培训时间冲突的时候,学生通常以此为理由拒绝参与课题的主持人甚至导师的学术要求。[15]

(三)基于课题培养模式的潜力挖掘不够

目前,A市B高校法科学术硕士生申报的省级研究生科研创新项目和校

[14] 参见韩国高:《以科研创新能力为导向的学术型研究生培养模式改革与思考——以东北财经大学为例》,载《高教学刊》2017年第2期。

[15] 参见温才妃:《为何我们的研究生提不出问题》,载科学网2020年8月18日,http://news.sciencenet.cn/htmlnews/2020/8/444291.shtm。

级学生科研创新项目是该校基于课题培养法科学术硕士生科研创新能力的主要渠道。但基于课题培养法科学术硕士生科研创新能力实践与“加强研究生科研创新意识和创新能力的培养”“鼓励在校研究生积极参加各种创新活动”的要求仍然存在一定的差距。一方面,尽管两类项目增加了法科学术硕士生的立项数,但从法科学术硕士生的课题申报量与立项数来看,均未达到法科学术硕士生总量的50%。这在一定程度上反映了该培养模式存在的引导、激励不足问题。另一方面,从两类课题的结项率可发现,“重立项、轻研究”的问题仍然比较严重,甚至部分课题立项后因各种原因没有实质开展,严重影响该培养模式的目标和功能实现。此外,还存在已结项项目成果发表或其他形式转化率太低的问题,在一定程度上反映出课题组的主动性甚至结项成果质量不高的问题。

（四）基于课题培养模式相关方案的系统性偏弱

A市B高校法科学术硕士生主持或参与的课题主要是省级研究生科研创新项目和校级科研创新项目。但两个项目的管理文件依据存在差异,显示出基于课题培养法科学术硕士生科研创新能力相关方案在整体性、系统性方面仍然偏弱。一方面,校级科研创新项目与省级研究生科研创新项目在资助经费、结题要求方面缺乏系统协调。尽管两类项目资助经费相近,但前者的结项要求明显高于后者且后者结项较为灵活,而后者为省级项目,在级别上高于前者,吸引力更强。另一方面,基于课题培养法科学术硕士生科研创新能力缺乏系统性的培养方案。A市B高校的多个法学二级学科学术硕士生培养方案关于科研创新能力培养要求及其基本任务的规定存在一定差别。仅部分二级学科学术硕士生培养方案明确提出基于课题培养法科学术硕士生科研创新能力的要求及其具体任务。

（五）法科学术硕士生主持立项课题的全程监管乏力

目前,A市B高校法科学术硕士生主持立项的两类课题的课题管理单位不同。但研究生科研创新能力培养主要是校内研究生管理部门的主要职责。若实行不同的管理模式,则极易出现监管标准、方式、效果的差异。这既是两类项目缺乏系统性、协调性的重要表现,也是两类项目在事中事后监管方面乏力的基本成因。调查发现,关于法科学术硕士生主持立项课题的监督管理,主要存在的问题包括两个方面:其一,省级研究生科研创新项目必须参加由校内研究生管理部门组织的中期检查,但校级学生科研创新项目并未规定是否必须进行中期检查。其二,两类课题均有关于撤项情形的规定,但具体落实情况有待加强,直接影响研究生科研创新项目的申报和研究的预期与约束效果。特别是在结项方面,许多项目不结项或不按期结项在一定程度上反映出监管有效性问题。此外,课题指导老师的指导监督职责仍有待进一步细化。

五、基于课题培养法科学术硕士生科研创新能力的协同推进

(一)基于课题培养法科学术硕士生科研创新能力的因素把握

厘清影响因素是完善基于课题培养法科学术硕士生科研创新能力这一模式的基本前提。这就需要根据学术硕士生科研创新能力的培养要求,以课题培养实践为基础,深挖基于课题培养学术硕士生科研创新能力培养的主要影响因素。就法科学术硕士生参与老师(包括导师)主持的课题而言,相关影响因素主要包括积极认真程度、知识储备与专业能力、时间精力投入情况,且重要性呈现出由高到低的趋势。对于通过参与导师主持的课题培养法科学术硕士生科研创新能力,最主要的影响因素是导师对学生参与课题的启发引导,其他影响因素还包括导师邀请学生参与课题研究的意愿、导师主持课题的级别与经费、导师主持课题的数量等。就法科学术硕士生参与其他老师主持的课题,影响培养效果的主要因素是课题选题与法科学术硕士生研究方向的一致性和课题主持人的态度、统筹能力等。就法科学术硕士生主持课题而言,影响科研创新能力培养的主要因素包括课题主持人的统筹协调能力、课题主持人的知识储备和专业能力、课题参与人的积极性和主动性、课题选题与课题组人员的研究方向是否一致、课题方案设计的科学性。其中,最关键的因素是课题参与人的积极性和主动性。

(二)基于课题培养法科学术硕士生科研创新能力的可为环节

基于课题培养法科学术硕士生科研创新能力,是实现科研创新能力培养的有效路径且应当被作为研究生学习期间的主要途径。从纵向来看,要针对课题进行事前事中事后全过程的管理,确保基于课题培养法科学术硕士生科研创新能力的实施效果,回应国家和社会发展需要。[16] 就法学专业学术型硕士研究生主持或参与的课题而言,需要课题立项单位加强过程和结果监管,强

---

〔16〕 参见秦惠民:《战后世界各国有关研究生教育的法律制度特点之比较》,载《法学家》1996年第2期。

化课题承担单位指导和管理，落实课题指导老师的指导和监督，尤其要引导法科学术硕士生树立认真积极、严谨求实态度，加强对课题研究中研究生参与情况的过程把控。从横向来看，要以类型化为主线，确定基于课题培养法科学术硕士生科研创新能力的可为环节。一方面，要识别影响科研创新能力培养的逻辑机理，坚持激励与约束并举的治理思路。另一方面，要坚持具体化思路，分类探讨不同形式的主要环节，明确各个环节中法科学术硕士生的角色扮演、参与方式、参与程度以及与其科研创新能力培养方面的关联度，为基于课题培养法科学术硕士生科研创新能力的靶向改革提供方向支撑。

（三）基于课题培养法科学术硕士生科研创新能力的体系协调

学术硕士生科研创新能力培养是一项系统工程。基于课题培养法科学术硕士生科研创新能力仅是其中一方面。按照系统性原理，基于课题培养法科学术硕士生科研创新能力的靶向改革方案既要与学术硕士生科研创新能力培养的目标要求和功能定位相契合，也要与培养学术硕士生科研创新能力的其他途径、方法相协调，且需要注重改革方案的协调性、科学性。

其一，招生与培养的协调。在坚持现有做法的基础上，要立足科研创新能力培养要求，分类提出兼顾法科学术硕士生中本科为法学专业、本科为非法学专业两种情形的适应性方案，注重优化招考科目及考核重点，提高研究生招生考试的针对性和实效性。同时，优化招生指标分配机制，招生指标要向高层次人才和高水平团队倾斜，注重以高水平科学研究支撑高质量学术硕士生教育。在培养方面，要加强以研讨和互动式教学为主要特征的法科学术硕士生核心课程建设，强化系统科研训练，更加注重创新思维、科研能力、学术素养锻造。在课程建设、联合授课、学分互认等领域与相关优质院校开展深度合作，鼓励研究生赴国（境）外拓展研习，拓宽研究生国际化视野。〔17〕此外，高校应按照分类培养要求制定人才培养标准，具体落实科研创新能力培养要求并探索科学的学分制，避免“不设门槛反而能够超过门槛，设了门槛反而变成了应付指标”〔18〕等现象。

〔17〕 参见张庆亮：《研究生教育关键在定向把关》，载中国社会科学网2020年8月17日，https://www.cssn.cn/jyx/jyx_zdtj/202211/t 20221108_5560696.shtml。

〔18〕 温才妃：《为何我们的研究生提不出问题》，载科学网2020年8月18日，http://news.sciencenet.cn/htmlnews/2020/8/444291.shtm。

其二,理论与实践的协调。通过理论与实践层面的系统协调,[19] 力争培养出一大批"厚基础、强实训、能交流"的优秀法科学术硕士生。为此,高校应增设与法科学术硕士生二级学科相关的前沿性、创新性、研究性课程与交叉学科课程,使法科学术硕士生具备多元知识结构,[20] 引导树立正确的批判性思维。[21] 同时,高校应适当减少与研究生本专业无关的基础课程的开设,增设并加强如学术规范与论文写作指导课程、社会调查课程、文献与案例检索分析方法课程等研究方法课程;引导、鼓励研究生积极申报主持课题、积极参与各级各类课题和学术前沿讲座,利用好各种平台和机会。此外,高校也需改革现有课程考核机制,增加主题报告、课堂讨论、提问等所占比例。[22]

其三,主持课题与参与课题的协调。法科学术硕士生参与导师主持的课题相比参与其他老师主持课题,在交流沟通、积极主动、训练程度、实质参与、培养效果等方面更具优势,应当成为培养法科学术硕士生科研创新能力的基本抓手。在此前提下,应当积极引导、鼓励法科学术硕士生实质参与研究资料收集整理、实证调查研究、阶段性成果撰写、科研申报研究以及结项各阶段程序性工作等方面活动。当然,主持课题仍是对法科学术硕士生沟通协调能力、知识储备、时间精力等方面的综合考验,培养单位和指导老师应当注重引导学术硕士生主持申报各级各类课题,并积极创造条件、提供相应支持。

(四)基于课题培养法科学术硕士生科研创新能力的全程监管

基于课题培养法科学术硕士生科研创新能力的全程监管主要是指在课题的立项、中期考核、结项以及成果转化或应用等环节全流程对法科学术硕士生主持或参与课题情况进行体系化监督、管理。关键在于协调发挥学校、管理部门、培养单位、导师组、课题设立单位对学术硕士生科研创新能力培养的作用。基于研究生培养管理的职责分工,高校研究生管理部门尤其应当做好各类研究生科研创新项目的协调、监督、管理等工作。对此,主要建议包括:

---

〔19〕 参见王灿发、于文轩:《论我国环境法学的课程设置与教材建设》,载《当代法学》2008年第6期。

〔20〕 参见张蕾:《地方高校研究生学术创新能力培养途径》,载《继续教育研究》2019年第1期。

〔21〕 参见董青梅:《预答辩制度下强化研究生科研创新能力培养的探索》,载《教育观察》2021年第41期。

〔22〕 参见吴照云:《对研究生学术创新能力培养的几点思考》,载《学位与研究生教育》2007年第11期。

其一,课题立项环节应严格申报条件,把好入口质量关。对于申请人,应当坚持将其主要限定为在读学术硕士研究生且在原则上不考虑已进入最后一学年的学生。同时,每位硕士研究生在立项后、结项前不得参与其他类型课题。关于申报课题的研究目标,应当具体明确,注重选题的理论和实践意义,[23]论证充分且有一定研究基础。课题指导教师原则上应当是该课题主持人的硕士生导师,同时须签订项目指导承诺书,具体负责项目的业务指导和管理。

其二,注重课题中期考核,通过制度性约束和激励措施,引导、督促学生及时开展课题研究,避免出现研究工作停滞不前等问题。中期检查的内容包括课题负责人及课题组其他成员投入课题研究的工作量及研究进度;指导教师指导情况,提供课题实施的科研条件;课题经费开支情况;课题取得的阶段性成果;课题研究存在的问题及解决办法;等等。

其三,高度重视课题的结项管理。加强课题结项管理同样是基于课题培养法科学术硕士生科研创新能力的重要方面。高校研究生管理部门最适合负责各级研究生科研创新项目的结项管理工作,高校内院系、研究基地设立的研究生科研创新课题的结项管理工作则宜由培养单位负责。

其四,注重课题研究成果的转化与应用。法科学术硕士生应当按照研究计划推进自己所主持或参与的课题的研究,高质量完成课题研究,并积极推广、应用课题研究成果。高校研究生管理部门、培养单位、学科管理机构应当为课题研究成果的发表、转化应用提供必要支持。从激励的角度来看,对于在研究生科研创新课题成果推广、运用工作中成效显著的培养单位,在下年度相应级别的学生科研创新项目立项中管理部门应给予适当的指标倾斜。

(五)基于课题培养法科学术硕士生科研创新能力的培养体系

基于课题培养出符合社会发展需要与自我价值实现的高质量法科学术硕士生,需要以人才培养方案的直接规定为基本依托。在此框架下,通过加强导师对课题研究的监督指导,并引导、鼓励开展丰富多彩的学术交流等活动,增强学生的知识储备,锻炼学生的沟通协调能力。关于基于课题培养法科学术硕士生科研创新能力的培养体系,具体建议包括以下三点:

其一,将基于课题培养法科学术硕士生科研创新能力作为法科学术硕士

---

〔23〕 参见肖蔚云:《谈谈法学硕士论文的写作问题》,载《中外法学》1991年第2期。

生培养方案的重要内容。基于学术硕士生科研创新能力要求,高校各培养单位应当在制定或修改法科学术硕士生相关人才培养方案时,明确将法科学术硕士生科研创新能力培养作为重要目标,并在避免"唯论文"等不当导向的前提下,将主持课题、参与课题作为培养方案的具体措施内容,折算为一定数量的学分。通过设置学分,激励、约束学术硕士生参与基于课题培养法科学术硕士生科研创新能力相关实践。

其二,充分发挥指导老师对研究生科研创新项目的监督指导作用。由主持科研创新项目的法科学术硕士生的导师担任课题指导老师,是法科学术硕士生参与课题培养科研创新能力的重要方式。由导师担任课题指导老师,有利于发挥导师对法科学术硕士生科研创新能力以及其他方面培养的优势作用并形成直接效果。这就需要树立科学评价的导向,建立以培养质量为核心指标的导师评聘和绩效评价机制,发挥好评价导向"指挥棒"作用,在岗位考核、职称评审、推优评先等工作中运用好评价结果,引导激励、督促导师潜心教书育人。[24]

其三,开展丰富多彩的学术交流活动。一方面,高校应进一步充分利用现有的各类科研项目资源,并积极搭建学术交流互动平台,开展学术会议交流,集聚各学科、各专业的优秀科研创新人才进行互动切磋,提升学术氛围和法科学术硕士生整体科研创新水平。[25] 另一方面,各高校可借鉴武汉大学、广东外语外贸大学、厦门大学等国内高校在搭建研究生学术交流平台方面的经验做法,加大与国内外高校和科研院所之间的合作交流,借助各方资源实行优势互补的联合培养。

(六)基于课题培养法科学术硕士生科研创新能力的激励措施

在实施基于课题培养法科学术硕士生科研创新能力的过程中,适当的激励措施既能够调动学生主持或参与课题的积极性,又能够充分挖掘学生的科研创新潜力,提高培养质量。这就需要深入推动将法科学术硕士生主持或参与课题的数量与质量,与毕业学分完成、成绩绩点考核以及评优评先工作进行

---

〔24〕 参见张庆亮:《研究生教育关键在定向把关》,载中国社会科学网2020年8月17日,https://www.cssn.cn/jyx/jyx_zdtj/202211/t20221108_5560696.shtml。

〔25〕 参见韩国高:《以科研创新能力为导向的学术型研究生培养模式改革与思考——以东北财经大学为例》,载《高教学刊》2017年第2期。

有效衔接。一方面,进一步强化法科学术硕士生主持或参与课题效果与毕业学分、奖助学金、评优评先挂钩,形成良好的激励效果。另一方面,以法科学术硕士生奖励与评价为切入点,以课题立项、课题参与等为抓手,采取经费配套、成果评奖、倒立项课题等多种方式,探索建立学校、学院、学科协同的激励措施体系。

(七)基于课题培养法科学术硕士生科研创新能力的评估评价

建立科学的评价指标和评估体系,有助于从根本上改变学术训练水平偏低的现状,[26]提升基于课题培养法科学术硕士生科研创新能力的实施效果。这需要在科研创新能力培养的全过程中适用动态与静态相结合的评估检测机制。其中,静态评估检测机制即按照科研创新课题的进度阶段,分段监测课题的立项、中期检查、结项。课题立项一般是由高校研究生管理部门开展形式审查并组织有关专家对通过形式审查的项目进行评审;中期检查应当重点把控法科学术硕士生参与情况、阶段效果等内容;结项则原则上只要按时完成预定研究任务并取得预期成果,皆应允许结项。静态评估检测机制主要是通过形式性约束调动法科学术硕士生的研究积极性。针对课题研究过程中实际质量的评估评价所发现的尚待改进的问题,则需要将静态评估检测机制与动态评估检测机制相结合。动态评估检测机制侧重于对课题完成实际质量的考查。一方面,可以探索引入导师打分制度,根据主持人与参与人的积极性与投入度、研究成果的创新性、实用性等情况进行评分,弥补形式评审的不足。另一方面,注重课题成果的推广应用,由高校、院系为法科学术硕士生主持或参与课题所形成的成果提供公开发表、社会应用等方面的支持帮助。

---

〔26〕 参见温才妃:《为何我们的研究生提不出问题》,载科学网 2020 年 8 月 18 日,http://news.sciencenet.cn/htmlnews/2020/8/444291.shtm。

课程思政与课程改革研究

《政法教育评论》
第1辑，第179～190页

课程思政与法学实践教学

——以西北政法大学为范例

李大勇* 孙天航**

摘　要　思想政治工作是学校各项工作的生命线，新时代法学实践教学要坚持以思想政治工作为引领，将思政育人理念贯彻到法学实践教学的方方面面，实现知识传授、价值塑造、能力培养的有机统一。在法学实践教育中引入思政教学因素源于三个方面的要求：价值观的培育、思政意识的树立、思政方法的渗透。法学课程思政建设需要坚持以学生为中心，以特色发展为导向，以创新发展为支撑。西北政法大学在课程思政建设方面取得了丰富成果，包括强化制度建设、传承红色基因、打造品牌活动、发挥示范效用、完善评价体系。

关键词　课程思政　法学实践　价值观　红色基因

"'课程思政'，是指思想政治教育施教主体在各类课程教学过程中有意识、有计划、有目的地设计教学环节，营造教育氛围，以间接、内隐的方式将施教主体所认可、倡导的道德规范、思想认识和政治观念有机融入教学过程，并

---

* 李大勇，西北政法大学教务处处长，教授，博士生导师。
** 孙天航，西北政法大学行政法学院硕士研究生。

最终传递给思想政治教育的受教主体,使后者成为符合国家发展要求的合格人才的教育教学理念。"[1]课程思政可以追溯至1954年,在当年召开的全国中学教育会议及同年发布的政务院《关于改进和发展中学教育的指示》要求"政治思想教育,主要依靠教师通过课内各科教学和课外各种活动来进行"。思想政治教育是党的生命线。党的十八大以来,党中央多次强调思想政治教育工作在高等教育中的重要性。2016年12月,习近平总书记在全国高校思想政治工作会议上提出了"把思想政治工作贯穿教育教学全过程""使各类课程与思想政治理论课同向同行,形成协同效应"的要求。[2] 2017年,中共中央、国务院印发《关于加强和改进新形势下高校思想政治工作的意见》提出,充分发掘和运用各学科蕴含的思想政治教育资源,健全高校课堂教学管理办法。法学专业在各类人才培养中占有重要地位,必须高度重视法学人才的培养与塑造。习近平总书记强调,法学教育要坚持立德树人,不仅要提高学生的法学知识水平,而且要培养学生的思想道德素养。[3] 课程思政提供了将思想道德教育与法学专业知识教育融合贯通、一体推进的基本路径,法学实践教学必须以课程思政建设为先,将专业知识与育人理念一齐纳入课程教学之中,实现协同育人。

一、法学实践教学环节需要思政元素的融入

法学教育要实现思想政治工作的全方位贯彻,这不仅是新时代法学教育实现内涵式发展的客观要求,更是培养德法兼备卓越法治人才的时代需要。法学教育总体上分为理论教学与实践教学。一方面,课程思政建设要以理论教学为主,发挥理论课堂教学的效能与作用,将立德树人理念与专业理论知识相贯通。另一方面,实践教学是理论教学的基础,理论教学是实践教学的指引,理论教学的最终目标是培养拥有卓越法律技能、能够应对繁复现实问题的法治人才,最终仍要面向实践性与现实发展要求。法学实践教学环节是法学

---

[1] 田鸿芬、付洪:《课程思政:高校专业课教学融入思想政治教育的实践路径》,载《未来与发展》2018年第4期。

[2] 参见《习近平在全国高校思想政治工作会议上强调:把思想政治工作贯穿教育教学全过程 开创我国高等教育事业发展新局面》,载《人民日报》2016年12月9日,第1版。

[3] 参见景汉朝:《坚持建设德才兼备的高素质法治工作队伍》,载《人民日报》2021年3月22日,第11版。

教育的重要组成部分，需要思政元素的融入。

（一）法学实践教学需要价值观引领

“加强和改进高校思想政治工作，事关办什么样的大学、怎样办大学的根本问题”，[4]进而关系到当前高等教育“培养什么样的人、如何培养人以及为谁培养人这个根本问题”。[5] 当下，法律职业技能训练已经成为培养卓越法治人才、提高人才培养质量的关键。然而，法学实践教学的效果却并不理想，在实践教学过程中注重技能训练及方法传授，而往往忽视价值观培育，特别表现在重知识介绍而轻价值观塑造，一定程度上背离了德法兼修的法治人才培养目标。放眼世界，当今处于百年未有之大变局；放眼国内，当今处于两个一百年的重要交汇期。在这一特殊历史背景下，各种错误思想甚嚣尘上，而法学生又处于价值观形成的关键时期，因此需要帮助处于“拔节孕穗期”的法学生形塑正确的世界观、人生观、价值观，帮助法学生“扣好人生第一粒扣子”。以正确价值观为引领，充分发挥正确价值观引导人、激励人、塑造人的育人功能，是高校思想政治工作体系中的关键一环。培养、引导与塑造新时代法学生，要“植根于中华民族历史法律文化沃土、借鉴人类优秀法治文明成果……符合中国实际和新时代发展要求”，[6]走中国式法治现代化道路，坚定文化自信、文化自觉，体现正确价值观引领的时代意蕴。社会主义核心价值观作为当代中国的核心价值取向，是新时代发展的“育人之魂”，能够与法学教育遥相呼应，完美融合于法理学、宪法学等各科法学课程教学中。在法学教育中融入价值观培养等内容，契合了培养又红又专大学生的要求。

（二）法学实践教学需要树立思政意识

推进课程思政的首要前提与基础，即课程讲授具备思政意识、思政观念，以思想意识指导实践，从而使课堂教学中的思政建设工作顺利开展。课程思政本身不仅是一种教育模式，更是一种思维方式。思政意识是在教学过程中始终以课堂知识内容为主线，同时积极挖掘课程的思政教育元素，将思政元素融入贯通到课程教学的全方位、各方面的意识。法学教育既要树立理论教学

---

〔4〕 中共中央、国务院《关于加强和改进新形势下高校思想政治工作的意见》，中发〔2016〕31 号。

〔5〕 中共教育部党组《关于学习贯彻落实全国高校思想政治工作会议精神的通知》，教党〔2016〕58 号。

〔6〕 范进学：《中国式法治现代化之“四重维度”论》，载《东方法学》2023 年第 4 期。

的思政意识,也要树立实践教学的思政意识。在法学实践教学过程中,要充分锻炼学生坚强意志,强化学生大局意识,提升学生社会服务意识,引导学生牢固树立法治信仰、公平正义的价值观念,这是一名合格的法律工作者的必备素质。在法学实践教学中,要避免介绍西方立法规定多,介绍西方特定制度产生的政治、经济、文化、历史等背景少的问题,这容易导致学生对西方制度了解不深入、不全面,也忽视了中国的特殊国情和法治发展经验。这种教学方式在一定程度上将特定制度与其特殊的历史背景相割裂,并且直接导致法学实践教学中课程思政的缺失。习近平总书记在2018年全国教育大会上指出,教育的改革发展必须"坚持扎根中国大地办教育"。[7] 思政意识的树立,不仅强调思想道德教育的灌溉,更强调培养立足于中华大地的时代新人。在法学实践教学中,树立思政意识、落实课程思政要求,是当前法学教学改革的重要方向。

(三)法学实践教学需要渗透思政方法

法学实践教学要秉持守正与创新。守正是指牢牢坚持培养德法兼修法治人才这一最终目标。创新是指在教学过程中要采用科学、先进方法,不断更新教学方式、提升教学水平。"党的十八大以来,我国高校思想政治教育坚持'国之大计、党之大计'的战略地位,以'立德'作为先导因素和基础前提、将'树人'视为根本目标和最终归宿,引导大学生明大德、守公德、严私德,努力成为担当民族复兴大任的时代新人。"[8] 在实践教学环节需要围绕立德树人的根本任务,以学生喜闻乐见的方式,挖掘、提炼课程内涵中的思想政治教育元素,实现知识传授与价值引领的有机统一。课程思政不是僵化的说教,其面向的对象是新时代的大学生,其教授的内容是法学专业知识与思想政治教育的结合,因此必须在法学教育中创新思政教育方法,将思政教育以直接或潜在的形式融于专业知识教学过程中。课程思政事关"国之大计、党之大计",在专业知识与思政教育的融合过程中必须"遵循思想政治工作规律,遵循教书育人规律,遵循学生成长规律",[9] 通过创新思政教育方法,达成课程思政教学的要求。

---

〔7〕《习近平在全国教育大会上强调:坚持中国特色社会主义教育发展道路　培养德智体美劳全面发展的社会主义建设者和接班人》,载《人民日报》2018年9月11日,第1版。

〔8〕黄蓉生:《新时代高校思想政治教育创新若干特征论略》,载《思想教育研究》2022年第5期。

〔9〕《习近平谈治国理政》(第2卷),外文出版社2017年版,第378页。

二、法学实践教学课程思政建设的重要抓手

思政育人是法学教育的核心理念之一，课程思政就是要通过课程建设而实现思政育人的效果，从而提升学生的思想道德素质与爱国情怀。课程思政在不断探索与建设的过程中，应当秉持育人核心理念为发展导向。就法学实践教学而言，课程思政建设应当围绕如下方面展开。

（一）以学生需求为中心

学生需求始终是法学实践课程思政建设的目标归宿。育德树人是学校的核心工作，课程思政的开展应围绕当前阶段学生对专业知识和思政教育的需求展开。习近平总书记在 2016 年全国高校思想政治工作会议上提出："思想政治工作从根本上说是做人的工作，必须围绕着学生、关照学生、服务学生，不断提高学生思想水平、政治觉悟、道德品质、文化素养，让学生成为德才兼备、全面发展的人才。"〔10〕2019 年 3 月 18 日，习近平总书记主持召开学校思想政治理论课教师座谈会强调，思政课教学"要加大对学生的认知规律和接受特点的研究，发挥学生主体性作用""引导学生发现问题、分析问题、思考问题，在不断启发中让学生水到渠成得出结论"。〔11〕 扭转法学教育过程中重智育、轻德育的现象，围绕价值引领目标，在课程思政的教学设计、教学内容、教学方法以及教学评价等方面均以学生需求为旨归，将思政元素融入实践教学，强化思政育人效果。学习法律的法学生未来是投身于社会主义法治建设的主力军，是建设社会主义法治国家的坚强队伍，课程思政建设在统筹兼顾的同时，要牢固树立以学生需求为中心的建设理念。在课程思政主题的设计上，要充分尊重和发挥学生在课程开展中的主体性作用，给予学生展示自己观点和价值观的机会，确保学生能够通过其自身特有的方式参与到课程思政教育中；在课程思政的具体开展上，可以以学生为主体，建立学生与学生、学生与老师之间的互动，让课程思政教育内容"入脑入心"。学校层面要对课程思政特色发展方向进行把关，各学院负责根据本院教学实际具体落实，教师负责课程思政的具体讲授，形成"学校把控方向、学院具体落实、教师负责讲授"的体系化课程思政

〔10〕《习近平在全国高校思想政治工作会议上强调：把思想政治工作贯穿教育教学全过程　开创我国高等教育事业发展新局面》，载《人民日报》2016 年 12 月 9 日，第 1 版。

〔11〕《习近平主持召开学校思想政治理论课教师座谈会强调：用新时代中国特色社会主义思想铸魂育人　贯彻党的教育方针落实立德树人根本任务》，载《人民日报》2019 年 3 月 19 日，第 1 版。

开展模式。

(二)以特色发展为导向

特色发展是新时代法学实践课程思政建设的一定之规。教育部《高等学校课程思政建设指导纲要》对课程思政的内容进行了方向性的设计,提出要紧紧围绕坚定学生理想信念,以爱党、爱国、爱社会主义、爱人民、爱集体为主线,围绕政治认同、家国情怀、文化素养、宪法法治意识、道德修养等重点优化课程思政内容供给。法学实践教学课程思政的展开,应当兼顾共性与个性特征,结合各高校的实际情况以及各课程的不同特点,进行有针对性的设计与侧重,挖掘不同课程的思政元素的特色亮点,打造精品课程。"课程建设是基础,更是抓手。"[12]教学手段的更新与教学模式的转变,都是以实现特色教学、特色发展为导向、手段,从而增强法学实践课思政建设的实效性,促进课程思政的长效发展。课程思政开展的目的是加强对当代大学生价值观的形塑,培养爱祖国、爱人民、爱社会主义,既有专业技能,又有道德水准的新时代大学生。在这一目标的指导下,课程思政开展的形式不应当千篇一律。课程思政的开展应当根植于学校自身特色和独特资源,深入挖掘本校历史文化传统,以学生对母校的热爱为切入点,将思政内容与教学内容有机结合、融会贯通,同时创新课堂教学理念,应用数字化手段为课堂实现创新赋能,将育人理念融入其中,使思政育人取得良好成效,进而优化专业课程设置和教学内容,让学生通过多样化的形式沉浸于思政教育之中。

(三)以创新发展为支撑

创新发展是法学实践课程思政建设的不竭动力。课程思政建设的关键在于牢固树立立德树人理念的基础之上,又能不断创新设计课程思政教学的各个维度。课程思政着眼于价值观培育,是价值观塑造与专业知识传授相融合的过程,这就要求创新学生成绩评价模式,将价值认同融入传统知识考查内容中。同时创新教师考核方式,完善激励机制,将教师课程思政育人成效作为评优争先、职务晋升、职称评定等方面的重要衡量指标,提高教师投入课程思政

---

〔12〕 陈旭:《立德树人培根铸魂高校思政课改革创新的重要遵循——学习习近平总书记在学校思想政治理论课教师座谈会上的重要讲话》,载《人民论坛》2019年第11期。

教学的积极性。习近平总书记强调,“思政课教学离不开教师的主导”,[13]课程思政的创新首先应当从教师教学理念的创新开始。在课程思政建设过程中,应当摒弃专业课程只传授专业知识,无关价值观塑造的错误思想,在师生的互动中形塑新的教学理念,真正实现“传道受业解惑”。在课程思政的开展方式上,充分利用新媒体技术,通过丰富多彩的课程内容设计给学生带来视觉、听觉享受,打造沉浸式的课程思政教学模式。2021 年 3 月,习近平总书记在看望参加全国政协会议的医药卫生界教育界委员时指出,“思政课不仅应该在课堂上讲,也应该在社会生活中来讲”,“‘大思政课’我们要善用之,一定要跟现实结合起来”。[14] 课程思政的内容,要同鲜活的社会实践结合起来,充分利用司法实践案例,将枯燥的课程内容转化为生动的教学实践,增强法学实践课程思政的课堂活力。

三、西北政法大学法学实践课程思政的经验探索

西北政法大学坐落于古都西安,是西北地区法学教育的中心,拥有丰富的思政育人资源和经验成果。近年来,学校通过不断强化制度建设、传承红色育人基因、打造丰富特色活动、发挥金课示范效用、完善课程评价体系等方式,扎实推进法学实践课程思政建设,取得了一定的成效,在法学实践课程思政建设中积累了大量经验。

(一)强化制度建设

为积极推进课程思政,西北政法大学不断完善顶层设计,强化课程思政建设中的制度建设,印发《中共西北政法大学委员会思想政治工作质量提升工程实施方案》《西北政法大学“十四五”本科教育与专业建设发展规划》等制度文件,起草《西北政法大学全面推进课程思政建设工作方案(征求意见稿)》,为学校课程思政提供制度依据和工作指导。

(二)传承红色基因

西北政法大学在思政育人方面有着光荣的历史,在百年来党的奋斗历史

---

[13] 《习近平主持召开学校思想政治理论课教师座谈会强调:用新时代中国特色社会主义思想铸魂育人　贯彻党的教育方针落实立德树人根本任务》,载《人民日报》2019 年 3 月 19 日,第 1 版。

[14] 《习近平:“大思政课”我们要善用之》,载《人民日报(海外版)》2021 年 3 月 7 日,第 1 版。

中,西北政法大学是重要的见证者,更是重要的参与者。作为陕北公学、延安大学和西北人民革命大学的直接继承者,西北政法大学始终不忘初心,扎根西北,在传承红色基因的过程中践行红色文化育人的先驱实践。

2019年12月,西北政法大学出台《西北政法大学传承红色基因创建红色文化育人模范大学实施意见》,该意见围绕"使红色基因融入学生血液、浸润学生心扉,增强青年学生的文化自觉与自信"的人才培养目标,全方位构建红色文化实践育人体系,挖掘典型人物事件,讲好红色故事。同时,充分发挥校史馆的文化育人功能,进一步加强红色校史人物、事件、故事等资料的梳理、挖掘、整理工作,将学校的红色文化传统转化为提升育人效果的独特资源,组织排演红色经典剧目,形成学校独有的红色文化艺术品牌,充分发挥红色校史的育人功能。发掘校园独特的传统法律文化资源,以张汤墓遗址为基础,引导学生感悟张汤勤勉、廉洁、公正的司法精神,牢固树立学生法治信仰。加强与延安革命纪念馆等机构的联系与合作,积极开展"红色文化进校园"活动。建设富有红色文化育人特色的校园景观,突出红色文化,发挥好红色环境育人的作用。而且,学校将雁塔校区具有红色基因的大礼堂,按照修旧如旧原则,进行维修保护、开发利用。

(三)打造品牌活动

自2017年起,西北政法大学连续举办"法治文化活动季"系列活动,以深入贯彻落实习近平新时代中国特色社会主义思想和全面依法治国新理念新思想新战略及系列重要讲话为精神主线,以弘扬法治文化,践行立德树人为活动主题,以引导学生将法治精神化于心、正于身、践于行为最终目的。每年集中开展学科竞赛、学术沙龙、校内开庭、法律书评、法律影视文学赏析、法律宣讲等形式多样的活动百余场次,积极营造良好的法治文化氛围,努力培养学生的法治思维能力,激发学生的创新精神和投身法治社会建设的热情。新闻传播学院师生自编、自导、自演的红色主题法治话剧《庄严的审判》荣获第四届陕西省高校法治文化节"五个一"优秀文艺作品奖,作为典型示范性活动进行展演,受到了人民网、中国网、华商网等多家主流媒体的广泛关注。在创新创业大赛和立项过程中,西北政法大学引导学生多关注与大学生思想政治教育相融合、与乡村振兴战略相结合的项目,项目评审时会向此类项目倾斜。同时,积极组织学生参加中国国际"互联网+"大学生创新创业大赛中的"青年红色筑梦之旅"活动,以红色文化熏陶、塑造青年学生,激发学生爱国情怀。

(四)发挥示范效用

西北政法大学力推“金师、金课、金专”，以“金师”支撑“金课”，用“金课”支持“金专”，以“金专”支持优质教改项目，积极培育有效成果。优先将法学专业必修课和具有突出思政教育特色的选修课建设成为课程思政“金课”，深度挖掘一批精神内涵丰富的法学实践课，逐步带动全校课程思政建设。以各类教学比赛和评教活动为抓手，对于获得一定等次奖项的教师，在绩效考核、职称评定等方面予以重点倾斜。同时，选树了一批“课程思政”教学骨干以及“课程思政”示范课程，发挥示范引领作用。

(五)完善评价体系

西北政法大学将教师参与课程思政建设情况和教学效果作为教师考核评价、岗位聘用、评优奖励、选拔培训的重要内容。积极研究制订适合法学专业的课程思政建设评价标准，将法学人才培养效果作为课程思政建设评价的首要标准，明确教学设计、育人因素、挖掘转化、教学方法、教学效果、教师素养等方面的测评指标，开展实质性评价。

四、课程思政融入法学实践教学的经验启示

(一)以制度建设为保障

制度建设是课程思政融入法学实践教学的根本保障。根据中共教育部党组《关于印发〈高校思想政治工作质量提升工程实施纲要〉的通知》，其中加强课程育人质量提升体系建设的要求表明：“大力推动以‘课程思政’为目标的课堂教学改革……梳理各门专业课程所蕴含的思想政治教育元素和所承载的思想政治教育功能，融入课堂教学各环节，实现思想政治教育与知识体系教育的有机统一。”[15] 思想政治教育本身专业性较强、政治要求高，将其融入法学实践教学中不仅要进行授课方式的转变与更新，更加要注重课程思政的统筹规划与顶层设计。“通过加强‘大思政课’制度化建设，进一步完善办好思政课的体制机制，进一步细化办好思政课的政策措施。”[16] 制度建设是思政融入法学实践教学的正当性与必然性要求，学校党委必须高度重视、统一部署，实现高

---

〔15〕 中共教育部党组《关于印发〈高校思想政治工作质量提升工程实施纲要〉的通知》，教党〔2017〕62号。

〔16〕 秦宣：《善用“大思政课”培育时代新人》，载《人民日报》2021年8月2日，第12版。

校党委对课程思政工作的全面、深入领导。在推进课程思政建设中牢牢以制度建设为核心,不断完善、夯实制度整体构建与规划,将课程思政内涵与要义凝练为制度文件,为思想政治元素全面融入法学实践教学提供坚实的制度基础与政策保障。

(二)以红色基因传承为纽带

新时代法学教育与课程思政建设的不断发展,“要坚持党的领导,坚持马克思主义指导地位,坚持为党和人民事业服务,落实立德树人根本任务,传承红色基因,扎根中国大地办大学,走出一条建设中国特色、世界一流大学的新路”。[17] 课程思政建设的核心内涵在于立德树人,以培养富有中国优秀传统文化及民族精神的时代新人为目标。而红色基因是红色文化的内核,孕育了一系列新时代自强不息、勇往直前的先进精神,是中华民族实现伟大复兴的不竭精神源泉,其内涵与课程思政建设目标高度统一、同向同行。在推进法学实践课程思政的过程中,不应将思政元素机械、生硬地灌注到实践教学里,而是要将红色基因作为课程思政建设与法学实践教学之间的纽带。高校应积极挖掘自身红色基因,从自身红色历史、红色人物、红色事迹等方面入手,合理利用自身红色资源,宣传红色文化。一方面,红色基因是红色文化的本质表现,其植根于中华大地,具备充分的先进性与示范性,学生本身对于红色文化的认同感强烈。在推进课程思政有机融入法学实践教学中,应当大力推广、宣传红色文化,培养尊崇红色文化的良好风尚,从而激发学生的爱国情怀、使其坚定理想信念,以红色文化教育为契机,从而达到思想政治内容顺利、有效、深刻融入法学实践教学的良好效果。另一方面,传承红色基因与课程思政建设具有目标的内在一致性。红色基因承载内涵丰富、内容深刻,以红色基因为纽带,将红色基因蕴含的思政元素灵活运用到立德树人的全过程,更有助于加强法学实践教学的思政建设,取得良好的成效。

(三)以特色活动为窗口

持续推进法学实践课程思政建设,一方面要积极发挥课堂的主渠道、主阵地作用,将思政内容融入课堂教学之中,以起到循序渐进、潜移默化的教学作用;另一方面要大力发挥特色活动的窗口作用,使思想政治教育更加灵活生

---

〔17〕《习近平在中国人民大学考察时强调:坚持党的领导传承红色基因扎根中国大地 走出一条建设中国特色世界一流大学新路》,载《人民日报》2022年4月26日,第1版。

动、更具可接受性。法学实践课思政不能仅停留在理论输出方面,更要面向现实,将思想政治教育寓于具体实践活动之中。特色活动是法学实践教学中问题导入与吸收的重要拓展渠道。在知识传授方面,单一课堂教学的案例讲授使学生切身感受不强,教师在课堂上注重案例分析方法的介绍,难以让学生生动地感知案例中的鲜活价值。而在课程思政建设深入法学实践教学的过程中,如果只以单一课堂教学作为唯一渠道,也会使学生对思政内容感悟不深、理解不透,难以真正起到思政理念入脑入心入魂的效用。因此,要利用好特色活动这一实践性极强的锻炼渠道,使课堂内的知识生动转化为实践操作的技能本领,使课堂内外实现有机融合、有效拓展,在提升人才培养质量的同时,使思政元素进入学生头脑、走进学生内心。法学实践课本身就在于培养法科生的法律技能、法律思维,通过模拟现实法律问题使法科生贴近、感受实务,因而特色活动要保证主线清晰、突出主题特色,深入贯彻落实思政育人的核心理念,使学生在参与活动过程中将思政内涵、精神及核心价值内化于心。特色活动在吸引学生参加的同时,又能将思政育人理念贯彻其中,起到良好效能。因此,法学实践课程思政建设必须牢牢把握特色活动的窗口作用,强化活动主题,以增强课程思政融入法学实践教学的创新驱动。

(四)以思政“金课”为引领

思政“金课”是经得起推敲、经得起考验的精品课程,坚持以学生为中心、以育人为宗旨,在内容与结构上具有普遍意义的示范作用与引导作用,具有推广价值。法学实践教学要反映鲜活实践,尤其要结合富有时代特征的生动案例,以中国本土的文化制度优势为底色开展课堂教学。“思政课程的课程思政应坚持将马克思主义中国化最新成果融入思政课,增强思政课的思想性、政治性和理论性,实现思政课思政教育的系统性、整体性和时效性。”〔18〕法学实践课程的思政“金课”,首先是教学内容丰富生动、知识具备体系性的课程,其次又能在课堂讲授基础之上将思政元素、育人理念有机融入法学实践课程之中,使思政理念与教学知识相贯通,在课堂教学过程中实现知识传授、能力培养、价值观塑造的教学目标,具有充分的示范意义和表率作用。一方面,推广具备普遍示范意义的思政“金课”,有助于教师对照金课进行自身课程调整及教学

〔18〕 赵婀娜:《探寻思政“金课”的密码——记中国人民大学思政改革创新》,载《人民日报》2022年6月3日,第4版。

方式的转化更新,优化自身课程建设,提升教学质量。另一方面,能够激发教师的进取心、创新力、能动性,从而形成为上好法学实践思政课的追比赶超局面,促进教师为实现自身课程的思政“金课”建设争优争先。

(五)以评价体系为依托

评价指标是教师评优评奖以及职称晋升的重要支撑依据,而课程思政建设效果作为教师育人能力与育人水平的核心表现,是教师综合素质评价体系中的重要考核指标。促进法学实践课程思政优化建设,要以教师评价体系为依托建立健全课程思政评价标准,以课程思政建设具体情况作为教师测评指标的重要依据。将课程思政效果纳入教师评价体系,既是落实立德树人根本任务的体现,也是推动法学实践教育高质量发展的题中之义。因此,要将课程思政建设标准作为教师评价体系的重要指标之一,系统化、科学化制定课程思政整体评价标准,注重对课程思政实际效果的发展性评价,完善涉及课程思政效能实现的整体性、综合性评价体系。

五、结语

课程思政建设是当代法学实践教学课程的重要建设方向,思政育人理念不仅是培养新时代法治人才的核心理念,还是“大思政”育人格局的重要生成路径。新时代法学实践教学旨在培养政治正确、德法兼修的卓越法治人才,其立身必以立德为先,思政内容涵盖思想道德、专业理论、科学思维、家国情怀等要素,是法学生成长为法治人才的必由之路。在法学实践教学的课程思政建设过程中,应当不断完善、强化思政育人的核心要义,将课程思政建设效果作为落实学校立德树人这一根本任务的基础性、关键性工作,以中国式法治现代化潮流为契机,以培养新时代卓越法治人才为导向,使课程思政建设落在实处、取得实效。

《政法教育评论》
第1辑,第191~207页

法治文化学科实践教学改革探索

——以中国政法大学“走读北京中轴线”课程为例

阴昭晖*

摘　要　法治文化作为一门新兴交叉学科,为顺应国家法治建设的要求,以培养高端复合型法治人才为目标,需要强化法治文化学科的实践教学。然而,由于学科交叉性带来的综合性、复杂性和多维性的学科能力要求,当前法治文化学科实践教学存在一些问题和困难,如实践教学理念滞后,实践教学形式和内容单一,校内理论资源与校外实践资源缺乏有效衔接等。这可以通过更新理念,加强跨学科、跨部门、跨领域的协作,提高教师的交叉学科知识背景和实践能力等路径做出完善。北京中轴线既是一个极具标志意义的物理概念,也是一个内涵十分丰富的文化概念,其中蕴含着丰富的优秀法文化资源,是开展法治文化实践教学的有效平台和有形实体。中国政法大学实践课程“走读北京中轴线”,通过挖掘北京中轴线的法文化内涵,对法治文化实践教学的授课内容和方式的改革做出探索。

关键词　法治文化　实践教学　走读北京中轴线

* 阴昭晖,中国政法大学人文学院讲师。

理想的法学教育在学科建设、课程设置、人才培养等各个环节都应该把理论知识传授与实践能力培养作为重要的目标。习近平总书记指出:“法学学科是实践性很强的学科,法学教育要处理好知识教学和实践教学的关系。”[1] 2023年,中共中央办公厅、国务院办公厅印发《关于加强新时代法学教育和法学理论研究的意见》明确提出要“强化法学实践教学,深化协同育人,推动法学院校与法治工作部门在人才培养方案制定、课程建设、教材建设、学生实习实训等环节深度衔接”。因此,如何实现实践教学与理论教学的有机融合,引导学生打通理论与实践、课堂与社会之间的经脉等就是目前我国法学教育面临的时代命题。

法治文化作为一门新兴法学交叉学科,多学科交叉性和社会实践性的学科特点,以及培养高端复合型法治人才的培养目标等都对法治文化学科提出了较高的实践教学要求。北京中轴线拥有13世纪以来中国历史上重要的国家建筑、礼法建筑,而北京中轴线既是一个极具标志意义的物理概念,也是一个内涵十分丰富的文化概念,其中蕴含着丰富的优秀法文化资源,是开展法治文化实践教学的有效平台和有形实体。本文将分析法治文化学科实践教学的现状,反思不足并提出完善路径,同时以中国政法大学法治文化实践课程“走读北京中轴线”为例,论述该校对于法治文化实践教学改革的探索。

一、法治文化课程的实践教学反思

2021年,中共中央办公厅、国务院办公厅印发的《关于加强社会主义法治文化建设的意见》要求:“开展法治文化科研教学,支持有条件的单位自主设置法治文化相关二级学科硕士点、博士点。”西北政法大学、华东政法大学等高校相继设立了法治文化硕士点,湖南师范大学、四川大学等高校在法治文化学科建设和课程设置等方面也都形成了各自的特色。2007年,中国政法大学在法理学专业下设立法治文化研究方向,2014年又相继设立了独立的法治文化专业的博士点、硕士点,经过10余年发展,中国政法大学法治文化学科建设、课程设置等方面取得了一些经验。[2]

---

[1] 习近平:《全面做好法治人才培养工作》,载习近平:《论坚持全面依法治国》,中央文献出版社2020年版,第177页。

[2] 参见李驰:《新文科视野下的法治文化专业课程建设》,载《法学教育研究》2023年第1期。

(一)法治文化的学科背景

从理论上来看,法治文化是一门以问题为导向,致力于实现学科融合和创新理论发展的新兴交叉学科。[3] 法治文化学科是在法治国家、法治政府建设不断完善,法治文化不断繁荣的大背景下应运而生的。社会主义法治文化是中国特色社会主义文化的重要组成部分,是社会主义法治国家建设的重要支撑。随着法治文化建设深入,必然需要相应的基础理论研究和综合型人才培养的支持。法治文化学科设立的初衷就是立足于国家法治建设的理论和现实需求,通过多学科的交叉融合解决法治理论和实践中的问题。

法治文化学科设立的基础是对法治文化及其特征的深入认识和理解。李德顺提出,法治文化是实现了法治国家和社会所应有的文化,在法治国家或法治社会,法治本身就是一种特定的文化体系和文化类型,法治文化的基本构成包括基本精神或理念层面(思想基础和核心理念)、在社会化的组织层面(制度、体制、管理机制)、行为规则规范层面以及日常实践和行为习惯的层面。[4] 张文显则认为,法治文化是法治现象的精神构成,是由社会的经济基础和政治结构决定的、在历史进程中积累下来并不断创新的有关法治的群体性认知、评价、心态和行为模式的总汇,包括法治概念、法治观念、法治思维、法治思想、法治价值、法治传统等。[5] 可见,法治文化内涵十分丰富,对其的理解各有侧重,但法治文化的基本特征却是一致的,即始终立足于法治实践,重视法治问题的解决以及法治思维的培养。正如习近平总书记在中国政法大学考察时强调,要打破高校和社会之间的体制壁垒,将实际工作部门的优质实践教学资源引进高校,加强法学教育、法学研究工作者和法治实际工作者之间的交流。[6]

(二)法治文化的课程设置

法治文化的学科定位是从文化的视野来研究法治,用法治的理念来构造文化,既注重法治理论的研究,注重法律制度、法律组织、法律行为、法律设施、法律语言文本等的实务研究,又注重以跨学科的视野在哲学与逻辑、宗教与伦

[3] 参见李德顺:《法治文化的基本理论》,载崔蕴华主编:《法治文化专题讲演录》,黑龙江教育出版社2018年版,第5页。

[4] 参见李德顺:《法治文化论纲》,载《中国政法大学学报》2007年第1期。

[5] 参见张文显:《习近平法治思想研究的方法论》,载《法制与社会发展》2024年第1期。

[6] 参见《习近平在中国政法大学考察时强调 立德树人德法兼修抓好法治人才培养 励志勤学刻苦磨炼促进青年成长进步》,载《人民日报》2017年5月4日,第1版。

理、语言与翻译、文学与影视等维度上对法治的理论与实践进行研究。

法治文化的课程设置基于上述学科定位。以中国政法大学法治文化课程建设为例,该学科已经基本形成较为完善、系统的课程体系。其中,常规的课题体系包括主干核心课(如民法学、法理学、法治文化专题研究、法治中国的理论与实践等)和专业选修课(审美、文化与法治、法治文学专题研究、法律与文学经典研读、法律逻辑等)。这些课程的教学内容主要以中西方法治理论为切入点,引入哲学、文学、史学、艺术学等人文社会科学的角度。此外,课程也顺应法治文化学科从本科到硕士、博士贯通式培养的要求,分别设置了本科生的"法治文化专题研讨"、硕士生的"法治中国的理论与实践"以及博士生的"法治文化前沿问题研究",它们都针对学生学科背景及学科层次的不同有针对性地采用不同的课程内容和教学方式。

法治文化学科的实践教学体系也初步搭建完善。[7] 例如,学位课程"法治文化专题研究"以"法治与影像:当代中国法治影视文化专题系列课程讲座"为题,邀请知名法治影视作品编剧、主创人员参与课程教学实践,使学生深入了解法治影视作品的创作环境、主创思路和现实关怀。"法治中国的理论与实践"课程主要围绕"首都红色法治文化建设""博物馆建设与文化治理"等主题,由授课教师和学生一起调研法治文化建设状况并撰写调研报告,以实践调研为契机联系法治文化的理论与实践。

在常规教学课程安排之外,法治文化学科还提供了多元补充教学的平台。例如,"法治文化读书会"每学期举办2~3次,邀请不同专业方向的老师参加,读书会主题包括"法的价值""法律体系""法律职业""法律与文学""诗性正义"等,读书会基本形成了"学生阅读、老师点评、师生互动"的教读互动方式;"法律语言学术沙龙"以法律语言研究为主题,每学期举办4次,每次由两位或三位同学作报告,老师和其他同学针对两位报告人的报告内容进行讨论。经过多年的建设,上述读书会形成了很好的补充教学的方式,通过阅读经典、阐释观点、促进教学结合,为师生提供了提出观点、分享观点、完善观点的平台。其他高校也根据自身的学科特点,积极探索法治文化实践课程建设。例如,华东政法大学排演《立场》话剧,在国家大剧院公开演出,取得了很好的法治宣传的效果。

---

〔7〕 参见李驰:《法治文化专业实践教学的体系化探索》,载《中国政法大学学报》2022年第2期。

（三）法治文化课程的实践教学困境

法治文化实践教学建设的基本目标是形成理论与实践相结合、法治与文化相融合、校内课堂教学与校外实践教学相互动的体系。法治文化的交叉学科定位意味着其至少是两门不同学科的交叉融合。客观上看，这种学科交叉性一方面使法治文化适应了法治建设的实践要求，解决了一些传统法学无法或无暇处理的问题，另一方面也正是这种交叉性所带来的综合性、复杂性和多维性的学科能力要求，导致法治文化实践教学还面临一些困难和不足。

其一，对法治文化实践教学的必要性认识不足，教学理念滞后，导致现有的实践教学内容和形式仍旧较为单一。法治文化作为法学交叉学科，面向实践是其基本内涵，所谓交叉学科就在于旧学科知识的融合和新学科知识的增量，交叉学科建设的初衷是通过对不同学科知识的整合，在帮助学生多角度看待事物的同时，使其具备解决综合性社会现实问题的能力。〔8〕 而目前法治文化理论课程设置的比重仍然过大，现有的实践课程仍然以法律咨询、毕业实习等为主导，涉及专业内容有限，实践课程平台也缺乏统一、连贯的实践教学载体和线索。

其二，在交叉学科领域的实践教学中，还存在着教师对法学以外知识或实践经验掌握不足的问题。一项对法学教师实践教学能力的调查显示，有66.7%的受访者认为本人及其所在高校的法学教师对法学以外领域知识掌握不足，并认为此乃影响法学教师应对交叉学科教学需求的首要因素；有47.2%的受访者认为其本人及其所在高校的法学教师缺乏应对交叉学科教学需求的实践经验，并认为这是影响法学教师应对交叉学科教学需求的次重要因素。〔9〕可见，法治文化交叉学科要求从人文社会科学的多维角度，对法治建设的政治基础、文化背景、社会资源及生活样态等问题进行考察研究，确实也对教师跨学科的知识和经验等实践教学能力提出了新的挑战。

其三，法治文化校内理论资源与校外实践资源缺乏有效衔接，校内外“双导师”联合培养机制有待完善。尽管有些高校聘请相关实务人员担任实践导

〔8〕 参见杨婧文：《新文科视野下“法学＋”跨学科人才培养模式研究——以监察法学为例》，载《高等教育评论》2021年第2期。

〔9〕 参见贾健、王博文：《新法科语境下法科教师交叉学科领域实践教学能力差距及其消除》，载《四川警察学院学报》2023年第5期。

师,但却忽视兼职导师的校内教学能力培训,导致其尽管实践经验丰富,但实践教学能力不足,且兼职导师需要承担其本职工作,缺少充足的时间和精力指导学生实践,难以保证实践教学长期稳定开展。

其四,思政课程融入法治文化实践教学还不足。法治文化的实践教学在思想政治资源的挖掘和积累、优质案例的选取和阐释、课程思政实施过程及考评方式等方面有待加强。

(四)"走读北京中轴线"的课程设置及特色

我们在中国政法大学法治文化学科设置了实践课程"走读北京中轴线",设置目的不但是充实现有的常规课程体系,而且在课程的内容和形式设置、校内外联合协助机制、课程思政融入等方面做了探索,希望能对当前实践教学中存在的一些问题做出有效完善。

"走读北京中轴线"属于法治文化研究生学位课"法治文化专题研究"中的专题实践课程,共32课时,授课对象为法治文化专业硕士研究生,课程内容分为4个篇章、8个主题,课程目的以北京中轴线作为实践载体和对象,从法文化视角对北京中轴线进行多维视角的研究。本课程有如下特色:

1. 执书阔步,探寻法治。本课程充分利用中国政法大学地处北京的区位优势和特色,挖掘北京中轴线里法治文化的实践教学价值。在教师授课、文献阅读、集中讨论等理论学习的基础上,师生一同开展走读实践,沿着北京中轴线边行走边探访,考察、调研北京中轴线及其辐射范围内与法治文化有关的标志性建筑、革命纪念地、爱国主义教育基地、相关政法单位等各类探访目的地,认知、体验、感悟中轴线所蕴含的深厚文化及其对当代的启发。本课程选用走读的教学方式能够以实践的需求(设计路线、作主题演讲、集中讨论等)推动、激发学生学习的主动性;也能够促进学生学研、学思相结合,帮助学生实现知行合一,产生有价值、有意义的教学成果。

2. 内外对接,联合培养。为更好地落实"双导师"制教学培养模式,强化法学文化的实践理念,本课程充分利用校内外的教学资源,与探访目的地(故宫博物院、天坛、法院博物馆、沈家本故居等)、相关专家(北京学专家、故宫学专家、文物保护法专家等)以及第三方法治教育机构(全国青少年学生法治教育基地等)对接协作,共同打造专门的走读内容、路线,实现高效率、高质量的实践教学。这种多方协作的教学模式能使课程内容、形式、方式更加有针对性,更加符合法治文化交叉学科的实践要求,也一定程度上弥补法学专业院校在法学以外学科资源相对不足的情况。在此过程中，加强了教师之间、校内教师与校外实务部门的交流学习，有助于增加校内教师自身的实践教学经验，提高校外导师的教学能力。

3. 多元课堂，积极参与。本课程选择多元化的教学方式，提高学生的参与度和积极性。课程由师生互动展开，教学形式包括学生设计路线并导游走读、主题讨论、案例讨论、口述史访谈等多种类型，结课方式包括但不限于提交学术论文、调研报告、绘画作品以及拍摄相关主题的法治微视频短视频等。在正式课堂之外，还开展"北京中轴线读书沙龙"等活动作为补充教学平台，对课程的主题和问题开展有针对性的文献阅读。举办"法治剧场"对有关的法治典故进行戏剧化的演绎。通过多种教学方式、丰富教学主题与多元的结课要求，鼓励学生在教师的指导下积极主动地进行自主探索，提高学生的学习兴趣。

4. 强化思政，建立信仰。习近平总书记多次强调法治精神的重要性，要将社会主义法治建设融入实践，让人民感受到公平正义，建立对法治的坚定信仰。本课程在教学设计上明确要立稳思政旗帜，深入挖掘北京中轴线的历史演化和空间发展背后的价值根脉和思政根基。在教学课程的各个环节都以提升教学质效为目标，让学生真正从传统优秀法文化中体悟到"执法如山""公正不阿"等价值理念。

二、"走读北京中轴线"的理论基础

北京中轴线作为我国历史文化遗产的重要组成部分，贯穿北京老城南北，承载着中华民族丰富的历史记忆和文化内涵，是中华文明的独特象征。传统意义上的北京中轴线是指北京老城的城市中轴线，南端为永定门、北端为钟楼，全长 7.8 公里。1951 年，梁思成先生曾在《北京——都市计划的无比杰作》中说道：一根长达 8 公里，全世界最长，也最伟大的南北中轴线穿过全城。北京独有的壮美秩序就由这条中轴的建立而产生；前后起伏、左右对称的体形或空间的分配都是以这中轴线为依据的；气魄之雄伟就在这个南北引申、一贯到底的规模。

传统北京中轴线上的"礼"与"法"。北京中轴线在建筑、格局和功能上，长期以来都是居于正统地位的儒家思想在建筑上的外化，体现着我国传统的"礼制"。而从某种意义上，礼被认为是中国古代的"宪法"，"礼"在中国古代无疑具有“宪法”的地位与作用,中国古代高度的社会共识是以礼为核心形成的,[10]这也在一定程度上能够体现出我国传统法律文化的基本特征和核心内涵。在北京中轴线上,生动演绎了一场“礼”的动态变化:从古时以人治为主的“礼”体系的稳定与扩展,伴随着君权神授如颁历授时、天地祭祀的诸多礼制的物化体现,再到近现代受到西方冲击开始逐渐萌芽的法治精神,物化礼制形成的建筑最终成为为人民服务的休闲场所。北京中轴线在传承的基础上随时代变更,充分体现出了人民主权的宪法原则。北京中轴线上的故宫等古代皇家宫殿建筑,太庙、社稷坛等古代皇家祭祀建筑,地安门外大街、前门大街、永定门御道遗存等历史道路,成为一个个实景化的历史博物馆、可触摸的法文化。

除了传统北京中轴线之外,还存在着一条紧邻传统中轴线中段东侧的“法学中轴线”,其见证和参与了近现代以来中国法治建设的进程。所谓“法学中轴线”是指以南北沿河大街和正义路为核心,由中国社会科学院法学研究所、中央政法委员会、最高人民检察院等单位构成的,地理上位于南北沿河大街和正义路两侧的一线。在空间向度上,其位于传统中轴线东侧,与后者交于钟鼓楼。在历史向度上,法学中轴线也是由传统的“礼法”的淡出到当代社会主义法治巩固与发展的重要接续。例如,中法大学旧址体现了我国近代法治的坎坷探索,最高人民法院和最高人民检察院更是作为我国现代法治的象征而矗立。法学中轴线是现代法治精神的见证,也充分体现着当下全面依法治国的总方针。法学中轴线与北京中轴线的地理上的天然毗邻,为实践路线增加了便利性的同时也提供了历史维度的逻辑性与更多思想资源,通过扩大“中轴线”的内涵,增加了北京中轴线法治文化的现代向度。本课程走读的“北京中轴线”既包括传统中轴线,也包括这条法学中轴线。

2011年,北京中轴线由北京市提出申遗,并在2012年被列入《中国世界文化遗产预备名单》;北京中轴线申遗文本历经10余年反复打磨,于2023年1月正式向联合国教科文组织世界遗产中心提交;2024年7月,世界遗产大会将公布北京中轴线申遗的结果。北京中轴线申遗这一活动表明了北京中轴线的文化价值具有某种普适性,有对其进行多元阐释和解读的必要性。

因此,北京中轴线所蕴含的礼法文化为法治文化实践教学的开展提供了

---

〔10〕 参见马小红:《清末民初礼与宪法关系的反思——兼论中国古代社会的共识》,载《现代法学》2021年第4期。

深厚的理论基础。北京中轴线作为活态文化遗产,通过众多的文物古迹串联起了一部气势恢宏的中华法文化史。北京中轴线可以作为法治文化实践教学,乃至法治宣传教育的有形实体和有效平台。通过实践教学的多元形式探讨北京中轴线,能使学生深度参与教学内容,借助这种教学方式力图使书本上的理论与历史转变成可视可听可感的“直观旁白”,引导学生在实践中体验法文化,体会法在时间向度的演化与空间向度的外显,增进对我国法治演变进程的理解。

三、“走读北京中轴线”的课程内容

本课程的内容以中国法文化的历史与逻辑的演进发展为线索,把课程分为四个篇章:引入篇、法寓于礼篇、“礼”的淡出篇、现代法治发展篇(见图1),其中又具体分为八个授课主题。本课程引导学生进入“时—空—人相结合”“过去—现在—未来相沟通”的视角,沿着北京中轴线文化遗产路线边行走边探访,使同学们在用脚去走、用眼去看、用脑去想、用心体会的过程中,认知、体验、感悟北京中轴线所承载的中华优秀传统法文化。

引入篇

从古到今，北京中轴线是怎样从礼制到法治的?

法寓于礼篇

中国古代礼制的核心内容——皇权至上、君权神授与尚中思想

“礼”的淡出篇

近现代反击侵略的抗争、民主革命与近现代法治的兴起

现代法治发展篇

现代法治的发展与巩固

图1 课程的四个篇章

第一讲为北京中轴线上经典建筑的格局与功能变迁以及法主体的物化呈现与发展。本讲主要带领学生梳理北京中轴线上的经典建筑,对其文化发展变迁形成宏观的认识,从这些经典建筑的格局和功能的变迁中观察法主体的

呈现,侧重理解传统的人治到社会主义法治的法价值取向的变革。明清时期,北京中轴线的空间规划布局集中体现了皇权至上的核心价值体系。中轴线以南、中、北三段划分,细分为16个具有代表性的单元,构建了四类主要的文化空间结构:其一,以紫禁城单元为核心的皇权政治空间,展示了皇帝作为最高权力主体的地位;其二,由永定门单元、正阳门单元等构成的安全防御空间,体现了当时维护统治秩序的重要法制需求;其三,天坛、先农坛、太庙等一系列祭祀礼仪空间,反映了法律与宗教伦理、礼制相结合的社会治理模式;其四,天桥单元、正阳门大街单元等构成的商业民俗空间,则是民间法与官方律令相互作用的社会生活层面的体现。

随着时代的更迭和社会制度的根本变革,现今的北京中轴线已经经历了深刻的转型与发展。空间格局调整为包含15个单元的多元文化载体,四大功能分区也发生了显著变化:政治文化广场取代了昔日皇权专享的政治中枢地位,成为公众参与国家重大活动和公共事务的新地标,体现出现代法治社会以人民为中心的法治理念;博物馆文化宫则通过展示丰富的历史文化资源和艺术成果,承担起传播法治文化、教育公民的责任;城市人民公园则提供了广大民众休闲娱乐和文化交流的空间,反映出现代社会对公众权利保障和公共利益尊重的法治要求;商业休闲空间的繁荣,则展示了市场经济条件下法治对于经济活动的规范与促进作用。

第二讲为北京中轴线上的建筑美学与中国古代法文化的交融。本讲将深度剖析北京中轴线的建筑设计和装饰艺术如何与古代法治文化和礼制规范相互交织、相得益彰。北京中轴线上的建筑巧妙地将等级制度寓于视觉艺术之中,既保证了建筑美学的高度统一,又有力地维护了封建社会的伦理秩序和权力结构,是传统法文化与礼制精神的具体物化。北京中轴线建筑美学的核心特征在于其对称与均衡,这与中国古代崇尚“和谐统一”“天人合一”的思想理念相吻合。而从法治文化的视角看,中轴线上的各类建筑及其装饰艺术如屋顶形式、彩画图案和石雕龙纹等所体现的严格等级差异,反映出封建社会严密的礼制体系和法治文化。首先,屋顶形式是建筑物等级区分的显著标志。在封建社会中,屋顶的规格与样式严格遵循礼制规定。例如,故宫的主殿太和殿采用的是最高等级的重檐庑殿顶,象征皇权至高无上;而次一级的宫殿则会采用歇山顶或悬山顶。同时,屋顶的颜色也有所区别,黄色琉璃瓦仅限皇家使用,体现出“天子居中,四方来朝”的尊贵地位。其次,彩画作为古代建筑的重要装饰手法，其内容和色彩同样具有严格的等级制度。官式彩画按照繁复程度和色彩搭配分为不同类别，如和玺彩画、旋子彩画和苏式彩画，其中和玺彩画最为精美，因此多用于宫殿等重要建筑，故宫的和玺彩画以龙凤图案为主，线条精细、色彩丰富，彰显出皇家的华贵气派。

第三讲为北京中轴线碑刻中的法文化传承与变革。北京中轴线碑刻位于北京这座历史文化名城的心脏地带，更以其石质的坚韧记录下不同时代的法律规则、道德规范和社会契约等，展示了我国传统法律思想的发展脉络与深刻变迁。本讲将带领学生探访中轴线上的代表性碑刻，研读碑文内容（见表1）。按照立碑主体及其记载内容的不同，可以将北京中轴线上的碑刻大致划分为五类，并整理为如表1。例如，民间碑刻呈现出中轴线与老城生活之间相互依存、互为支撑的格局，也记录了科举制度、礼法之治的历史。这些镌刻在石碑上的法文化符号跨越时空，见证了我国法律思想从古代到现代，从人治到法治，从单一主体到人民主体的历史性转变。例如，人民英雄纪念碑是北京中轴线上一抹不容忽视的红色，碑身镌刻的碑文，以简短的内容高度概括了中国百年来的革命全貌，倾注了对人民英雄伟大贡献的深切缅怀，连用三次“人民英雄永垂不朽”，强烈凸显对人民主体的强调，昭示着我国从封建社会走向人民民主专政的法治理念转变，是新时代中国特色社会主义法治建设的重要物证。因此，人民英雄纪念碑是以人民为国家主体、法治主体的重要物化代表。

表1 北京中轴线上的碑刻

类型	名称	地点
御制敕建碑刻	《御制重建钟楼碑记》	钟楼
	《皇都篇》《帝都篇》	永定门
	《琼岛春阴碑》《七佛塔碑记》	北海公园
	《乾隆御制诗碑》	瀛台流杯亭
	《正阳桥疏渠碑》	天桥
	《关帝庙修缮碑》《香行老会碑》	天坛

续表

类型	名称	地点
民间碑刻	《正阳门关侯庙碑》《谒午门关帝庙诗》《正阳门关帝庙碑记》	正阳门
	《关帝庙修缮碑》《香行老会碑》	天坛
	《中央公园刻石》《修京兆公园碑》	公园
学校碑刻	《金台书院碑》《京兆通俗教育馆记》《慧仙女工学校碑》	学校
多语合璧碑刻	《白塔碑》	永安寺白塔
	《马神庙碑》	景山东街
	《关帝庙碑》	三眼井胡同
新中国碑刻	《人民英雄纪念碑》	天安门广场

第四讲为北京中轴线文化遗产保护利用的法治化。本讲邀请文物保护法专家进行专题讲解,系统梳理并解读涉及北京中轴线的相关法律法规,详细剖析北京中轴线文化遗产保护的法治化进程中的关键环节和挑战,同时审视当前实践中存在的不足之处,引导学生理解北京中轴线文化遗产保护利用的法治化,思考探索完善我国文物保护法治体系的有效途径,推动我国文化遗产保护迈向更高层次的法治化轨道。2022年5月,通过了《北京中轴线文化遗产保护条例》,标志着北京中轴线文化遗产保护工作正式步入法治化的轨道。2023年1月北京市人民政府颁布实施《北京中轴线保护管理规划(2022~2035年)》,进一步细化了中轴线文化遗产保护管理工作,制定了详尽的保护策略、管理措施和实施路径,从而为北京中轴线在未来15年内实现科学化、规范化、精细化的保护管理和可持续利用奠定了坚实的政策基石。

第五讲为传统北京中轴线上的礼乐文明与坛庙建筑。本讲将通过实地考察和理论分析相结合的方式,使学生深入了解北京中轴线上礼乐文明与坛庙建筑之间的内在联系,以及它们如何在历史长河中塑造并影响了中国的法制观念和民族精神。"礼有五经,莫重于祭",这一《礼记·祭统》中的经典论述揭示了祭祀活动在中国古代礼制文明中的重要地位。这一项项庄严有序、体系化的祭祀仪式不仅仅是对祖先、天地神祇的崇敬和祈福,更彰显出礼制精神。祭祀仪式所开展的场合,如天坛、先农坛、太庙、社稷坛等,即礼制建筑。

礼乐文明塑造了中华民族的民族性格、对社会形态产生重大影响。以“孝”为例，在中国都城建造理念中，强调左祖右社，这一点也在社稷坛和太庙的布局中得以体现。中国古代以左为尊，故将供奉先祖的太庙置于左侧，体现出对“孝”这一基本伦理规范的高度重视。乃至中华人民共和国成立后对天安门广场的修建，仍然尊重并延续了这种“左祖右社”的空间关系，不仅保留了历史文化传承的脉络，更从内涵上继承了“左祖右社”的礼制含义。与此同时，“孝”这一贯穿古今的礼乐价值观对中国法制发展产生了深远的影响。从古籍记载的“子为父隐”，到汉代法律制度明确规定的“亲亲得相首匿”，再到如今关于犯罪者亲属不被强制作证的讨论，均体现了“孝”在维护家庭伦理和社会公正方面的重要作用。这一以“孝”为代表的礼乐文明，如同一条无形的纽带，始终贯穿于我国社会生活与法制建设的各个层面，深刻影响着中华民族的法制观念与社会治理模式的形成和发展。

第六讲为北京中轴线与国外重要城市中轴线的对比研究。本讲围绕北京中轴线与国外重要城市中轴线的对比研究展开，通过组织学生课堂展示、研讨的形式，引导学生跨越地理与文化的边界，将北京中轴线与这些国际知名城市的中轴线进行多维度的比较，发掘它们在城市功能布局、建筑风格、历史沿革、文化内涵等方面的共同性与差异性。这可以使学生深入探讨不同文化背景下的城市规划理念，思考如何在尊重本土文化传统的同时，借鉴和汲取其他国家和地区在城市规划与法治建设上的优秀经验，为我国现代城市的发展与保护提供新的思路和启示。中轴线的城市布局并非北京所独有，其在世界各地都有体现，如巴黎以香榭丽舍大道为核心，形成了一条自卢浮宫至凯旋门的城市中轴；柏林则以勃兰登堡门至胜利柱的轴线展示了德国的历史变迁和现代都市风貌；华盛顿作为美国首都，其国家广场至国会山的轴线设计体现了美国联邦政府的精神象征等。

第七讲为法学中轴线——从中国传统优秀法律文化到社会主义先进法治文化。本讲深度剖析与传统北京中轴线相邻且相互呼应的法学中轴线是如何随着时代发展而逐渐成形，并在现代法治建设中发挥核心作用的。在地理空间上，法学中轴线位于北京中轴线东侧，与传统中轴线交汇于钟鼓楼；在历史维度上，它是由“礼”的淡出到社会主义法治巩固与发展的重要接续。例如，《新青年》编辑部旧址是中国近代思想启蒙和文化发展的一大阵地；北大红楼作为中国政法大学的发源地，见证了我们的初心与使命；最高人民法院和最高人民检察院更是作为我国现代法治的象征而矗立。法学中轴线是现代法治精神的见证,也充分体现当下全面依法治国的总方针。从中法大学旧址到北京警察博物馆,现代的法治主体建筑及功能与近代旧址的对比也可以从法制史的历史向度来进行调查研究。

第八讲为宪法视角下的北京中轴线与国家认同。本讲采取读书会和走读结合的方式,在课前研讨的基础之上,探访北京中轴线在宪法框架下所承载的国家象征意义。我国《宪法》第143条为首都条款,其中的"北京"具有明确的内涵,是涉及首都职能的地理范围,但其地界的具体范围并未明确。中华人民共和国在重新建都北京时,以旧城为核心进行了改造,国家中枢中南海、人民大会堂、政协礼堂等均位于北京旧城内,且紧密围绕着北京中轴线,充分体现了传统文化与现代国家建设理念的交融。[11] 而北京中轴线作为北京市空间上的基准轴,文化上的凝聚轴,凸显着"中正和谐"的国家价值观,并且随着时代的变迁展现出新的表达方式。位于北京中轴线上的天安门作为中华人民共和国的国家象征,其本身的演变进程也见证了中国从封建社会传统帝制到人民当家作主的现代社会;在宪法视角下,国家认同不仅体现在法律文本的规定中,更依托于实物载体和文化符号的表达。杜吾青认为,宪法应当以"国家理性"为基础,建立在"文明统合和文化延续"的脉络上。[12] 位于中轴线上的天安门及位于天安门广场上的国家博物馆、人民大会堂诠释了我国文明统合和文化的源远流长,同时彰显了我国国家权力的归属,也充分体现了中轴线上的国家认同。

四、"走读北京中轴线"的教学模式与探索意义

(一)教学模式

本课程根据授课的主题及课程目标,采用古建筑参访走读、专家专题讲授、口述史访谈、师生课堂研讨等常规的教学模式。此外,根据所探访地点不同的特点,课程还会采取一些有针对性的辅助教学方式,如绘画、手工制作、学生讲解、法治剧场等,加深学生对实践内容的理解和教学课程的参与度:

1. 情景一。地点:钟鼓楼。课程主题:通过钟鼓楼授时了解古代礼制——

---

〔11〕 参见郑军:《世界遗产语境下的北京中轴线》,载《北京文博文丛》2019年第3期。

〔12〕 杜吾青:《国家象征和标志的宪法学阐释:以国家认同为中心》,载《交大法学》2020年第3期。

探索“齐政楼”与108声钟声的奥秘。教学内容与方式：教师讲解晨钟暮鼓的传统报时制度，让学生模拟敲钟击鼓进行报时并解释敲击授时的思想内涵，直观地理解礼制节律，同时体会钟鼓楼从王权象征的计时转化为今日向民众开放的历史进步；带领学生制作简易版古代计时工具（如日晷模型），让学生们在动手操作的同时体验传统时间计算方式。

2. 情景二。地点：天坛。课程主题：天人合一与法治精神——天坛背后的思想变迁。教学内容与方式：讲解天坛建筑群及其功能，重点介绍祈年殿、圜丘等主要建筑在祭天过程中的作用，之后组织学生举办“法治剧场”，角色扮演皇帝、大臣、乐师等，通过参与祭祀的方式来简要了解祭天仪式。引导学生们从“天心石”处开始，实地考察圜丘坛的三层石台结构，解析每层栏板、台阶数与“九”的倍数关系，记录数据并分析其中蕴含的数学规律，揭示古人对“天圆地方”宇宙观的体现。

3. 情景三。地点：景山公园。课程主题：从景山公园俯瞰——北京中轴线导览与历史碎片。教学内容与方式：组织学生们登上景山中峰的万春亭，通过实地观察与讲解，让学生们了解北京城的历史格局及中轴线的重要性，从高处俯瞰故宫全貌，感受古代城市规划的智慧与礼制在城市建制中的呈现，在宏观上对北京中轴线进行整体认识。在公园内设立多个具有历史意义的地理坐标点，如崇祯皇帝自缢处、绮望楼、五方亭等，让学生在游览中学习历史故事或建筑建制背后的精神内涵，完成历史拼图任务。

4. 情景四。地点：故宫博物院。课程主题：紫禁城是怎样建成的——探索故宫背后体现的礼制思想。教学内容与方式：提前给学生们分组并分配不同区域的故宫建筑群，学生需要提前学习各自负责区域的历史背景、建筑特色以及相关人物故事。课程当天各组成员模拟讲解员身份，分别向学生介绍自己的区域，在交流中促进增加故宫的认知。引导学生观察不同宫殿的建筑风格和细节，如斗拱结构、彩画艺术、屋顶样式等，然后利用材料制作简易的故宫建筑模型，或是以绘画的形式记录。

5. 情景五。地点：中国法院博物馆。课程主题：古今法治精神的演变——邀请古代案例走进今日法治。教学内容与方式：组织学生分组参观博物馆的各个展厅，特别是“中国审判历史”部分。每个小组分配一个特定的历史时期或重要司法事件，通过寻找展品、阅读解说文字，完成一份图文并茂的小报或时间线图，展示中国法制演变过程中的重要节点。利用北京在明清时期作为政治文化中心的法律资源,借助《大清现行刑律》《大清律例》《刑案汇览》等书籍中的经典案例设置一场模拟法庭活动,让学生以现代或古代的方式参与扮演审判经典案例的场景,重现经典案例,加深学生们对法律程序的理解。

(二)探索意义

通过"走读北京中轴线"课程的探索,我们认为法治文化课程的实践教学可以在以下四个方面作出完善。

首先,强化法治文化学术与实践并重的理念,因地制宜对现有实践教学的课程内容和授课方式进行创新,引入有特色的授课方式以及辅助性教学方式,增加学生的参与感和体验感。对于当前的实践教学平台可采取"查缺补漏"的方式,积极增设、完善实践课程。某种程度上,法学实践课程的教学内容和场所等都具有地方性、特色性,因而发展实践教学课程必须因地制宜,立足各地区、各高校的办学目标和办学方向。除了常规的实践教学方式外,实践课上还可采用更加灵活的方式激发学生的积极性,如通过绘画临摹、拍摄微视频方式呈现对相关知识的理解。

其次,加强交流学习,改进实践教学的保障、评价机制,提高法治文化教师交叉领域实践教学能力。加强现有专业教师的培养工作,定期组织实践教学专项培训,提升实践观念,同时定期派遣校内教师到实务部门挂职锻炼,累积丰富经验,提高自身的实践能力。此外,法治文化实践教学内容的设置还要注重法治素养和人文实践相结合。当下法学教育基本形成了政法法学、社科法学和教义法学三种方向共存的基本格局。[13] 而目前我国的法学教育以法教义学为主要方向,法学的人文主义这一重要的学科特性被淡化。法治文化的实践课程尤其需要发掘法的人文特性、彰显法的人文精神、涵养法的人文情怀。

再次,法治文化实践教学要加强跨学科、跨部门、跨领域协作,进一步完善校内外"双导师"制。正如李德顺所说,法治文化建设需要全社会、各学科的广泛参与,其目标任务本身就具有学科交叉的特征,所谓法治文化,从学科的意

〔13〕 参见周佑勇:《新时代中国法学研究及学科发展的新任务》,载《武汉大学学报(哲学社会科学版)》2019年第2期。

义上来看,就是动员文、史、哲等人文学科一起来研究法治、支持法治、建设法治。[14] 高校需要进一步发挥“双导师”制的优势,完善兼职导师队伍建设,强化与实务部门的合作,从当地司法实务部门,聘请一定数量的专业人才作为兼职实践导师,并展开兼职导师的教学能力培训,使其具备成为实践导师所必备的教学能力。

最后,法治文化实践教学需结合法治文化专业特色和研究方向,深挖思想政治教育资源。法治文化学科要充分利用中国优秀传统法律文化和红色法治文化等研究方向的思政元素,把习近平法治思想和习近平文化思想深入贯彻到法治文化课程的内核之中。在教学体系的设计上,立足系统思维和问题导向,坚持系统性与局部性兼顾、深度与广度结合、理论性与实践性并重、专业知识与思政元素相融,不断丰富“教”“学”联动模式,使师生在联动中实现法治文化课程思政元素的价值功能。

五、结语

法学教育必须重视实践教学,让学生在实践中运用知识,在实践中了解国情,在实践中知行合一。法治文化学科以培养具备多学科视野的、立足法治中国实践的复合型法治人才为目标,尤其需要重视实践教学,需要不断探索适应新型交叉学科特性和发展规律的实践教学模式。

---

〔14〕 参见李德顺:《法治文化的基本理论》,载崔蕴华主编:《法治文化专题讲演录》,黑龙江教育出版社 2018 年版,第 5 页。

《政法教育评论》
第1辑，第208～226页

铸牢中华民族共同体意识背景下民族院校“法律职业伦理”课程的教学理念与方法研究

——兼论“法律职业伦理”的课程思政建设

武晓艺 *

摘　要　铸牢中华民族共同体意识是习近平总书记提出的新时代民族工作的重要理念；民族院校肩负着为民族地区培养人才的重任，是铸牢中华民族共同体意识工作的重要主体。民族院校的法学教育水平直接影响民族地区的法治建设，探索适应民族院校法律职业伦理的教学理念及方法则任重道远。对此，我们应当将铸牢中华民族共同体意识作为民族院校法律职业伦理课程教学的重要目标，并将其贯穿课程的各教学环节、教学理念、教学内容、教学方法与教学考核、评价体系中。同时，在课程中开展民族团结教育、宣传党和国家民族政策，培养民族院校大学生的“五个认同”。

关键词　铸牢中华民族共同体意识　民族院校　法律职业伦理　课程思政

2017年5月，习近平总书记在中国政法大学考察时发表重要讲话，强调法

---

* 武晓艺，中央民族大学法学院讲师。

学教育要坚持立德树人、德法兼修，抓好法治人才培养；2018 年年初，教育部发布实施《法学专业类教学质量国家标准》，明确法学专业核心课程体系，将“法律职业伦理”课程列入法学专业核心必修课程之一，要求所有开设法学专业的高校必须面向法学专业学生开设；2018 年 9 月，教育部会同中央政法委联合印发《关于坚持德法兼修实施卓越法治人才教育培养计划 2.0 的意见》，提出 8 项改革任务，首要任务即为“厚德育，铸就法治人才之魂”。何为法治人才？其衡量标准不应仅局限于法律技能的评价，还应当关注伦理和价值观的培育。

民族院校承担为民族地区培养人才的重任，民族院校的法学教育更是肩负为民族地区法治建设培养法律人才的使命。法律职业伦理价值观的培育有利于在未来的民族地区法治专门人才心目中建立对法律职业的敬畏感和责任感。为真正落实“德法兼修”的法治人才培养目标，民族院校的法律职业伦理课程应当以铸牢中华民族共同体意识为主线，并将其贯穿课程的各教学环节、教学理念、教学内容、教学方法与教学考核、评价体系中；同时，还应在课程思政中开展民族团结教育、宣传党和国家民族政策，培养民族院校大学生的“五个认同”；如此才能接上伦理教育的“最后一公里”——使“人”成为“更好的人”，即通过价值塑造和价值引领传递法律人积极向善的正能量，使民族院校的大学生成为未来三观良善的法律人。

笔者作为民族院校从事“法律职业伦理”课程教学实践的教师，有必要深入研究、及时总结、全面梳理、深度提炼教学理念与方法层面的相关经验、教训，积极推动课程教学理念与方法的改革创新，以小见大地助力铸牢中华民族共同体意识在“法律职业伦理”授课中的培育与践行，落实立德树人根本任务在“法律职业伦理”教育中的提炼与深化。

一、铸牢中华民族共同体意识背景下民族院校“法律职业伦理”教学的时代使命

党的十九大报告指出，全面贯彻党的民族政策，深化民族团结进步教育，铸牢中华民族共同体意识。党的十九届四中全会从 13 个方面系统总结了我国国家制度和国家治理体系的显著优势，“坚持各民族一律平等，铸牢中华民族共同体意识”是其中的重要方面。民族院校由于其特殊地位和独特功能，肩负着铸牢中华民族共同体意识的时代使命，应当将“四个自信”“五个认同”融入法学教育的具体授课环节，并以价值观为引领，真正实现“立德树人”的核心目

标,为民族地区培养担当民族复兴大任的社会主义合格建设者与可靠接班人。

(一)民族院校肩负着铸牢中华民族共同体意识的时代使命

“民族院校是党和国家为解决国内民族问题而建立的综合性普通高等学校,以少数民族学生为主体、以为少数民族和民族地区服务为宗旨。”[1]民族院校是传承民族传统文化、弘扬社会主义先进文化的重要场所,是开展民族教育、培育高素质民族人才的摇篮,更是铸牢中华民族共同体意识的前沿阵地。[2] 由此可见,民族院校肩负着铸牢中华民族共同体意识的时代使命。

首先,民族院校具有对少数民族大学生思想成长进行积极引导的功能。大学时期是一个人的价值观、处事方式、思想境界形成的关键时期,少数民族大学生多成长于边疆地区,可能具有多民族、多文化、多宗教的复杂成长背景,民族院校的正向引导对于其培养中华民族认同感、国家认同感和本民族认同感的“三重”价值观念尤为重要。及时、适时、全面、系统地培育、增强并铸牢中华民族共同体意识,是民族院校不可推卸的责任与使命。

其次,民族院校拥有较多的少数民族教师,能够在铸牢民族地区大学生的中华民族共同体意识工作中起到突出作用。民族地区大学生更易于与本民族教师沟通、交流,也更易形成亲切感与思想共鸣。中华民族共同体意识是对中华民族多元一体的态度、评价和情感等心理活动的总和,片面的言语和文字沟通难以真正起到对学生的引导作用。只有真正形成思想共鸣,方能使教育化在无形、融在细微,使民族地区大学生成为中华民族共同体意识的坚定信仰者,进而成为维护地区稳定、保卫祖国安全的中坚力量。

(二)民族院校是法律职业伦理教育的重要场域

民族院校肩负铸牢中华民族共同体意识的时代使命,发挥为民族地区和国家法治建设培养后备力量的重要功能。要为民族地区培养德法兼修的法治人才,民族院校的法律职业伦理教育尤为重要。法律职业伦理教育的意义在于为民族地区培养公正的捍卫者、法律的信仰者和高尚事业的追求者,这就要求民族院校法律职业伦理教育不仅要传授法律法规、知识技能,还应在教学全

---

[1] 雷召海:《关于民族院校人才培养模式创新的探索》,载《中南民族大学学报(人文社会科学版)》2011年第6期。

[2] 陈锦均:《民族高等院校在铸牢中华民族共同体意识中的时代使命》,载《中国高等教育》2019年第20期。

过程培育学生的伦理问题意识,并将价值观念、伦理道德蕴含其中。这是因为如果一味强调法律思维的技巧一面,不免导致学生成为诵法诠法的“技工”,也会降低对法律正义实践命题的关心。[3] 正如研究法学教育的“开路先锋”孙晓楼先生所言,法律人才必须具备三种素质:“一定要有法律学问,才可以认识并且改善法律;一定要有社会的常识,才可以合于时宜地运用法律;一定要有法律的道德,才有资格来执行法律。”[4]反之,如果学生“对于社会及法律的终极目的不甚了了,对于自己作为一个法律工作者的功能和应有的责任也不很在意,将所学的法律只看作是个谋生图利的工具,怎么使用都可以”,这样的法学教育无益于塑造民族地区大学生的青年观、民族观、理想信念和社会主义核心价值观,更无法实现立德树人、德法兼修的目标。

(三)“立德树人”是“法律职业伦理”课程思政的核心目标

习近平总书记在学校思想政治理论课教师座谈会上强调,“思想政治理论课是落实立德树人根本任务的关键课程……我们办中国特色社会主义教育,就是要理直气壮开好思政课,用新时代中国特色社会主义思想铸魂育人,引导学生增强中国特色社会主义道路自信、理论自信、制度自信、文化自信,厚植爱国主义情怀……”。[5] “办好思想政治理论课,最根本的是要全面贯彻党的教育方针,解决好培养什么人、怎样培养人、为谁培养人这个根本问题”。[6] 由此,民族院校的法律职业伦理教育应以“立德树人”为核心目标,在课程思政中注重主流社会意识形态、情感价值观的传递,通过向学生展示法律职业者在实现社会公平正义中起到的重要作用以及法律职业共同体在法治建设中扮演的重要角色,增强民族地区大学生的“四个自信”。正如习近平总书记所强调:“使各类课程与思想政治理论课同向同行,形成协同效应。”[7]作为法律职业者,法律职业伦理价值关注的是如何展示法律公正的必然信念,也就是实现法

---

[3] 参见陈长文、罗智强:《法律人,你为什么不争气?——法律伦理与理想的重建》,法律出版社2007年版,第149页。

[4] 孙晓楼:《法律教育》,商务印书馆2015年版,第11页。

[5] 张伟仁:《魔镜——法学教育论文集》,清华大学出版社2012年版,第318页。

[6] 《习近平主持召开学校思想政治理论课教师座谈会强调 用新时代中国特色社会主义思想铸魂育人 贯彻党的教育方针落实立德树人根本任务》,载《人民日报》2019年3月19日,第1版。

[7] 《习近平:把思想政治工作贯穿教育教学全过程 开创我国高等教育事业发展新局面》,载《人民日报》2016年12月9日,第1版。

律的公平、公正与正义。

与此同时,也应关注"五个认同"教育这一铸牢中华民族共同体意识的重要渠道,引导民族地区大学生妥善处理好本民族意识与中华民族意识、本民族认同与中华民族认同、本民族文化与中华民族文化等方面问题,铸牢民族院校大学生的中华民族共同体意识。

二、铸牢中华民族共同体意识背景下民族院校"法律职业伦理"课程的教学困境

(一)铸牢中华民族共同体意识尚未真正融入日常教学

铸牢中华民族共同体意识不应仅停留在"意识"层面,仅仅体现于"讲清道理""做好宣传"还远远不够。事实上,存在决定意识,同时意识也反作用于存在,铸牢中华民族共同体意识还应真正作用于教学实践的方方面面。"法律职业伦理"的授课,应当将铸牢中华民族共同体意识融入日常教学环节,以"立德树人"为核心目标,向学生讲授中华民族悠久绵长的发展历史、兼收并蓄的灿烂文化、交错杂居的分布格局、守望相助的民族感情、相互依存的经济联系,使学生深刻地认识到中华民族共同体是关乎每个中国人的命运共同体,自觉维护国家统一和民族团结是各民族的最高利益。[8] 民族院校法学院的职责不再是建立之初的单纯为民族地区培养司法干部,而是以培养本科生和研究生的方式培养未来德才兼备的法律人才,故在授课过程中应引导各族学生坚定"四个自信",牢记"五个认同",互相友爱,互相扶持,互相包容,这样的人才培养才能对维护社会稳定和民族团结起到积极作用。

(二)传统民族文化尚未真正与现代法律职业伦理实现调和

在我国的55个少数民族中,53个民族拥有自己的语言,29个民族拥有自己的文字,在个别较为偏远的民族地区与边疆地区,民族语言仍然是其主要的交际工具,民族文化信仰、传统习俗、民族习惯法、宗教(僧人)信仰等传统民族文化中所衍生出的传统纠纷解决机制,依然广泛存在于民族地区人民的日常生活和交际往来中。随着经济社会的发展,人口大流动、大融居的过程中难免会出现不同民族间的纠纷。若法律职业伦理中所强调的各法律职业者应当遵

---

[8] 参见吴月刚、张红:《铸牢中华民族共同体意识背景下民族院校思政课程建设研究》,载《民族教育研究》2020年第4期。

从的职业道德和职业伦理与传统民族文化中的纠纷解决机制发生冲突,将不可避免地影响到纠纷的顺利解决。民族院校大学生来自民族地区,自然对传统民族文化耳濡目染,对现代法律职业伦理却不可避免地存在陌生感与距离感,从而难以达到中央民族工作会议上提出的“用法律来保障民族团结”的治理目标。如何真正使传统民族文化与现代法律职业伦理实现调和,是值得思考的重要问题。

(三)课程思政尚未真正实现与法律职业伦理相辅相成

民族院校法学院所培养的大学生很大一部分会成为我国民族地区未来法治建设的中流砥柱,所以,在大学期间培养其成为德才兼备的高素质法治人才是民族院校义不容辞的责任。法律职业伦理的课程思政建设在这一过程中所扮演的重要角色无须赘言,但如何达到二者相互融合、相辅相成是着重需要解决的问题。若将课程思政理解为生硬地在课堂上加入政治观点、突兀地介绍国家的大政方针或将课堂变为领导人讲话的学习交流会,不仅无益于立德树人目标的实现,反而会导致原本的课堂授课效果被影响,使“课程”与“思政”貌合神离。对此,我们应当合理利用民族院校的多元文化色彩和不同民族之间的文化张力,将民族文化融入课堂教学和课程思政中,真正实现它们的相辅相成,帮助民族地区大学生树立正确的世界观、人生观和价值观,并在这一群体中开展民族团结进步教育,铸牢中华民族共同体意识。

(四)传统教学理念、方法及考核方式难以实现“立德树人”目标

1.教学理念:偏重应试教育,忽略素质教育

党的十九大报告中明确指出:“要全面贯彻党的教育方针,落实立德树人根本任务,发展素质教育,推进教育公平,培养德智体美全面发展的社会主义建设者和接班人。”目前,应试教育的窠臼正在影响素质教育的推行。传统教学环节中对于应试教育的偏重压制了学生独立思考的能力,而法律职业伦理教学最为重要的环节便是法律人思维方式的培养。简单的知识传授、明确的考试范围、固定的答题方式、标准化的考核标准容易造成“高分低能”的积弊,强迫学生“课上记笔记,课后补笔记,考前背笔记,考后扔笔记”。策略性的应试教育忽视了法律人的价值观养成与品格陶冶,且通过分数的奖励诱导学生放弃自己的好奇与探索,转而揣摩和钻研出题人的意图,本身就不利于法律职业伦理课程目标的实现。

2. 教学方法:偏重单向讲授,忽略师生交流

法律职业伦理教学的关注点不在于"知"的传授,而在于"意"的引导。学生在课堂上对未来可能遭遇职业困境时的面对、探索、思考,以及老师的启发、引导对学生心智上的启迪和成长尤为重要。由于法律职业伦理教学仍处于起步阶段,目前的教授方式仍偏重单向讲授,对于学生来说,最主要的任务就是记笔记、学笔记、背笔记。长此以往,学生的真实想法和面对困境的真实反应将被忽略,以灌输为主的单向讲授将导致教与学之间、课程与实践之间的脱节。

3. 考核方式:偏重分数衡量,忽略伦理培育

法律职业伦理课程作为专业必修课,为了突出其重要性,各大院校基本上都以期末闭卷的形式加以测试,分数的高低直接与奖学金、评优、保研挂钩。这种应试教育不仅难以培养学生提高职业伦理素养,反而会助长学生的功利主义心态。以考试成绩作为奖惩机制的一般标准,学生关注的焦点就不可避免地转移到如何通过考试或者取得高分,这种功利主义的学习驱动恰恰与伦理教育的目标南辕北辙。

三、民族院校法律职业伦理教育的特色培养模式

民族院校作为国家为发展民族地区经济、文化、教育等而采取的教育模式选择,其本身的特殊性决定其人才培养目标有别于一般高校。为解决法律职业伦理教学所存在的困境,应积极探索具有针对性的特色培养模式:从知识层面而言,应当关注传统民族文化与现代职业伦理可能发生的冲突,强化法律职业伦理教育的多元民族文化认同感;从能力层面而言,应当关注民族地区大学生的能力水平差异,采取多层次教学模式;从人文层面而言,法律职业伦理的教学应当强调人文关怀,而非一味强调知识点及应试要求。

(一)知识层面——法律职业伦理的多元民族文化认同模式

文化是民族发展的根脉,正是各民族的多样性文化,使中华文化历久弥新、异彩纷呈。故在为民族院校大学生进行法律职业伦理的知识讲授时,应当着重关注传统民族文化与现代职业伦理间可能发生的冲突并着意调和之,这可以通过构建法律职业伦理的多元民族文化认同模式来实现,其主要包含以下两个方面要求:

一方面,授课教师应对传统民族文化有所了解。民族院校学生大多来自

民族地区且分属不同民族，其身上有着鲜明的民族文化烙印，如民族语言文化、民族传统习俗、民族性格特征等；加之，成长在民族地区的学生可能对民族习惯法、民族传统纠纷解决机制等内容的了解远远深于所谓“职业伦理”。因此，授课教师除应掌握法律职业伦理课程知识及伦理判断技能外，还必须对传统民族文化有所了解，并能够在一定程度上掌握民族领域伦理相关知识。

另一方面，授课教师应对民族教育理论及民族教育政策有所掌握。法律职业伦理教学不仅仅是知识的传授，更多体现为价值观的传递与师生共同的内心认同，授课教师与民族地区大学生之间的顺畅交流尤为重要。因此，授课教师除了解民族文化外，还应对民族教育领域的相关技能及理论、政策有所掌握，在知识结构上体现一定程度的民族性，宽口径的知识结构有助于实现师生互动及文化认同感的建立。

（二）能力层面——法律职业伦理的多能力层次教学模式

“法律职业伦理”的课程目标在于使学生在了解法律职业伦理相关内容的基础上，注重培养其多种能力。其一，具有评估并防止伦理风险的能力，即在面对特定情况时，能够分析其是否具有导致自身违背职业伦理的风险，并对风险进行防控。其二，培养问题意识。心理学研究表明，意识到问题的存在是思维的起点，没有问题的思维是肤浅的思维、被动的思维。在对法律职业伦理进行学习和掌握时，应引导学生在“知其然”的基础上，使其产生对“知其所以然”的好奇心。其三，培养法律人的思维方式。法律作为具有强制性的社会规范，是一个政治共同体善恶观的最坚实内核。法学教育的真正目标是公民美德和法治精神的培育，而不仅仅是运用法律的能力。为培养具有这样能力的法治人才，应当在法律职业伦理教育中融入法律人的思维方式，其中包括法律思维能力、法律表达能力和对法律真实的探索能力等。其四，能够投身于公益事业，用自身的法律知识与实务经验保护社会公众特别是弱势群体的利益，使学生肩负起法律职业的公共主义使命，避免成为只关注营销、博取利益的“精致利己主义者”。

民族地区大学生在客观上体现出数量多、生源广、文化差异大等特点，且地理位置、人口总量、经济发展水平等方面的差异决定其能力水平参差不齐，一些学生可能由于国家政策而降分或者被优先录取，一些学生可能在知识背景上存在明显短板。因此，我们应当探索法律职业伦理教学的多能力层次教学模式：对于知识背景丰富、法学基础理论掌握扎实、自身能力较强的民族地区大学生,可将上述目标全部或大部分完成,如直接布置重大问题、热点问题、难点问题的伦理考量与价值判断,以便其更好地实现课程目标;对于知识背景简单、法学基础薄弱、能力有所欠缺的民族地区大学生来说,则应当着意从伦理、道德、价值层面加以先行引导,循序渐进地过渡到对伦理问题的判断上。

(三)人文层面——法律职业伦理的人文情怀培育模式

罗素曾说:“在一切道德品质中,善良的本质在世界上是最重要的。”西方也有谚语称“法是善良和公正的艺术”。因此,作为法律职业伦理课程的授课教师,应当具有理解、尊重、体谅、宽容他人的人文气质,甚至要有“悲天悯人”的人文情怀。少数民族学生相较于汉族学生,可能存在敏感、害羞、腼腆的个性特征,故民族院校法律职业伦理课程的授课教师应具有亲和力,平和、理性地与学生沟通,关注其所学、所说、所思、所想,力争以人格魅力和高尚情怀令学生信服、尊重,而非以僵硬的知识点和冰冷的分数压制学生。同时,虽然法律职业伦理授课不应过分强调知识点,但并不意味着授课教师无须备课、无须讲授知识层面内容,而是应当寻找与民族地区大学生的生活背景和过往经历相适应的案例或情景展示,将知识点融入其中,并充分利用语音、语调、表情、肢体动作、PPT展示等表达方式,增强课程的感染力与可接受性,寓教于理、寓教于情,努力实现法律职业伦理课堂上授课教师与民族地区大学生的共情,使法律职业伦理的实践教学环节成为一个个好听、意义深刻的“中国故事”。

四、铸牢中华民族共同体意识背景下民族院校“法律职业伦理”课程教学理念的建构

“法者,治之端也。”公正、独立的司法制度是大国的标志,司法制度是价值观的承载。法治是时代的最强音,全面实现法治离不开每一代法律人的努力,其与法律人承担的责任与使命息息相关。近年来,越来越多的法律人走上经国纬政之路,致力于法治国家、法治政府、法治社会的一体建设。法律人应当在国家治理体系和治理能力现代化的进程中承担重要的职责和发挥积极的作用。依法治国的实现最终需要“人”去落实和推动,高校是培养法治人才的主阵地,民族地区的法治需要民族院校培养出的法治专门人才去推动和建设。因此,我们需要思考:在铸牢中华民族共同体意识的背景下,民族院校的“法律职业伦理”课程教学应当秉持何种教学理念体系,培养什么样的民族地区法治人才以及如何培养。

（一）培养授课教师铸牢中华民族共同体意识，着力培养专任伦理导师

教师是学生成长路上的领路人。法律职业伦理授课教师的伦理素养将直接影响学生的伦理水平，提升师资队伍的伦理素养是民族院校法律职业伦理教育取得良好实效的前提和保障。法律职业伦理课程的特殊性决定了民族院校法律职业伦理授课教师仅仅了解部门法学知识、伦理规则体系、风险预防方法是远远不够的，还需培育和铸牢中华民族共同体意识，深入了解和掌握民族历史、民族信仰、民族习惯、民族文化。若同时能具备法律职业从业经历，处理过法律职业伦理冲突则更优，这样方能用自己的情感体验感染学生，使学生内心产生认同，而非纸上谈兵，只给学生建造空中楼阁，躬身示范的效果远比言语宣教更佳。

目前法律职业伦理处于开课初期，尚无专门负责法律职业伦理教授的专任教师。以笔者所在的中央民族大学法学院为例，笔者自身是刑事诉讼法专业，另外两名法律职业伦理授课教师均是刑法专业，之前也并无为民族地区大学生授课的经验，自身存在对于铸牢中华民族共同体意识理解的欠缺之处。铸牢中华民族共同体意识是习近平总书记着眼于新时代民族团结进步事业的新要求，提出的具有创造性的重大命题。作为民族院校的授课教师，应当学深悟透习近平总书记关于铸牢中华民族共同体意识的重要讲话精神以及关于民族工作的重要论述，并将铸牢中华民族共同体意识全面、准确地融入“法律职业伦理”课程教学的方方面面。

与此同时，随着法律职业伦理教学在各民族院校的不断发展与深化，还可逐步有意培养民族班或民族地区大学生的专任伦理导师。该伦理导师应熟悉民族文化，了解民族信仰和民族传统，若能与学生为同一民族则更有益于伦理培育。各民族院校可通过开展多种形式的专题培训，不断提升伦理导师的政治自觉、理论自觉和行动自觉，通过师生交流、互动，将铸牢中华民族共同体意识贯穿民族地区大学生的日常学习生活和教育教学全过程。

（二）树立授课教师民族文化认同感，追求法治与德治的同一伦理价值

以中华文化为纽带的中华民族认同，是铸牢中华民族共同体意识的灵魂。前文述及，应推进法律职业伦理教学的多元民族文化认同模式，其关键在于要认识到法律职业伦理所追求的法治精神与民族文化中蕴含的德治理念间具有高度一致性。公正观念涵盖了法律职业伦理的基本价值追求，而民族文化信仰、传统习俗、民族习惯法、宗教（僧人）信仰等传统民族文化中所衍生出的传

统纠纷解决机制则来源于道德判断,正如古希腊著名法谚所说,公正是一切德性的总汇。要求授课教师真正树立民族文化认同感,其目的在于对这种道德判断能够从内心承认、接纳,进而了解、掌握,从而在根本上明确法治与德治的同一伦理价值追求。

1. 法治来源于德治中的伦理道德标准

法治的实现要求法律必须是良法,即体现人类道德准则的基本内涵,如公正、平等、自由等价值。法律规范很大一部分来源于人类社会长期以来奉行的道德规范,或将基本的道德标准要求上升为法律义务,如不得危害国家安全、不得侵害他人生命权、积极赡养父母、文明对待他人等。虽然有些违背道德的行为无须进行法律评价,但法治来源于德治中的伦理道德标准这一判断是毋庸置疑的。

2. 德治在一定程度上补足法治之缺漏

首先,法律对于社会生活和人类行为的规范在一定程度上体现出滞后性,某些情形下,由道德进行及时的介入和调节成为必要;其次,法律调解的范围存在有限性,仅局限于社会生活某些已关注到的方面,而那些未能被法律覆盖到的方面则由道德发挥评价作用,即"法律之所遗忘,道德之所补";最后,如果说法律是对人的外部行为进行制裁,道德则体现为对人内心的约束和谴责。所以,道德评价可以在一定程度上补足法律评价所未及之处。

3. "法律治近"与"道德治远"的互为补充

随着社会发展和文明进步,伦理领域所面临的冲突和困境日益增多。法律的强制力多体现为事后制裁,道德的约束力则更多体现为事先提醒及预防,正所谓"法律治近,道德治远"。故在面临法律职业伦理困境时,应当认识到法律与道德二者能够互为补充,这体现为:一方面,德治所体现出的道德价值能够拓宽法治约束的范围,为法治提供伦理依据;另一方面,法治则可引导德治向顺应时代要求的方向不断发展,从而应对不断变化的多元法律执业环境。

(三)深挖课程思政精髓,坚持"立德树人"根本宗旨

民族院校的课程思政建设与法律职业伦理教育具有理念上的高度一致性,都在于实现"立德树人"的根本目标,且二者均在铸牢民族院校大学生中华民族共同体意识方面发挥着不可替代的重要作用。正如习近平总书记在考察中国政法大学时所指出的:"中国特色社会主义法治道路的一个鲜明特点,就是坚持依法治国和以德治国相结合,强调法治和德治两手抓、两手都要硬。"

“法学教育要坚持立德树人，不仅要提高学生的法学知识水平，而且要培养学生的思想道德素养。”[9]故民族院校在开展法律职业伦理的教学活动时，应当明确立德树人的核心要求，引导民族地区大学生建立与社会主义核心价值体系相适应的三观和价值追求，成为能够为民族地区法治建设服务的优秀人才。

具体而言，应当将国家政治层面的重要举措内容有意识地融入课堂教学内容中，用生动的案例和形象的语言，丰富、充实民族院校法律职业伦理课的教学内容；引导不同民族学生以法律职业伦理课为平台，了解国家大政方针，对重、难点问题进行深入思考，培养其独立思考能力、法律人的思维方式、批判性思维能力；培养其社会责任感，使其了解何为司法、何为中国社会、何为人性。除此之外，由于民族地区大学生毕业后还将回到民族地区的基层岗位，故还应特别注意培养学生对党的忠诚、对法律的信仰、公平正义的理念、清正廉洁的品行，以及献身民族地区法治建设的使命感与责任感。坚持以德为先、以才为本，才能适应新时代中国特色社会主义事业发展对新时代人才的需求。

(四)教学理念教学方法和考核机制的革新

1. 教学理念：注重精神养成与品格陶冶

在民族院校的法律职业伦理教学中，应当改变传统的应试教育理念，提倡素质教育，将法律职业的伦理要求与社会主义核心价值观相融合，内化为“法律职业伦理”授课教师自身品格的一部分。“内化”是一个心理学界广泛应用的概念，指社会意识向个体意识的转化，即将意识形态的诸要素移置于个体意识之内。[10] 这就要求民族院校通过文化交流、师生互动、实践体验、价值交融等途径，注重学生的精神养成与品格陶冶。

2. 教学方法：由单向讲授向双体教学过渡

在民族院校的法律职业伦理教学中，应当改变传统的授课教师单方面填鸭式、说教式讲授，逐渐向“以教师为主导、以学生为主体”的“双体教学”过渡。以学生为主体意味着从学生出发，为学生考虑，增强其积极性、发挥其能动性、强调其获得感，避免产生对于伦理课程的认知疲劳和情绪反感；以教师为主导则意味着由教师把握立德树人的学习目标和铸牢中华民族共同体意识

---

[9] 《习近平在中国政法大学考察时强调　立德树人德法兼修抓好法治人才培养　励志勤学刻苦磨炼促进青年成长进步》，载《人民日报》2017年5月4日，第1版。

[10] 参见李本森主编：《法律职业伦理》(第3版)，北京大学出版社2016年版，第269页。

的学习方向,引导学生认知、践行、维护社会主义核心价值观。具体到法律职业伦理授课中,民族院校担任法律职业伦理课程教学的教师应在各教学环节,有意识地将民族历史、民族文化、民族发展等融入教学体系之中,并鼓励民族地区大学生积极参与案例教学及情景化教学,了解、研究本民族问题;也可鼓励学生积极参与学校组织的法治文化节、大学生创新项目等,真正发挥学生的主体意识。

3. 考核方式:完善法律职业伦理教学评估机制

法律职业伦理的培养是一个非常复杂的过程,很难以分数或其他具体的指标及时验证教学效果。完善的法律职业伦理教育教学评估机制能起到一种导向作用,有效促进法律职业伦理教育向有序、健康、科学的方向发展。法律职业伦理的教学评估机制应当真正做到以学生为中心,唯有如此,才能避免道德说教以及课程的空心化。正如雅思贝尔斯所言:"教师要唤醒人的潜在的本质,逐渐自我认识知识,探索道德。"教育的目标从来不是控制,而是培育。

五、铸牢中华民族共同体意识背景下民族院校"法律职业伦理"课程教学方法的建构

(一)教学方式的多元化展开

法律职业伦理教育的价值不在于从"不知"到"知"的知识传授,更在于从"知"到"信"的价值内化。仅利用一般课程讲授的教学方法和职业伦理规则宣讲,显然不足以使学生形成坚实深厚的关于职业伦理价值的理解,应当拓展学生的知识边界,培养法律人的思维方式,由死记硬背应试所用法律法规的思维定式向主动思考、主动获知转变。法律职业伦理教学本身应是情感的交融和态度的共通,这决定了民族院校在"法律职业伦理"的教学过程中必须开展多元化教学方式,使学生在理解规则的基础上,产生被普遍认可的伦理意识、判断和行为。

1. 将"以问题为中心"的"情景化教学"作为主要教学方式

(1)传统实践教学对培育法律职业伦理的局限性

法学院校从来不缺乏对于实践教学的重视,常见的实践教学主要包括社会实践、毕业实习、法律诊所、模拟法庭、案例实务课程等。但由于法律职业伦理的养成与普通部门法的讲授不同,体现为对学生个体思想的影响,故传统实践教学对于法律职业伦理的培育存在一定程度的局限性。以传统的毕业实习(假期实践、社会实践)为例,学生深入法律职业的执业现场,亲历案件办理、接

触真实当事人、积累实务经验，固然能够起到熟悉法律职业伦理应用场景、了解司法实践运行的积极作用。但与此同时，由于实习单位接收学生大部分出于社会道义或用人需求，学生在实习过程中究竟会遇到何种环境、碰到何种人、发生何种事，学校事实上是难以监管的。对于部门法的学习和掌握尚且可通过实习结果加以判定，但对于法律职业伦理的培育来说则是充满不确定性。

对于民族院校的学生而言，这种不确定性则更为突出。以笔者所在的中央民族大学法学院为例，2018 级(藏语基地班)的暑期社会实践场所为家乡的藏区法院、检察院，同时此班级的学生也是笔者教授法律职业伦理的授课对象。据部分同学反映，实践单位“存在违背职业伦理的现象”，存在“与书本所学知识不一样”的情况，或是认为根本没有接触到法律职业相关工作，一直在办公室“打杂”。不仅如此，对于民族地区大学生来说，从家乡来到学校本就存在对环境的较长适应期，这一过程中其心性、情感、态度极易遭受不良影响，若过早使其焦虑于未来如何立足于社会，浸淫在世间百态的人情世故纷争中，难免会变得“油腻”。恰恰相反，法律职业伦理教育所追求的是为学生提供“免疫力”“伦理疫苗”。

(2)情景化教学更能关注到民族地区大学生的主体性

爱尔兰诗人叶芝说：“教育不是注满一桶水，而是点燃一把火。”法律职业伦理的教育也是如此，其理念并非外部施压的规范式教育或纠错式教育，而是以“立德树人”为内核的陶冶式教育。具体说来，我们应当在民族院校的法律职业伦理教育中采取情景化教学作为实践教学的主要方式，将伦理问题(困境)设计为剧场情景，分派每名学生以不同的职业角色，将其推入冲突场景并要求其以自身职业角色作为背景，给出处理伦理问题的最佳方案。在此过程中，若学生面对职业风险产生伦理困惑，授课教师不应将既定答案强加学生，应及时、适时引导学生开启法律职业伦理的深入思考，同时将中华民族共同体意识等社会主义核心价值理念有机融入其中。

之所以说情景化教学更能关注到民族地区大学生的主体性，是因为对于民族学生来说，实习环境下陌生的法律执业场所和生硬的工作要求可能不利于对于法律职业伦理价值的认知和理解。反之，熟悉的家乡环境展示、同一民族的法律职业者、亲切的乡音都有可能成为其融入实践教学课堂的原因。若能利用司法实践中民族地区法律从业人员的真实、经典案例作为情境设置，则更有益于增强学生的参与感;若民族院校条件允许,还可通过协同育人机制,邀请民族地区优秀的法律职业从业人员为民族地区大学生现身说法,通过真人、真事、真情强化法律职业伦理教育所重视的底线思维和伦理意识。

(3)问题意识在情景化教学中的中心功用

法律职业伦理教育需要着力于三个方面的培养目标:"一是培养学生的伦理问题意识;二是培养学生的伦理推理能力;三是培养学生的伦理选择能力。"[11]问题意识是法学学习中最重要的理念之一,在法律职业伦理课程的实践教学中,也应当认识到问题意识在情景化教学中的中心功用。问题意识既是起点,更是核心,通过让学生在情景化教学中发现伦理问题、寻求解决方案、表达伦理观点、突破伦理困境,从而深化思维、拓展认知。

(4)情景化教学的"情景"选择标准

"法律职业伦理"课程中的"情景"选择应主要考虑如下五个方面标准:第一,能够切实帮助民族地区大学生深入掌握法律职业伦理规范,并初步具备解决具体伦理问题的专业能力;第二,在兼顾法律职业伦理专业问题的基础上,尽量面向民族地区的法治现状与司法实践,为学生日后回到家乡基层从事具体法律实务提供丰富的前期储备;第三,尊重民族地区大学生的民族传统文化、民族习惯、民族信仰等,提升学生对情景化教学的代入感;第四,维护民族团结,强调铸牢中华民族共同体意识的使命感;第五,适当兼顾调节课堂气氛的趣味性。

2. 将"以辩论为中心"的"个案分析"作为辅助教学方式

王泽鉴先生认为:"实例研习乃在培养处理案例的能力,可以说是为将来从事实务工作而准备,故法学教育或官方考试的题目应多依靠各级法院判决而设计之,其功用有三:(1)以实例反映社会生活;(2)结合理论与实务;(3)法院的判决理由,当事人的主张及判决评释,可以提供各种不同的法律论证资料。"[12]相较于情景化教学法,案例教学法虽趣味性和参与度有限,但可使学生了解个案处理过程,从中得到伦理启迪,从而关注个案中反映的社会现象和法律问题,故将"以辩论为中心"的"个案分析"作为情景化教学法的辅助和补

---

〔11〕 齐延平:《论现代法学教育中的法律伦理教育》,载《法律科学(西北政法学院学报)》2002年第5期。

〔12〕 王泽鉴:《法律思维与民法实例》,中国政法大学出版社2001年版,第18页。

充教学方式。

(1)个案选取应具针对性

案例分析法是各法学院校的传统实践教学法,“个案方法”是其中类型之一,通过挑选典型个案并对其进行深度解析,使学生产生针对复杂、疑难情法冲突的伦理思考,通过讲解、教学、引导,使学生形成正向的价值判断标准,培养正确面对伦理风险的能力。个案选取应具有针对性,具体包括前情提要、案情概述、证据链条、诉讼程序、社会影响、舆论方向等,应着重将伦理困境向学生展示并解析,以适应课堂研讨之目的。值得一提的是,同情景化教学法有相似之处,在同民族学生进行个案分析时,应当注意所选取的案例尽量贴近学生熟悉的生活情景,或寻找“丁真”等民族文化“代言人”以便提升兴趣,不要触及学生的民族(宗教)信仰及民族传统(习惯)。

(2)“个案分析”应以辩论为中心

传统课堂中案例分析一般采用老师介绍案例、学生分析案例的模式,针对法律职业伦理的特殊性,笔者认为应尝试辩论式教学,即设置辩论赛场上的“正方”和“反方”,分别在同一个案的伦理困境中持不同观点,并利用课堂知识对己方所持观点加以分析、讨论、辩驳及总结,也可适时更换立场,形成“深刻的观点和感知能力”。以辩论为中心的个案分析不仅能够强调学生的主体性,关注其反向思维和发散性思维,辩论形成的热烈氛围还可以锻炼学生的口才和应变能力,这对于有些腼腆、不愿交流的民族地区大学生来说尤为重要。

(二)教学评估机制的科学化完善

1. 课程分数实行等级制且制定“非标准化答案”

法律职业伦理的课程目的在于立德树人,培养德才兼备的高素质法治人才,而非僵化的考试机器,故百分制评分标准并不适用于法律职业伦理的课程分数设置。我们应根据学生在情景化教学的课堂表现、个案分析中的辩论技巧、考试环节对于法律职业伦理中涉及法治理念的把控,采取等级制评分,将学生从锱铢必较的分数战和记忆力竞争中解放出来;考试答案也应当设置“非标准化答案”,因为“考试本身应着重考查学生想象力、独立思考能力,重在推理过程和思考过程,而不只是用标准答案考查大家的记忆力"[13],法律职业伦理教学关注的焦点从来不是"知"的传授,而是"意"的引导。

2. 实施全过程学业评价及多种考核方式相结合

课程考核是师生互相反馈的重要手段,对于教学理念、方法的进一步调整、完善具有重大意义。若简单地将期末考试分数作为评价学生学习情况的标准,则违背了法律职业伦理课程的教学目标。我们应当采取全过程学业评价方式,将课堂情景化教学、个案分析和辩论、课后作业、期中作业等各阶段成果按照一定权重纳入期末成绩评定,真正关注到每个学生的主体性,使之主动、充分参与到各教学环节中。与此同时,还应探索多种考核方式相结合,如动态与静态考核相结合、个人与团队成绩相结合、师生互评与生生(组组)互评相结合等,让学生从应试教育带来的"分数为王"惯性思维中解脱出来,方能更倾向于主动思考、独立思考,培养法律人的思维方式和批判性思维能力。

3. 课堂(期中)作业注重启发思维,实行开放式命题

为实施全过程学业评价,应当设置适宜的评价机制,如课堂作业、期中作业等。法律职业伦理的授课教师在布置作业时应注重思维启发,不应局限于伦理概念、分类标准、法律规则等知识点的考核,应结合国家大政方针、社会热点问题、重大疑难案件等命出有创造性的题目,给学生提供具有启发性的伦理问题和广阔的思考空间。但是,值得注意的是,课程评价和考核机制不应仅体现对思维的启发性,还应兼具专业性和与课程目标的呼应。

(三)鼓励"生生互动",实现"传、帮、带"良性循环

对于民族地区大学生而言,与自己来自同一民族的同学、教师具有天然的亲切感。考虑到民族地区大学生这一性格特征,笔者认为,可以鼓励同民族的老生与新生、研究生与本科生、班干部与同学之间提升互动频次,扩大互动范围,实现"传、帮、带"的良性循环。如在情景化教学法和个案分析法的教学环节中,可以着意安排同一民族的学生参与同一情景或进入同一案例分析。在教学评估环节,可对同一民族的几名同学布置需要集体完成的课后(期中)作业。如鼓励学生依循课堂所举的实例"按图索骥",主动寻找和发现时间、生活和身边的相关实例,并有意识地与其他同学一起,同课上内容形成印证;又如,

---

〔13〕 谢和平:《以课堂教学改革为突破口的一流本科教育川大实践》,载《中国大学教学》2018年第12期。

鼓励学生组成项目组，共同参与大学生创新创业训练计划项目等实践平台，就课上关注到的法律职业伦理具体问题进行自主的实证研究，在验证课堂所授实证研究方法的同时充分体会“学以致用”的过程等。

（四）民族院校法学教育助力法律职业伦理教学发展

1. 在其他部门法学习中贯穿法律职业伦理教育

“立德树人”的核心目标要求法学教育应以“德”为先，重伦理引导与价值内化。若要学生能够真正从内心接受、认可、掌握职业伦理内容，一周2课时或3课时的法律职业伦理课堂讲授远远不够，必须在其他部门法学习中贯穿法律职业伦理教育，将其融入民族院校的日常教学中，乃至整个法学教育的全过程。正如有学者认为，法律职业伦理的教育不能仅靠一门课完成，而应当设置三大模块：基础模块、理论模块和实务模块，分别设置在大一、大二、大三和大四。[14] 法律职业伦理所要实现的目标是由“他律”向“自律”的转化，将民族地区大学生培养成三观良善的法律人。传统部门法课程如民法、刑法、行政法、诉讼法等教学更偏重于法理阐释与法条解析，在其中加入法律职业伦理的宏观层面内容，不仅不会影响课程授课效果，还可对部门法的学习和领会具有明显的溢出效应，二者相互作用，将成为铸牢中华民族共同体意识的重要逻辑纽带。

2. 开设“民族地区习惯法中的法律职业伦理”课程

我国是一个多民族、多元文化的国家，在维护国家统一、促进社会稳定繁荣的历史进程中，民族问题研究已得到广泛重视，也取得了许多令人瞩目的成绩。但民族地区习惯法方面的研究还显得较为薄弱。少数民族学生进入大学后，由于受生活环境的重大变化及其共同方言和民族习惯等诸多因素影响，很容易形成封闭性和排他性的性格，同时引发传统文化被边缘化的危机感。随着我国现代化进程的不断推进，地区发展差异和民族发展差距，对少数民族大学生的思想和行为产生直接或间接的影响，使其心理也在发生变化。对于民族院校而言，在开设法律职业伦理课程的同时，若能开设“民族地区习惯法中的法律职业伦理”等相关课程，则更有利于民族地区大学生铸牢中华民族共同体意识，实现“四个自信”“五个认同”。

---

〔14〕 参见刘晓霞：《法律人职业伦理培养的现状分析与进路探寻》，载《西部法学评论》2014年第5期。

3.营造校园法治文化氛围,创造良好外部环境

民族院校校园良好的法治文化氛围对于法律职业伦理的培育至关重要。在培养学生的过程中,若能积极营造法治氛围、培养学生的规则意识、促使学生形成法律人的思维方式,则有利于其伦理道德水平的提升。此外,学校还可以多种媒体宣传平台,促进民族地区大学生理解并铸牢中华民族共同体意识,如广播、校报、板报、学校(学院)官网、学校(学院)公众号等各渠道、全方位宣传手段,使学生在良好的外部环境中得到伦理熏陶,从而自觉融入法治氛围之中。

六、结语

"全面贯彻党的民族政策,深化民族团结进步教育,铸牢中华民族共同体意识,加强各民族交往交流交融,促进各民族像石榴籽一样紧紧抱在一起,共同团结奋斗,共同繁荣发展",[15]是习近平总书记对新时代民族工作的重要论述。民族院校肩负着加强民族团结进步教育、铸牢民族院校大学生中华民族共同体意识的重任,不断适应新形势的需要,加强课程建设的守正创新,充分发挥立德树人的关键作用,是民族院校面临的光荣使命和重要任务。笔者撰写此文,以期充分利用民族院校法律职业伦理这一主渠道,深入挖掘铸牢大学生中华民族共同体意识的内涵与价值,以实现"精准滴灌"的教学设计,增强民族地区大学生对伟大祖国的认同。

---

〔15〕 习近平:《决胜全面建成小康社会　夺取新时代中国特色社会主义伟大胜利——在中国共产党第十九次全国代表大会上的报告》,载《人民日报》2017年10月28日,第1版。